[illegible]

HISTOIRE DU DUC DE VILLARS,

Maréchal général des camps et armées du roi,

D'A[illegible]

LIMOGES.

BARBOU FRÈRES, ÉDITEURS.

BIBLIOTHÈQUE
CHRÉTIENNE ET MORALE,

PUBLIÉE AVEC APPROBATION

DE Mgr L'ÉVÊQUE DE LIMOGES.

HISTOIRE

DU

DUC DE VILLARS.

HISTOIRE

DU

DUC DE VILLARS,

MARÉCHAL-GÉNÉRAL

DES CAMPS ET DES ARMÉES DU ROI.

D'APRÈS ANQUETIL.

LIMOGES.

BARBOU FRÈRES, IMPRIMEURS-LIBRAIRES.

1851

LIVRE PREMIER.

Je présente au public la vie d'un homme qui, né pour les grands emplois et les dignités militaires, ne les dut cependant qu'à sa capacité et à ses exploits : il éprouva les obstacles que la faveur oppose ordinairement au mérite peu courtisan, et il en triompha par une noble franchise et l'application constante à ses devoirs. Il aima sa patrie, estima sa nation, fut attaché à ses rois; enfin il sauva la France; et lorsque, dans des temps moins fâcheux, elle eut encore besoin de son bras et de ses conseils, il n'hésita pas, dans un âge très-avancé, de lui sacrifier les dernières années d'une vie employée tout entière à son service.

Louis-Hector de Villars naquit en mai 1651 à Turin, où son père, Pierre de Villars, était ambassadeur; sa mère se nommait Marie de Bellefonds. Doué par la nature de la taille la plus avantageuse, et entraîné par son goût, Pierre de Villars se serait volontiers consacré uniquement à la guerre; mais quelques désagréments qu'il éprouva de la part du marquis de Louvois, ministre de ce département, le fit tourner du côté des ambassades; il s'acquitta avec éclat de celles de Danemarck, de Savoie et d'Espagne, fut conseiller d'Etat d'épée, gouverneur de Damvillers et de Besançon. Ainsi exercé dans les armes et les négociations, il donna à son fils une éducation qui le rendit propre aux unes et aux autres.

Reçu dans une école que Louis XIV avait établie pour la première noblesse de son royaume, le jeune Hector s'y distingua bientôt par sa vivacité, son esprit, et un air d'assurance qui ne messied pas à cet âge. Il formait dès-lors des projets de jeune homme, mais qui avaient une liaison et une suite, qui donnaient les plus flatteuses espérances à sa famille.

Pour commencer à les réaliser, il demanda à voyager, et parcourut la Hollande, qui allait devenir le théâtre de la guerre. Il accompagna ensuite en Allemagne le comte de Saint-Geran, son parent, chargé de confirmer plusieurs de ses princes dans l'alliance de la France, au moment où elle allait porter toutes ses forces contre les Hollandais.

Cette guerre éclata en 1672. Le marquis de Villars, âgé de dix-neuf ans, y fit ses premières armes aux siéges d'Orfoy, de Doesbourg et de Zutphen. Il se trouva au passage du Rhin, et donna des preuves d'intrépidité, qui furent remarquées par les généraux et le roi lui-même. Elles lui valurent une cornette de chevau-légers; il signala son entrée dans ce corps par la plus grande attention à ne manquer aucune affaire de cavalerie, jusqu'à servir sous des partisans; et il ne quitta la frontière qu'après avoir vu établir les quartiers d'hiver, dont il étudia les dispositions.

A peine arrivé de l'armée, Louis XIV l'envoya en Espagne complimenter le roi qui avait été malade. Puis il se rendit en Flandres, et arriva presque en même temps que le roi, devant Mastricht, que ce prince assiégea en personne.

La noblesse, empressée à se distinguer sous ses yeux, s'y était rendue en foule. Mais le roi fit défense aux volontaires de se trouver aux attaques sans permission. Cet ordre, qui réduisait le marquis de Villars, ou à n'être pas admis dans les tranchées, parce qu'il était officier de cavalerie, ou à n'y être admis qu'à son tour, peut-être dans des occasions qui ne présenteraient ni péril ni gloire, ne convenait pas à son impatience.

Il n'en témoigna rien ; mais ayant appris qu'on devait attaquer le chemin couvert et une demi-lune, il prend avec lui six gendarmes, entre dans la tranchée, se place entre les grenadiers qui devaient déboucher les premiers. Sitôt que le signal est donné, il s'avance, jette sa cuirasse pour courir plus légèrement, et s'élance dans la demi-lune. Un fourneau joue, et l'enterre à demi ; il se dégage, repousse les ennemis, qui, après avoir abandonné ce poste, revenait l'occuper. Leur feu augmente. Le carnage est terrible autour de lui. Il perd ses gendarmes ; tous les officiers sont tués. Il n'en reste qu'un, nommé Vignory, avec lequel il soutient son logement, et n'en sort qu'au jour, après l'avoir assuré. Il était blessé en plusieurs endroits, mais légèrement.

Le roi, témoin de la fin de l'action, le fait appeler, prend un air sévère, et lui dit : « Ne savez-» vous pas que j'ai défendu, même aux volontai-» res, d'aller aux attaques sans permission ; à plus » forte raison aux officiers de cavalerie, qui ne » doivent pas quitter leur troupe ? — J'ai cru, » sire, répond le jeune homme sans se déconcer-» ter, qué Votre Majesté me pardonnerait de vou-» loir apprendre le métier de l'infanterie, surtout » quand la cavalerie n'a rien à faire. » Cette raison présentée à propros eut son effet. Le monarque, qui d'ailleurs n'avait voulu que l'intimider, lui dit des choses très-flatteuses, et l'encouragea par là à chercher des occasions.

Le même siége lui en fournit encore une. Il se promenait à la tête du camp; les ennemis envoyèrent un petit corps de cavalerie, qui poussait déjà le régiment des gardes. Une brigade de la maison du roi voyait cet échec sans s'ébranler, parce qu'elle n'avait pas d'ordres. Villars court à ses gendarmes, en prend vingt, tombe avec eux sur ce corps. L'escarmouche devient vive. Le roi y arrive au moment que les ennemis tournaient le dos. Il demande quel est celui qui commande; « on lui répond : Villars. » Il semble, dit-il, dès que l'on tire en quelque » endroit, que ce petit garçon sorte de terre pour » s'y trouver. »

Il s'attira aussi des éloges non moins honorables que ceux d'un roi : ce fut ceux de Turenne. Se voyant dans l'armée de ce général, encore éloigné des grands commandements, et borné à l'exactitude du service, genre d'honneur peu assorti à son caractère, Villars s'attacha aux deux frères Saint-Clars, les plus fameux partisans de ce temps. Il apprit, sous leur conduite, à faire des courses longues et pénibles, des attaques brusques, des retraites hasardeuses; à mener une vie dure, savoir se passer de pain et de lit, souffrir le froid glaçant et les chaleurs ardentes; à se mêler avec le soldat, lui donner l'exemple de l'audace dans le danger, de la précaution dans la sécurité. Il fit plusieurs fois avec eux des marches hardies, presque sur le camp ennemi. Villars était toujours des plus avancés. Turenne lui dut souvent des avertissements utiles.

Il le fit remarquer au roi ; et il ne tint pas à lui que le cornette de gendarmerie ne fût dès-lors promu au grade de colonel.

Enfin le marquis de Villars eut l'avantage, peut-être unique à son âge, de joindre à l'estime de Turenne celle du grand Condé. Il en reçut un témoignage bien flatteur, le jour même de la bataille de Senef. Condé regardait défiler l'armée ennemie, dont il voulait attaquer l'arrière-garde. Quelques-uns des officiers qui l'environnaient, voyant du mouvement dans ces troupes, dirent : « Elles » s'ébranlent pour fuir. — Non, dit Villars, elles » changent seulement d'ordre. — Et à quoi le con- » naissez-vous ? dit le prince se tournant de son côté. » — C'est, répondit-il, qu'à mesure que quelques » escadrons paraissent se retirer, d'autres rentrent » dans les intervalles, afin que vous les trouviez en » bataille quand vous passerez le ruisseau. — Ce » jeune homme là voit clair, » ajouta-t-il en regardant ceux qui avaient parlé les premiers. En même temps il fit sonner la charge, et mit l'épée à la main. « Ah ! voilà ce que j'avais toujours désiré, » s'écria Villars, de voir le grand Condé l'épée à la » main ! » Transport de joie et d'admiration, qui ne déplut pas au prince.

A la première charge, le marquis reçut un coup d'épée, qui s'arrêta dans l'os de la cuisse. Il ne se donna que le temps de faire bander sa plaie, et s'attacha à Fourille, commandant de la cavalerie, qu'il suivit pendant toute la durée de cette bataille.

Ce brave guerrier y fut blessé mortellement; l'engagement, qui ne devait être qu'un choc particulier, devint une action générale. Villars y fit des prodiges de valeur, qui furent remarqués par Fourille mourant. Il en fit une mention honorable dans la lettre qu'il fit écrire, presque en expirant, à Louis XIV. Condé ne l'oublia pas non plus, en annonçant au roi le gain de cette bataille, si disputée et si sanglante. Villars eut pour récompense le régiment de cavalerie de Courcelles.

Il servit, l'année suivante, encore en Flandre, sous le maréchal de Luxembourg, qui lui donna un détachement de quatre cents chevaux.

L'armée française et les ennemis n'étaient éloignés que de deux lieues. Dans une de ses courses nocturnes, il marche vers le camp des Espagnols, et va droit à la vedette. « Qui vive? s'écrie-t-elle. — Espagne, » répond Villars; un parti de Hollande qui revient » de la guerre. » Cependant il s'avance. Toute sa troupe fait feu sur la grande garde, qui s'épouvante; et, pendant qu'il fixe l'attention sur lui, vingt cavaliers détachés rasent la ligne, tuent ou enlèvent les officiers qui se promenaient, rejoignent le gros, et regagnent le bois tous ensemble. Toute l'aile monte à cheval et vole à la poursuite de Villars, mais il avait déjà mis entre les ennemis et lui un ruisseau assez difficile à franchir.

Son ardeur s'enflammait par les succès. Jeune et heureux, il eut quelquefois besoin de frein. Le maréchal Schomberg le lui fit sentir dans une occasion qui demandait du flegme et de la prudence. Ce général venait de faire lever le siége de Mastricht au prince d'Orange. Villars croyant apercevoir dans la retraite des alliés un air de désordre, voulait qu'on donnât sur l'arrière-garde, et insistait jusqu'à l'importunité. « Quand une place comme Mastricht, lui » répondit le maréchal, est secourue sans bataille, » le général doit être content; et, pour satisfaire » un jeune colonel avide de gloire, il faut lui donner » un parti de cent cinquante chevaux. Faites-les » commander. Prenez les officiers que vous vou- » drez. Suivez l'armée ennemie trois ou quatre » jours; voyez ce qu'elle deviendra, et ce que vous » pourrez faire sans vous exposer. » Jamais ordre ne fut exécuté plus gaiment. Il partit; mais il revint dès le lendemain, plus tôt par conséquent qu'on ne l'attendait, parce qu'il se trouvait autant de prisonniers que de soldats.

Consultant, dans ces courses, plus son courage que ses forces, il succombait quelquefois à la fatigue, et on remarqua qu'un jour, excédé de veilles, il s'endormit sur le bord d'un fossé qu'un orage remplit d'eau; elle le couvrit sans l'éveiller; mais aussi il fut attaqué d'une maladie très-dangereuse.

Après son rétablissement, qu'il dut, en grande partie, à une jeunesse saine, qui n'avait point été énervée par les plaisirs, il se rendit en Flandre, où commandaient les maréchaux d'Humiers et de Luxembourg, sous Monsieur. On lui confia, à la bataille de Mont-Cassel, un corps de réserve, destiné à se porter où les ordres du général l'appelleraient. En les attendant, Villars, qui avait déjà le coup-d'œil qui fait gagner les batailles, s'aperçut qu'il débordait la droite de l'ennemi, et que, s'il la prenait en flanc, pendant qu'elle était attaquée en tête, il la mettait en désordre. Sur cette observation, il se préparait à charger, lorsque Monsieur lui envoya dire par le sieur de Chamlay, son aide-de-camp de confiance, de marcher au centre, qui commençait à plier. En vain le marquis représenta que le meilleur moyen de rassurer le centre était d'y arriver à travers les bataillons de cette aile dispersée : il fallut renoncer à son projet, qui était approuvé de tous les officiers. La bataille fut gagnée, à la vérité; mais la droite des ennemis se retira tout entière en bon ordre, et le maréchal de Luxembourg, examinant ensuite les choses par lui-même, ne put s'empêcher de dire : « Je voudrais que le cheval de Chamlay eût » eu les jambes cassées quand il vous a apporté ce » maudit ordre. »

De Flandre, le marquis de Villars passa sur la Meuse et ensuite en Alsace, où le maréchal de Créquy soutenait, avec des forces inférieures, tout l'effort des armées de l'empire, commandées par le duc de Lorraine. Les occasions d'agir se présentèrent pour lui plus fréquemment sous ce général, qui, rendu moins agile par la douleur d'une ancienne blessure, avait besoin d'un homme en qui il pût avoir confiance. Il l'eut tout entière en Villars, et ne s'en repentit pas.

Le duc de Lorraine cherchait une bataille, qui ne pouvait avoir lieu qu'autant qu'il réussirait à tirer les Français du camp de Marle, trop bien fortifié pour oser les y attaquer. Le duc le tenta par leur droite, qui était appuyée à un petit château nommé Cokesberg : il fit paraître deux mille chevaux, dont il ne détacha en avant que cinq cents, persuadé que Créquy en opposerait autant; qu'en augmentant son nombre, le maréchal augmenterait aussi le sien, pour retirer les premiers, et qu'ainsi il l'attirerait dans la plaine et le forcerait à une action générale.

Mais Villars se trouvait là. Pour faire face à l'ennemi qui se présentait avec douze escadrons, il n'eut besoin que de sept, avec lesquels il entretint l'escarmouche. Un corps bien plus considérable vint soutenir ces douze, et la tête de l'armée ennemie parut. Le maréchal de Créquy, craignant un engagement, ordonna la retraite. Pour la favoriser, il fit monter à cheval la maison du roi. Villars faisait l'arrière-garde. Mais au lieu de rentrer, avec tous ses escadrons, dans les intervalles que lui ouvrit la maison du roi, il en retient en-dehors deux et quelques volontaires; et, saisissant le moment où la cavalerie allemande, contenue par la française, s'arrêtait, il porte droit sur le centre de la ligne ennemie composée d'infanterie, et la perce jusqu'au canon. Il avait grande envie d'en amener quelques pièces, mais déjà le corps de bataille s'ébranlait; revenue de sa première surprise, l'infanterie se ralliait, la cavalerie arrivait sur lui, et le canon commençait à tirer. Content de ce succès, il tourne bride, et regagne à grands pas le camp français. Il en essuya aussi quelques volées de canon, parce qu'en le voyant sortir du centre de l'armée allemande, on le prit pour un ennemi. A travers tous ces feux, il rentra avec peu de perte et la gloire d'avoir affronté une armée entière avec deux escadrons et quelques volontaires.

Dès le commencement de l'action il avait eu deux chevaux tués sous lui. Quand on lui présenta sa cuirasse, il la rejeta. « Je ne tiens pas ma vie, dit-il » en regardant ses cavaliers, plus précieuse que » celle de ces braves gens. » Cette ostentation de bravoure, quelquefois nécessaire pour animer le soldat, lui attirait singulièrement la confiance et l'attachement des siens. Il en eut, en rentrant au camp, une preuve bien touchante. Un de ses cavaliers, mortellement blessé, le demandait; il y courut : « Etes-vous content de nous, mon co- » lonel, lui dit-il; je ne voulais que la consolation » de vous voir avant de mourir. »

Le maréchal de Créquy l'employait volontiers parce qu'il était sûr que, sans qu'on le lui recommandât, il n'omettait rien de ce qui pouvait être fait. Voulant, par exemple, savoir si une levée sur laquelle il avait dessein de passer était gardée, il y envoya la nuit le marquis de Villars avec une bonne escorte; mais Villars en laissa la plus grande partie derrière lui, et avança seulement à la tête de trois cents chevaux. Cette troupe, survenue inopinément dans l'obscurité, alarma les ennemis qui étaient environ deux mille cavaliers. Sans savoir leur nombre, mais soupçonnant leur inquiétude, au lieu de se contenter de s'assurer de leur position, selon ses ordres, le marquis se détermine à les attaquer. Il envoie tout le long de la chaussée des tambours et des trompettes qu'il avait amenés, leur ordonne de faire un grand bruit afin de partager l'attention, fond, par une barrière qu'il trouve abandonnée, sur ce corps qui était de deux mille hommes, et le met en déroute. Dans la chaleur de l'action, arriva le détachement entier que Villars avait laissé derrière en avançant. Il prend les combattants en queue. Le marquis, qui croit sa troupe environnée, se retourne. Il y eut de Français à Français un combat court et meurtrier, qui ne finit qu'au cri de rallimént *Villars*, et cette fâcheuse méprise sauva une partie des ennemis, qui furent cependant depostés.

Le siége de Fribourg, qui se fit à la fin de la campagne, lui fournit les moyens d'exercer son génie observateur et entreprenant. Le maréchal de Créquy se déchargea sur lui du soin du quartier le plus exposé, et l'attention qu'il y donna ne l'empêcha pas de se trouver aux actions qui se passaient dans les autres. Il monta à l'assaut, à la tête des grenadiers; il était de tous les fourrages, pour les couvrir, et de tous les détachements pour attaquer. Enfin il revint à la cour avec la gloire de ne s'être pas contenté des occasions que lui présentait l'ordre du service, mais d'en avoir cherché partout où elles pouvaient se rencontrer : gloire qui distingue l'officier, jaloux de se former et de parvenir, de celui qui se borne à ne pas s'attirer de blâme et à avancer lentement.

Cependant, toujours en disgrâce auprès du ministre, il eut le chagrin de voir élever au grade de brigadier des officiers moins anciens que lui, et qui avaient certainement des droits moins légitimes. Il en parla au roi, qui reçut ses plaintes avec bonté et lui donna des espérances. Il insista. Le monarque répondit avec impatience. C'en fut assez. Villars ne sollicita plus et prit, dès ce moment, le parti de se passer de la faveur, ou de la forcer à n'oser lui être contraire.

L'envie, habitante des cours, le poursuivit jusque dans les armées : si elle ne pouvait ternir l'éclat de ses actions, elle en critiquait du moins les motifs ou les circonstances. Souvent aussi, loin de lui nuire, les efforts de la jalousie ne faisaient que lui procurer des applaudissements. Il éprouva ces deux effets contraires, à l'occasion d'un combat qu'il livra sans ordre. Posté dans un endroit découvert, contre lequel l'ennemi ne pouvait tenter aucune surprise, il vit qu'un poste voisin, plus exposé, allait être enlevé, s'il n'y portait du secours. Aussitôt il y vole, et chasse le prince de Bade, qui l'attaquait en personne. Au moment que l'escarmouche finissait, arrive le maréchal de Créquy, lorsque chacun raisonnait sur cette action, et la plupart au désavantage du marquis, qu'ils blâmaient de n'avoir pas été assez circonspect. Excédé de ces discours, Villars dit au maréchal en l'abordant : « Mon général, je suis jeune, il me reste beaucoup » à apprendre; c'est pourquoi je prends la liberté » de vous demander si, étant de garde dans un en- » droit fort découvert, et par conséquent fort en » sûreté, j'ai bien ou mal fait de laisser à ce poste » deux petites gardes seulement, et d'avoir marché » à l'ennemi, qui poussait nos troupes, et était » prêt à entrer dans le camp. » La réponse du maréchal fut foudroyante pour les envieux : « Il n'y » a, dit-il, que des poltrons ou des pédants qui » puissent ne pas approuver votre conduite. Pour » moi, je vous en remercie. Allez vous reposer » quelques heures, afin de vous mettre à la tête » d'un parti de cinq cents chevaux que je vous des- » tine. » Créquy admirait son ardeur. Le voyant le premier sur la brèche du fort de Kell, qu'il assiégeait, il lui cria : « Jeune homme, si Dieu te » laisse vivre, tu auras ma place plutôt que per- » sonne. »

La paix de Nimègue, signée cette année, mais dont les heureux effets ne se firent totalement ressentir qu'en 1679, suspendit les travaux militaires du marquis de Villars. Il les reprit dans la guerre qui dura environ un an, depuis le milieu de l'année 1683, jusqu'au mois d'août 1684. Elle finit très-glorieusement pour la France, par la trêve de vingt ans, signée à Ratisbonne, entre la

France, l'empire et l'Espagne. Alors d'autres circonstances ouvrirent au marquis de Villars une nouvelle carrière, dans laquelle il entra à l'âge de trente-deux ans.

Une grande scène se présentait alors aux yeux de l'Europe : Louis XIV montrait à ses peuples et aux étrangers un faste supérieur à toutes les autres cours; des palais superbement bâtis et magnifiquement décorés; de grandes armées bien vêtues, bien disciplinées; cent vaisseaux faisant respecter le pavillon français sur toutes les mers; des frontières doublement hérissées de forteresses; des arsenaux pleins de munitions de toutes espèces, des généraux expérimentés, des ministres habiles, un commerce florissant; enfin une nation enivrée de la gloire de son roi, et prête à se sacrifier pour le soutenir.

Il venait de faire la paix, ou plutôt de la prescrire à ses ennemis; mais en les désarmant, il n'avait pas eu l'art de les gagner; au contraire, il paraît qu'il fit trop peser sur eux le poids de sa puissance. Il arracha par force ce qui n'aurait peut-être dû être que l'objet d'une négociation; savoir : des domaines assez étendus en Flandre et en Allemagne, qu'il prétendit lui appartenir, et que l'Espagne et l'empire ne laissèrent aller que par faiblesse, et en frémissant de la violence qu'on leur faisait. Louis força le doge de Gênes à venir s'humilier à Versailles; un ambassadeur français fut autorisé à braver le pape jusque dans Rome : actions de hauteur qui aigrirent l'Italie. Déjà les Bar-

baresques, ennemis peu redoutables, mais incommodes, avaient été aliénés par l'affreux bombardement d'Alger; et les Hollandais, révoltés par les conditions dures qu'on s'était vanté de pouvoir leur imposer, au lieu du souvenir des bienfaits de la France, à laquelle ils devaient leur liberté, ne conservaient plus que des sentiments de haine et des désirs de vengeance. Il ne nous restait plus d'allié que Charles II, roi d'Angleterre, que l'on conservait à force d'argent; mais son peuple était offusqué de l'éclat de la France. Pour comble de malheur, Charles mourut, et laissa un successeur qui, loin d'être utile, eut besoin d'être protégé. Ce fut encore dans le concours de ces circonstances, qui dura plusieurs années, que Louis révoqua l'édit de Nantes; il donna ainsi des soldats à ses ennemis, et leur envoya le commerce, les arts, les manufactures, source de richesses dont ils se servirent contre lui.

Le roi n'ignorait pas les dispositions menaçantes de ses principaux voisins. Déterminé à se les rendre moins contraires, il répandit dans les cours différentes personnes chargées de ramener les esprits et de gagner les petits souverains, si on ne pouvait se réconcilier les grands. Le marquis de Villars fut un de ces négociateurs, envoyés sans d'autre prétexte. Celui qu'on imagina pour lui fut la commission d'aller complimenter l'empereur sur la mort de l'impératrice sa mère. Il la reçut d'autant plus volontiers, qu'elle cadrait merveilleusement avec des vues secrètes, qui lui faisaient désirer ce voyage.

L'empereur et le Turc étaient en guerre. Plusieurs seigneurs, des princes même, demandèrent la permission d'aller servir dans l'armée de l'empire; mais le roi, qui avait des raisons pour ne pas donner d'ombrage à son ancien allié, les refusa. Le marquis de Villars vit donc avec plaisir que la commission qu'on lui donnait lui ferait peut-être obtenir, dans la suite, la permission qu'il désirait intérieurement, mais qu'il n'osait demander, de peur d'être refusé comme les autres; et il partit avec cette espérance.

Il fut très-bien reçu à Vienne. Le nom de Villars, de l'armée avait passé à la cour, et on lui prodigua des distinctions, qui paraissaient moins accordées à l'emploi qu'à la personne. Elles lui donnèrent moyen de se lier avec les courtisans et les ministres. Tout en partageant leurs plaisirs, il s'appliqua à approfondir leurs caractères, à démêler leurs intrigues, à s'instruire de leurs desseins, de leurs intérêts; et il rendit compte de ses découvertes au roi, qui lui marqua sa satisfaction.

Pendant qu'il s'occupait de cette espèce d'étude, le duc Maximilien, électeur de Bavière, vint à Vienne. Ce prince, d'une maison depuis long-temps attachée à la France, était beau-frère du dauphin, qui avait épousé sa sœur. Villars trouvant un jeune souverain si proche parent de ses maîtres, et qu'on disait destiné à commander l'armée de l'empire contre le Turc, lui fit une cour assidue, et réussit à lui plaire. Aussitôt que le roi en fut informé, il recommanda au marquis de s'insinuer toujours davantage dans les bonnes grâces de l'électeur, en prenant cependant garde de donner de l'ombrage aux ministres de Vienne. Cela ne fut pas difficile à un Français aimable, qui jouissait déjà d'une réputation méritée à la guerre, et dont les goûts s'accordaient parfaitement avec ceux du duc de Bavière.

La confiance s'établit bientôt entre eux. Des plaisirs elle passa aux affaires. L'électeur avoua au marquis que, quelques caresses que lui fit la cour de Vienne, il n'en était pas content. « J'ai, dit-il, dé-
» pensé tous les trésors de mon père à faire les cam-
» pagnes de Hongrie; j'y ai sacrifié mes troupes et
» ma personne. Cependant j'ai le désagrément de
» voir que toutes les préférences sont pour le duc de
» Lorraine; qu'on m'accorde, à la vérité, les distinc-
» tions extérieures, mais qu'au fond c'est lui qui a
» le secret et le commandement. Je ne suis pas non
» plus à m'apercevoir qu'on voudrait maîtriser mes
» volontés, et qu'on exige de moi un dévouement
» exclusif aux intérêts de l'Autriche. Cet empire
» qu'on affecte, me gêne et me déplaît. »

Comme l'électeur se rendait dans ses Etats, Villars eut ordre de l'accompagner, sous le prétexte d'attachement pour un prince qui le comblait d'amitiés.

Sa présence était essentielle auprès d'un homme de son caractère. Avec assez de jugement pour connaître le meilleur parti, il ne suivait jamais que celui qu'on lui inspirait. L'importunité le subjuguait, et celui qui parlait le dernier l'emportait toujours. D'ailleurs il était fort changeant, moins par inconstance que par satiété des mêmes objets. Quiconque, par conséquent, savait l'amuser et varier ses divertissements, était sûr de la première place dans sa faveur. Villars devint l'âme de la cour de Munich. Cependant il ne perdait pas de vue l'objet sérieux, qui était de substituer dans le cœur du duc la France à l'Autriche; et il l'échauffa si bien qu'il fallut ensuite lui donner des leçons de politique, pour l'empêcher de faire éclater son nouveau penchant. « Vous allez, lui dit le marquis, repasser par Vienne : » vous y serez observé par les ministres de l'empe- » reur. A l'armée, vous et vos troupes serez envi- » ronnés par les siennes. Vous courez les plus grands » risques, si vous vous laissez pénétrer. Réservez » l'aveu de vos véritables sentiments pour le retour. » Avec ce plan de conduite, qu'il se proposa d'exécuter, l'électeur partit pour Vienne et la Hongrie, où il emmena le marquis de Villars. « Je serai Français » à Vienne, écrivait ce dernier au roi, et, à la guerre, » je me conduirai comme le plus fidèle serviteur de » l'empereur. »

Il tint parole, et se trouva à plusieurs actions, dans lesquelles il se distingua de manière qu'il en reçut des remercîments publics de l'empereur, par la bouche de ses ministres. Mais ces bonnes dispositions de la cour de Vienne, en faveur du marquis de Villars, changèrent bientôt. Il eut ordre de suivre encore l'électeur à Munich, et de déployer auprès de lui le caractère d'envoyé de France. La publicité de cette qualité donna de l'inquiétude à la maison d'Autriche, qui jugea à propos d'avoir aussi un représentant auprès du duc de Bavière. Elle envoya des seigneurs riches en état de briller, et des ministres habiles, et jusqu'à la comtesse de Kaunitz, qui firent jouer tous les ressorts pour s'emparer de son esprit.

L'électeur était une espèce de conquête qu'on se disputait; et peu s'en fallut que Villars n'emportât la place. Il détermina le prince à refuser le roi des Romains, qui demandait sa sœur en mariage, et à la donner au duc de Mantoue, parti bien inférieur de toutes manières. Une préférence si peu politique montrait l'ascendant que le cabinet de Versailles avait pris dans l'esprit de Maximilien sur le conseil de Vienne. Celui-ci mit tout en œuvre pour regagner l'électeur, dont les Etats, par leur position, lui étaient très-importants, en cas de guerre avec la France. Pour y réussir, il fallut le soustraire à la séduction du marquis de Villars. Dans cette vue, on entreprit de lui persuader de retourner en Hongrie, où Villars, ayant le caractère d'envoyé de France, ne pouvait plus le suivre. Le marquis, au contraire, lui mit en tête de n'y point aller, et lui fournit les raisons qui pouvaient l'en dispenser. D'abord il prétendait y commander seul. On lui représenta que ce serait faire affront au duc de Lorraine, auquel l'empereur avait tant d'obligations. Maximilien s'obstina; et après avoir encore disputé, on lui accorda enfin qu'il commanderait seul, parce que le duc de Lorraine venait de tomber malade. « C'est » un leurre, lui dit Villars ; si tôt qu'on vous aura » attiré à l'armée, la maladie du duc s'évanouira, » et il retournera partager le commandement avec » vous. Il faut qu'on vous promette que, quelque » chose qui arrive, il n'y paraîtra pas. » Il le demanda ; et on le promit, au grand étonnement du négociateur français.

Après une pareille condescendance, l'électeur ne pouvait plus reculer. « Ce serait, dit-il à Villars, » me brouiller irréconciliablement avec l'empereur, » et en quelque façon lui déclarer la guerre : or vous » savez que je ne suis pas encore prêt. » Le marquis en convint, et vit, avec regret, qu'il ne lui restait plus de ressource pour empêcher le duc de Bavière de lui échapper. Il ne désespérait cependant pas encore de l'accompagner en Hongrie ; mais les ministres impériaux s'y opposèrent fortement, par la raison que dans les termes où on était d'une guerre presque certaine avec la France, il ne convenait pas que l'électeur gardât auprès de lui un envoyé de Louis XIV, au milieu de l'armée de l'empire. L'électeur fit semblant de ne pas se rendre ; il dit au marquis qu'il allait à Vienne, qu'il y travaillerait à faire lever cet obstacle, et qu'il lui enverrait un courrier, pour l'appeler auprès de lui ; mais Villars l'attendit inutilement, et voyant qu'il ne venait pas, il partit pour la France.

Il y fut très-bien reçu. « Je vous avais toujours

» connu pour un fort brave homme, lui dit » Louis XIV; mais je ne vous croyais pas si grand » négociateur. » Madame de Maintenon l'admit à la représentation d'une comédie à Saint-Cyr, faveur que les plus grands seigneurs briguaient quelquefois inutilement. Enfin, pendant son absence, M. de Louvois ayant fait des avances pour se gagner son amitié, lui procura la charge de commissaire général de la cavalerie.

Il n'eut pas le temps de l'exercer beaucoup, parce que les affaires le rappelèrent à Munich. La fameuse ligue d'Ausbourg, par laquelle toutes les puissances de l'Europe s'étaient unies contre la France, commençait à faire des préparatifs dont Louis crut devoir prévenir les effets : il ne lui restait d'allié que le Turc, et peu s'en fallut qu'il ne se trouvât privé de son secours. Les Musulmans, découragés par des pertes successives, et surtout par la prise de Belgrade, désiraient la paix. L'empereur le sut. C'était le moment d'en faire une avantageuse : « Il faut, dit un » jour le duc de Bavière au marquis de Villars, il » faut connaître l'empereur comme je le connais, » pour croire les raisons qui l'en ont empêché... Il » y a des moines qui ont prédit à l'empereur que » l'impératrice deviendrait grosse, qu'elle accouche» rait de deux jumeaux, que dans le même temps » l'empire turc serait détruit, et qu'un de ces ju» meaux règnerait à Constantinople; la grossesse de » l'impératrice a paru dans le temps que nous avons » pris Belgrade. L'empereur a cru le reste de la pro-

» phétie, et n'a point voulu entendre parler de » paix. » Cette conduite de Léopold Ier donna le temps au roi de ranimer les Turcs. Il avait déjà commencé quelques diversions en leur faveur; mais il en promit de plus importantes, et ce fut pour en régler la forme et le temps, qu'il envoya encore le marquis de Villars à l'électeur de Bavière.

Ce prince se trouva donc une seconde fois exposé aux sollicitations des cours de Vienne et de Versailles. La circonstance était plus embarassante qu'autrefois. Il ne s'agissait alors que de rester indifférent entre la France et l'Autriche; mais ici il fallait se déclarer pour ou contre. Il n'y aurait même pas eu de sûreté à rester neutre, ainsi que le fit entendre un des ministres de l'empereur. « Hier » encore, écrivait le marquis de Villars au Roi, le » comte de Thaunn citait Gustave-Adolphe, roi » de Suède, qui disait que c'était un bonheur quand » de temps en temps quelques alliés nous aban- » donnaient, parce que cela donnait du relâche à » des pays ennemis, dont on ne pouvait plus tirer » d'argent. » Avis aux États dont les voisins plus forts ne se piquent pas d'une équité bien scrupuleuse.

Mais cet avis donné indirectement était déjà inutile au duc de Bavière. Il n'avait pris aucune mesure pour n'être pas forcé par l'une ou l'autre puissance. L'empereur retenait ses troupes en Hongrie : ses places étaient dégarnies, et les Français poussaient déjà dans son pays des partis qui faisaient jeter les hauts cris aux peuples. Les plaintes retentissaient jusqu'à la cour de Munich, que le marquis trouva déchaînée contre la France. Le prince sentait bien que, puisque l'empereur voulait la guerre, il n'était pas prudent aux Français de l'attendre chez eux, qu'il était naturel, au contraire, qu'ils la portassent d'abord dans les pays qui fournissaient des secours à leurs ennemis. « Or, » représentait Villars au duc, vous n'avez qu'à dire » un mot, et ces soldats dont vous vous plaignez vont » devenir les protecteurs de vos peuples et les dé- » fenseurs de vos villes. — Et comment faire reve- » nir mes troupes qui sont au milieu de l'armée » impériale, répondait l'électeur, il faut donc les » sacrifier? — Et pourquoi, répondait Villars, » voulez-vous que le roi ménage un prince dont » toutes les troupes renforcent ses ennemis? » A ces raisons, le marquis ajoutait la terreur qu'inspiraient les troupes françaises, auxquelles il faisait dire secrètement d'avancer toujours, afin de forcer l'électeur par la crainte à se jeter dans les bras du roi.

Il fut un moment où Villars crut avoir réussi; mais Léopold envoya à Munich le prince Louis de Bade, en qui l'électeur avait plus grande confiance, et son arrivée changea tout. Le prince ne cacha pas au marquis, qu'il aimait et estimait, qu'il venait exprès pour le faire sortir de la Bavière, et l'envoyé de France ne tarda pas à s'apercevoir qu'il serait bientôt forcé de prendre son parti; mais comme il lui était ordonné de tenir aussi long-temps qu'il pourrait, il dissimula, feignit de ne s'apercevoir de rien et de ne pas sentir les petits dégoûts qu'on multipliait, de sorte qu'on fut obligé d'en venir aux dernier moyen, savoir de lui donner son congé en bonne forme.

« Le 4 janvier, dit le marquis de Villars dans sa » lettre au roi du 5, le sieur Leydel, vice-chance- » lier, est venu chez moi. Après m'avoir demandé » audience de la part de Son Altesse électorale, et » m'avoir fait un mauvais compliment sur l'estime » et l'amitié que l'électeur a pour moi personnelle- » ment, il m'a dit que son maître, ne pouvant se » détacher des intérêts de l'empereur et de l'empire, » attaqué de tous les côtés par les Français, lui » avait ordonné de venir me trouver, pour me dire » qu'il désirait que je sortisse de Munich dans trois » jours, et de ses États le plus tôt qu'il me serait » possible. Je lui ai dit que je ne pouvais pas » croire que cet ordre fût véritable, qu'il était » indigne de l'électeur, et enfin j'ai traité le sieur » Leydel, en parlant toujours avec respect de son » maître, comme il le méritait. J'ai été sur le » champ chez l'électeur, et je lui ai fait demander » audience : il ne voulait point me la donner ; mais » enfin je l'ai demandée d'un ton à la vouloir avoir, » et je suis entré dans son cabinet, où je lui ai » parlé avec toute la véhémence que méritait le » compliment de son chancelier.

» Il a désavoué le terme de trois jours et de

» sortir de son État le plus tôt que je pourrais. Je
» lui ai parlé avec toute la fierté que je devais sur
» le reste. J'ai demandé à l'électeur s'il avait quel-
» que sujet de se plaindre de moi, et que j'aimerais
» mieux que la manière indigne dont il en usait
» pût me regarder personnellement que comme
» envoyé de Votre Majesté. Il m'a fait beaucoup
» d'honnêtetés pour moi, disant que du reste l'em-
» pire entier était déclaré. Je lui ai dit qu'il ne
» l'était pas, et que l'électeur de Brandebourg
» même avait demandé à M. le comte de Fustem-
» berg qu'il ne se déclarerait pas. Que je ne pouvais
» m'imaginer qu'il eût fait réflexion sur la conduite
» qu'il tenait, que pour moi j'en étais touché,
» comme la chose le méritait. Que je le suppliais
» de faire une réprimande à son chancelier, et que
» j'espérais qu'il le désavouerait d'une conduite
» aussi extraordinaire que celle qu'il a eue avec
» moi. Enfin, sire, après m'avoir bien écouté, ne
» me répondant rien, il est sorti de son cabinet, et,
» monté sur le siége d'un cocher, il est allé courir
» les rues avec ses courtisans derrière le carrosse. »

Dans la même lettre, le marquis de Villars se loue beaucoup de la fidélité des officiers français qui avaient été servir en Hongrie, et qui, sollicités par ceux de l'empereur de rester à son service, refusèrent tous. Il parle entre autres de M. Noblesse, simple ingénieur, sorti de France pour une affaire d'honneur, qui, malgré sa pauvreté, aimait mieux être reçu en grâce dans sa patrie que d'accepter le titre de colonel en Bavière. Il cite enfin une répartie assez gaie du marquis de Spinchal. Les ministres de Bavière le voyant déterminé à partir, lui retinrent une partie de ses appointements. « M. l'électeur, lui » dirent-ils, espère que vous viendrez retirer un » jour ce qui vous est dû, en reprenant son service. » — Je suis charmé, répondit-il, que l'on me donne » des prétentions légitimes sur la Bavière. »

Villars partit, laissant Maximilien livré aux insinuations des ministres de Léopold, mais toujours avec un fonds d'inclination pour la France. Quoique muni de passe-ports et escorté par un trompette, peu s'en fallut qu'il ne fût arrêté sur les terres de l'empire qu'il avait à traverser. Il n'échappa que par sa diligence. Le comte de Lusignan, qui le joignit en revenant de Vienne, où il avait eu le même emploi que Villars à Munich, se fiant trop à la bonne foi de cette cour, et dédaignant de se hâter, fut pris et retenu huit mois prisonnier; aventure très-mortifiante pour un officier au commencement d'une guerre.

Villars se retira par la Suisse avec la plus grande précipitation, et ne se crut en sûreté que quand il se vit dans les murs de Saint-Gal. Il n'y arriva qu'à nuit fermée, par un temps affreux; et lorsqu'il comptait n'avoir plus qu'à réparer, par une bonne nuit, toutes les mauvaises qu'il avait passées, on lui annonça, dans son auberge, les magistrats qui venaient le complimenter. A la harangue succéda la conversation sur les affaires courantes; à la conversation, la visite des dames, et enfin un énorme repas, dont il ne put jamais s'exempter et qui fut servi à minuit. On lui fit grâce du bal, mais non de la dépense : car l'hôte lui présenta la carte; et il se trouva que fatigué, ennuyé, forcé à veiller, il avait encore régalé ces messieurs et ces dames, et une populace assez nombreuse à laquelle les convives distribuèrent le dessert et des rafraîchissements, afin qu'il ne manquât rien à la magnificence de la réception.

A Bâle, où il alla ensuite, il courut risque de la vie, parce que voulant du dehors parler à la sentinelle par une nuit très-noire, afin de se faire baisser le pont, il fut enlevé par la bascule, et précipité dans le fossé, d'où on le retira à grand peine, froissé, meurtri, glacé; mais il en fut quitte pour ses douleurs et quelques accès de fièvre. « J'ai trop » bonne opinion de l'étoile du marquis de Villars, » lui dit obligeamment Louis XIV en le voyant, » pour croire qu'il eût pu périr d'une chute dans » les fossés de Bâle. » Après lui avoir marqué sa satisfaction de la manière dont il s'était conduit à Munich, ce prince l'envoie en Flandre commander la cavalerie dans l'armée du maréchal d'Humières.

Mais il n'y eut guère que des fourrages dans lesquels il se distingua, à son ordinaire. La seule affaire remarquable fut celle de Valcour, où l'infanterie fut très-maltraitée, et aurait été détruite sans la fermeté de la cavalerie que Villars commandait : il fut fait, à cette occasion, maréchal de camp. Sur la fin de la campagne, il changea d'armée; mais celle où il tomba, uniquement destinée à tenir la communication libre entre l'Allemagne et la Flandre, ne lui fournit aucune occasion brillante.

Il resta l'hiver sur la frontière, où il ne se passa rien d'important, et, l'été, il se trouva encore relégué dans la même armée d'observation, qui demandait beaucoup de travail, de vigilance et de fatigue sans gloire. Il aurait bien mieux aimé servir sur le Rhin, parce qu'il connaissait les généraux de l'empire, contre lesquels il croyait qu'on pouvait hasarder sans risque. S'il n'y a point d'exagération dans le portrait qu'il en fait à M. de Louvois, il n'est pas étonnant qu'il désirât de se mesurer avec eux. « Les » Allemands ont, dit-il, à leur tête quatre géné- » raux qui ne sont guère déterminés. Le plus jeune » est aveugle et a plus de quatre-vingts ans. Je con- » nais les deux de M. de Brandebourg, et M. Dar- » fling, pour l'avoir vu il y a vingt ans; je vous » assure qu'il en a cent et cinq. En vérité, quand » l'armée des ennemis serait la meilleure qui ait » jamais été, il n'est pas possible que quatre rado- » teurs comme ceux-là n'y mettent de la confu- » sion. »

Pour satisfaire le désir d'agir dont Villars était dévoré, on lui donna la commission d'étendre dans la Flandre les contributions. Il les poussa jusqu'aux remparts de Bruxelles dans la saison la plus dure, porta le fer, le feu, la désolation dans tous les endroits qu'il parcourut, et ramena beaucoup d'otages.

Si ces affreuses exécutions font frémir l'humanité, on ne peut s'empêcher d'estimer le courage tranquille du chef qui combine les marches, embrasse d'un coup d'œil toute l'étendue de l'action, brave l'ennemi, le retient par son audace, juge du moment de la retraite et la fait avec une fierté imposante. C'est dans ces exercices que le marquis de Villars acquit les connaissances nécessaires à un général qui commande toujours mieux quand il a pratiqué lui-même.

De l'attaque du pays ennemi, il passa au commandement des lignes établies pour couvrir le nôtre depuis l'Escaut jusqu'à Bergues. On lui composa une armée d'environ quinze mille hommes, avec un train d'artillerie. Il pouvait la renforcer au besoin, des garnisons des places qu'il défendait : elle était aussi destinée à seconder les opérations du maréchal de Luxembourg qui commandait en Flandre. Les marches et contre-marches furent fréquentes et pénibles dans cette campagne. Tantôt le prince d'Orange, que nous ne reconnaissions pas pour roi d'Angleterre, s'approchait du maréchal de Luxembourg, et celui-ci appelait le commandant des lignes, et il fallait y retourner promptement. Ce manége fatigant dura jusqu'au combat de Leuze, auquel le marquis de Villars eut grande part. C'est ainsi qu'il le décrit dans sa lettre au ministre.

« M. le maréchal de Luxembourg ayant été averti

» que l'armée du prince d'Orange, qu'il avait laissé
» sous les ordres du comte de Valdec, devait marcher le 20 septembre pour aller camper dans la plaine de Cambrou, a cru pouvoir attaquer l'arrière-garde. Il m'a envoyé ordre de le joindre avec quatre bataillons, le régiment de Mérinville et les dragons de Tessé. Je l'ai trouvé dans la grange d'une abbaye près de Tournay, où il avait passé la nuit sur la paille. Tout en faisant monter à cheval soixante escadrons qu'il destinait à l'action qu'il avait en vue, il me racontait des affaires pareilles à celle-ci, dans lesquelles il avait battu des arrière-gardes, qu'on croyait qu'il ne pourrait jamais joindre, que tout consistait dans la diligence, et que la surprise devenait souvent possible contre des ennemis qui, se croyant hors de portée, marchent négligemment. En racontant cela, il avait un air de confiance qui en inspirait. « Prenez la tête, m'a-t-il dit, avec six escadrons et quatre bataillons, vous trouverez, sur le chemin de Leuze, M. de Marcilly, avec quatre cents chevaux. Servez-vous de lui pour tenir de près les ennemis, et tout en avançant, mandez-moi ce qu'il aura déja remarqué de leurs dispositions. »

» J'ai donné mes quatre bataillons à mener diligemment à M. de Boisselot, brigadier, et j'ai devancé mes six escadrons pour joindre M. de Marcilly. Je l'ai atteint à demi-lieue des ennemis. Ne sachant pas qu'on voulût combattre, il ne faisait qu'observer les troupes de Valdec qui pas-

» saient tranquillement le ruisseau de Leuze. J'ai » mené ses quatre cents chevaux à cinq cents pas » des ennemis. Voyant un si petit corps de cavalerie » les approcher, ils se sont arrêtés. Sur le parti » qu'ils prenaient de m'attendre, j'ai dédoublé mes » quatre cents chevaux et fait paraître huit troupes, » le terrain pouvant leur faire croire que j'en avais » davantage. Heureusement ils se sont imaginé que » ce qui se montrait pouvait être partie de deux » mille chevaux que M. de Bezons commandait du » côté de Saint-Guilain, et se sont étendus pour » l'attaquer avec avantage. Ce mouvement a retardé » leur marche. J'ai vu alors arriver les régiments » de Mérinville et de Tessé que j'avais devancés, » et presque en même temps M. de Luxembourg à » toutes jambes, suivi de trente escadrons à la file. » — Vous voulez, lui ai-je dit, une arrière-garde à » combattre; voilà trois quarts d'heure que je vous » prépare celle-ci : voyez ce que vous avez à faire. » — Combattre, a-t-il répondu; je ne suis venu » que pour cela.

» Il n'y avait pas un moment à perdre; car les » ennemis, revenus de leur erreur, se retiraient à » grands pas pour mettre le ruisseau de Leuze entre » eux et nous; mais M. de Luxembourg ne leur en » a pas laissé le temps, et a sur-le-champ com» mandé de donner. Thoiras et moi nous sommes » mis à la tête des escadrons de Mérinville, qui se » trouvaient les plus avancés. La charge a été très» violente. De ces escadrons qui faisaient environ

» trois cent soixante maîtres, nous en avons eu » cent quatre-vingt-dix hors de combat. Pendant » que nous nous soutenions malgré cette terrible » perte, et que nous poussions même les ennemis » ébranlés, on a formé une seconde ligne des esca- » drons qui arrivaient au grand galop, et la charge » qu'elle a faite a été très-faiblement soutenue. » Nous avons chassé cette arrière-garde jusqu'au » ruisseau de Leuze; mais M. de Luxembourg, » voyant que toute leur armée venait pour la sou- » tenir, a fait sonner la retraite : assez glorieux » d'avoir battu cinquante escadrons avec dix-huit » seulement qui ont eu part à l'action. Nous y » avons perdu M. d'Augé, lieutenant-général, » MM. Neuchel Thoiras, de la Troche, de Rothelin » et beaucoup d'officiers. M. d'Alègre a été blessé. » La maison du roi a considérablement souffert, et » nous avons pris plusieurs étendards et quelques » paires de timbales. »

Le marquis de Villars retourna à ses lignes, qu'il avait ordre de fortifier de manière qu'elles ne craignissent aucune surprise; mais aussi il lui était défendu de rien hasarder au-delà. Les jours florissants de Louis XIV étaient passés. Loin de méditer des conquêtes, il ne songeait plus qu'à garantir ses frontières des efforts communs de l'Espagne, de la Savoie, de l'Allemagne, de la Hollande et de l'Angleterre réunis contre lui. Soit que la timidité du cabinet influât sur les résolutions des généraux, soit qu'ils fussent peu entreprenants par eux-mêmes,

Villars trouva dans ceux des armées où il servait, une circonspection très-gênante pour un homme de son caractère : de sorte que, retenu par les ordres rigoureux des chefs, il n'osait se permettre de ces tentatives en grand, qui amènent quelquefois des actions décisives. Il était d'autant plus fâché de cette espèce d'inaction, qu'il croyait qu'on pouvait tout se promettre du soldat français bien commandé : aussi n'écoutait-il pas patiemment les remontrances qu'on lui faisait quelquefois, lorsqu'on croyait qu'il hasardait trop.

Un officier de gendarmerie essuya un jour, de sa part, une raillerie à ce sujet. Le marquis, qui ne manquait aucune occasion, se trouvait à un fourrage, qui fut inopinément troublé par des hussards en fort grand nombre. Villars n'appela, pour s'opposer à cette multitude, que deux petits détachements de gendarmes. « Vous allez nous perdre, » s'écria l'officier. — Monsieur, répondit froidement » le marquis, quand je n'ai rien à faire le matin, je » m'amuse à faire tuer douze ou quinze gendarmes. » Il plaça ces deux détachements au centre de la plaine, et choisit les meilleurs tireurs, auxquels il recommanda de ne faire feu que quand il l'ordonnerait, et de bien ajuster. Les hussards ne se virent pas plus tôt atteints par les coups toujours sûrs de ces deux corps, qui se portaient rapidement partout où eux-mêmes paraissaient, qu'ils se retirèrent, et les fourrageurs continuèrent tranquillement leur travail.

L'assurance que montrait Villars dans ces occasions, comparée à la circonspection des autres, le faisait quelquefois passer pour téméraire, pendant qu'il n'était que hardi ; et cette assurance, il la portait jusqu'au pied du trône, dont Louis XIV savait cependant rendre l'aspect si imposant. Quelque crainte qu'inspirât ce monarque par son air majestueux, Barbesieux eut la hardiesse de la tromper en face au sujet du marquis. Il dit un jour au père de celui-ci : « Comment peut faire votre fils ? on le » promène tous les ans de Flandre en Allemagne » avec ses équipages. A-t-il seulement de quoi se » nourrir dans les auberges ? Si on ne lui donne » quelque gouvernement, je ne vois pas qu'il lui » soit possible de servir davantage. » Le père convint que son fils s'obérait, et que quelque ressource lui viendrait bien à propos.

En le quittant, Barbesieux va raconter au roi que le père de Villars lui a dit que son fils se ruinait, et qu'il ne pouvait plus servir, si on ne lui donnait un gouvernement. Louis, qui n'aimait pas qu'on lui fît des conditions, raya sur-le-champ Villars de la liste des officiers marqués pour commander. Quand cette liste parut, Villars le père, n'y voyant pas son fils, se douta du tour, et fit passer au roi un mémoire qui exposait toute la manœuvre. Sans témoigner son mécontentement au ministre, Louis XIV l'appelle et lui dit : « Ecrivez au marquis » de Villars que je lui donne le gouvernement de » Fribourg et du Brifgaw, et pour ne le pas lais-

» ser inutile, qu'il aille dans mes armées d'I-
» talie. »

Barbesieux n'écrivit ni l'un ni l'autre; peut-être dans l'intention que Villars, ignorant sa mission en Italie, vînt à la cour et essuyât une réprimande. Mais il en arriva autrement. Le marquis, n'étant point averti, vint à la vérité, et ce voyage lui donna les moyens de faire connaître encore plus particulièrement au roi la mauvaise volonté du ministre. Il ne dissimula pas non plus la crainte qu'il avait d'en être desservi auprès de Sa Majesté. « Croyez-vous, lui dit le roi, que ces gens-là puis-
» sent perdre un homme que je connais comme
» vous? — Ces gens-là, répondit Villars, avaient
» bien avancé ce dessein, puisqu'ils m'avaient ôté
» du service; et je prendrai la liberté de dire à
» Votre Majesté qu'un lieutenant-général de ses
» armées, quelque zèle et quelque ardeur qu'il ait
» pour son service, n'ayant l'honneur de lui parler
» qu'une fois ou deux par an, est en grand péril,
» quand le ministre qui vous parle tous les jours a
» entrepris de le perdre. » En effet, Barbesieux, malgré la protection du roi, se vengea encore de Villars, en diminuant son commandement, sous prétexte qu'il était trop étendu; et il trompa une seconde fois Louis XIV, ce qui ne serait pas arrivé, s'il eût été puni la première. Cependant la mauvaise volonté du ministre n'avait pas empêché qu'il ne fût élevé au grade de lieutenant-général, récompense due à la bravoure et à l'intelligence qu'il montra

constamment dans toutes les rencontres un peu importantes des armées où il servait. Ce fut entre les jambes de son cheval que fut pris le général Merci après un combat opiniâtre, et ce fut aussi à lui que le duc de Wirtemberg se rendit prisonnier près de Porstsheim.

De ces actions toutes glorieuses, il n'y en a qu'une qui mérite quelque détail, par la savante combinaison des mouvements qui en procurèrent le succès. Le maréchal de Joyeuse faisait sur le Rhin une guerre défensive contre le prince Louis de Bade, général entreprenant. Celui-ci ne laissait pas tranquilles nos postes avancés, que le maréchal tenait jusqu'à deux lieues de distance de son camp, pour n'être pas surpris un jour; le prince Louis les menaça de si près, qu'on se crut obligé de les retirer, et Villars fut chargé de cette commission hasardeuse. Il prit deux mille chevaux, reçut cette infanterie que les hussards repliaient déjà, et commença la retraite à la vue de l'armée ennemie.

Derrière lui était un ruisseau facile à passer, ensuite une plaine d'une demi-lieue, enfin un ruisseau plus difficile, et des bois. Il n'y avait que cette plaine pour se retirer, et il était vraisemblable que sitôt qu'il y serait engagé, les ennemis, dont toute l'armée arrivait, fondraient sur lui à bride abattue et l'envelopperaient, à moins qu'ils n'aperçussent quelque chose qui leur donnât de l'inquiétude et les forçât de s'arrêter. Pour opérer cet effet, le marquis fait passer rapidement la plaine aux trois quarts de son détachement, et leur ordonne de se poster à l'extrémité derrière le second ruisseau, à l'entrée des bois. Lui-même, avec deux petits corps qu'il retient, défend un moment le premier ruisseau, le passe en bon ordre, et soutient alternativement ses deux corps, l'un par l'autre, contre les hussards qui inondent la plaine.

Le prince de Bade y passe avec sa première ligne; mais voyant à l'extrémité de la cavalerie et de l'infanterie qui faisaient bonne contenance, il craint que ce ne soit la tête de l'armée française, et juge prudent de faire passer sa seconde ligne avant d'attaquer. Pendant qu'il prend cette précaution, Villars gagne du temps et du terrain. Il se débarrasse, par des charges vigoureuses, des hussards qui le harcelaient, arrive sur le second ruisseau, le passe, le défend jusqu'à la nuit, et se retire en bon ordre, ramenant au camp toute sa troupe, qu'on croyait perdue.

Pendant les langueurs d'une guerre qui tirait à sa fin, le marquis de Villars, se trouvant en Italie, visita les lieux fameux pour avoir été autrefois le théâtre de la guerre, et qui étaient menacés de le devenir encore bientôt. Appelé pour servir en Alsace, il parcourut ses gouvernements de Brisgaw, les gorges de la Forêt Noire, les lignes faites pour pénétrer en Allemagne; et ne pouvant être utile pour le présent, il se mit du moins en état de l'être par la suite. Enfin la paix fut signée à Riswik. Les armées se retirèrent et laissèrent le champ libre aux négociations, qui fixèrent à leur tour l'attention de l'Europe.

Au fond du palais de l'Escurial, livré à une sombre mélancolie, vivait le triste Charles II, miné par ses infirmités, et vieux avant quarante ans. Au chagrin de se voir sans enfants qui pussent gouverner ses vastes Etats, se joignait celui de savoir qu'on anticipait, pour ainsi dire, sa mort, par le partage de sa succession. Les maisons de France et d'Autriche, et après elles celle de Savoie, étaient les seules qui eussent droit à son héritage. Le Dauphin de France, le plus proche par sa mère Marie-Thérèse, fille aînée de Philippe IV, père de Charles II, n'avait contre lui que la renonciation à la couronne d'Espagne qu'on avait exigé d'elle en la mariant à Louis XIV. Le prince électoral de Bavière, petit-fils de Marguerite-Thérèse, fille cadette du même Philippe IV, avait contre lui les droits d'aînesse de la mère du dauphin. Après eux paraissaient Monsieur, frère de Louis XIV, réprésenté par le duc d'Orléans son fils, et l'archiduc Charles, fils de Léopold. Le premier était fils d'Anne d'Autriche, fille aînée de Philippe III, avait pareillement contre lui la renonciation exigée de sa mère en la mariant à Louis XIII. Le second était petit-fils de Marie-Anne d'Autriche, qui avait contre elle le droit d'aînesse de sa sœur. Enfin les droits du duc de Savoie lui venaient de sa bisaïeule, fille de Philippe II. Voilà les droits respectifs. On voit qu'ils étaient litigieux, et on les rendit encore moins aisés à décider, en admettant des étrangers à la discussion de cette affaire, qui aurait pu être renfermée dans la famille.

Les Anglais et les Hollandais, qui, sans leur industrie, ne feraient qu'un faible contrepoids dans la balance des puissances, cherchaient à suppléer par adresse à la force réelle qui leur manquait. La chimère de la monarchie universelle, prêtée à Louis XIV, leur avait servi à armer la terre contre lui ; et pendant que les bataillons opposés la dévastaient, ils dominaient sur les mers et établissaient un commerce exclusif, assujettissant certains lieux, certaines denrées à des lois prohibitives qui rendaient les autres nations tributaires de leur monopole. Ils sentaient que si la monarchie entière d'Espagne tombait à la France par la succession qui allait arriver, la marine de cette dernière puissance, déjà bien embarrassante pour eux, le deviendrait encore davantage par la jonction des flottes des deux Indes sous le même pavillon. C'est pourquoi, sous prétexte d'établir l'équilibre entre les forces des souverains, et d'empêcher que la paix de l'Europe ne fut troublée, ils se mêlèrent d'arranger cette succession qui ne les regardait pas, et les prétendants légitimes le souffrirent.

Après plusieurs négociations, et par la sagesse de Villars, sont conclus deux traités, qui trouvent l'un et l'autre l'empereur intraitable. Il ne veut renoncer à aucune de ses prétentions. Cependant le roi d'Espagne meurt et déclare son héritier le duc d'Anjou, petit-fils de Louis XIV, qui prend le nom de Philippe V. L'empereur, irrité d'un incident qu'il n'a pas su prévoir, détache secrètement l'Angleterre et la Hollande de l'alliance française, et se dispose à la guerre.

On pense bien que pendant ces mouvements qui eurent lieu contre la France, le rôle de son ambassadeur à Vienne n'était pas fort agréable. Les personnes qu'il avait vues jusqu'alors le plus familièrement s'éloignaient insensiblement de lui, dans la crainte de passer pour gagnées ou corrompues. Il ne lui resta que le prince Eugène de Savoie, le prince de Bade et quelques autres seigneurs trop au-dessus des soupçons pour s'embarrasser de l'opinion des courtisans. Le marquis de Villars profita de cette espèce de solitude pour étudier le caractère de ces généraux, qu'il allait peut-être avoir à combattre. Il le jugeait par leurs discours, dont il fait ainsi le récit au ministre :

« Vous ne serez pas fâché de connaître quelque » chose du caractère de MM. les princes de Bade » et de Savoie, et vous en jugerez sur ce que je » leur ai ouï dire de celui des généraux. Les uns, » disent-ils, parvenus aux dignités à force d'années » et de patience, se trouvant un commandement » inespéré, et qu'ils doivent plutôt à leur bonne » constitution qu'à leur génie, ou à leurs actions, » sont plus que contents de ne rien faire de mal. » D'autres, plus heureux par des succès qu'ils doi» vent uniquement à la valeur des troupes, aux

» fautes de leurs ennemis, enfin à leur seule for-» tune, ne veulent plus la commettre, quelque » avantage qu'on leur fasse voir dans des mouve-» ments qui pourraient détruire un ennemi déjà en » désordre, sans les trop engager. Mais une troi-» sième espèce d'hommes, assez rare à la vérité, » compte de n'avoir rien fait tant qu'il reste quel-» que chose à faire, profitant de la terreur qui » aveugle presque toujours le vaincu, à tel point » que les plus grosses rivières, les meilleurs bas-» tions ne lui paraissent plus un rempart. »

» Ceux-là, à la vérité, ajoute Villars de lui-mê-» me, ne sont pas communs : mais comment ne s'en » trouverait-il pas sous le règne du plus grand roi » du monde, et dans des armées toujours victorieu-» ses? Vous avez trop bonne opinion de la nation, » pour ne pas croire qu'elle puisse produire des gens » qui, soutenus uniquement par leur zèle, osent » penser noblement, et sans être retenus par tous » les faibles et misérables égards qui font taire tout » ce qui n'est pas animé par la force de la vérité, et » par une ardeur pour le service du roi, que tout » autre intérêt ne peut suspendre; trop heureux s'ils » peuvent en être bien connus, et si des ministres » éclairés, attentifs, justes, sans humeur et sans » passions, les démêlent à travers tous les mau-» vais offices dont de tels gens sont d'ordinaire » accablés. »

Dans ces réflexions, Villars se peignait lui-même, et peignait aussi les envieux et les ennemis qui le tourmentèrent toute sa vie. Déterminé à servir sa patrie dans les armées, et à quitter la cour, il était naturel qu'il se précautionnât contre ceux qui y restaient. Comme eux, il eut aussi la tentation de présenter des plans d'opérations, mais du moins fondés sur la connaissance des lieux et des intérêts des princes. Il proposait une guerre défensive sur le Rhin, de s'y procurer un passage, et de tenir de notre côté une petite armée d'observation, afin d'ôter aux ennemis la liberté de se promener tranquillement à l'abri de cette rivière et de menacer perpétuellement de là l'Alsace et nos autres provinces. « Il ne faut pas craindre, disait-il, de s'attirer sur » les bras, par cette expédition, les princes de l'em- » pire : car ou ils sont déterminés à soutenir leur » opposition au neuvième électorat, ou ils ne le sont » pas. S'ils le sont, il est plus de leur intérêt que de » celui du roi, que Sa Majesté ait un passage sur le » Rhin, pour leur donner la main; s'ils ne le sont pas, » le roi les aura contre lui trois mois après le com- » mencement de la guerre. » Si on ne voulait pas attaquer le Kehl, dans la crainte d'alarmer tout l'empire, il proposait de fortifier Huningue, et d'en faire une espèce de place d'armes qui donnerait en même temps le moyen, et d'ouvrir un passage sur le fleuve, et de retenir les Suisses.

Ces mesures prises, il était d'avis qu'on portât la guerre offensive vers les Pays-Bas, parce qu'à l'abri des places espagnoles, on pourrait pénétrer par tout dans la Hollande, dans les Etats de l'électeur de

Brandebourg, ceux de Cologne et le Palatinat; que la prise de la seule ville de Maëstricht rendait le roi maître de tout le cours de la Meuse; et qu'à l'aide de ce point d'appui, on pousserait jusqu'à Utrech et Aix-la-Chapelle les contributions, qu'on pourrait faire monter, dès la première campagne, peut-être à neuf et dix millions, outre l'avantage de vivre et d'hiverner sur les terres ennemies. Il recommandait surtout de mettre les possessions de l'Italie dans un état de défense respectable.

Les places frontières des Pays-Bas ne furent pas une conquête difficile. Le roi n'eut qu'à se présenter comme étant aux droits du roi d'Espagne, son petit-fils, et les Hollandais, qui les gardaient pour leur servir de barrière, en retirèrent leurs garnisons.

» Nous savons, dit-il au marquis de Villars, que
» vous avez non-seulement approuvé, mais conseillé
» le dessein de se servir des places et des troupes;
» mais approuvez-vous qu'on n'ait gardé que les pla-
» ces? Pour moi, comme vous ne raccommoderez
» point par ce ménagement votre réputation auprès
» de nous, j'aurais profité de l'occasion et gardé les
» troupes. — Vous avez raison, répondit l'ambassa-
» deur; mais le roi a préféré la générosité à son in-
» térêt, qui ne permettait assurément pas qu'on
» rendît une armée de quinze à vingt mille hommes,
» destinée à nous faire la guerre. »

Mais Louis XIV avait beau être généreux, il ne pouvait empêcher que sur d'anciennes prétentions on ne le crût toujours disposé à envahir les Etats de ses voisins. L'empereur fortifiait cette crainte dans l'esprit des princes italiens, afin de les trouver favorables pendant la guerre, qu'il était disposé à commencer dans leur pays. Le nonce du pape, de concert avec les Vénitiens, se donna beaucoup de mouvements pour empêcher les hostilités : Léopold répondit qu'il accepterait volontiers la médiation de Sa Sainteté, à condition qu'on laisserait en séquestre, entre les mains du pape, les royaumes de Naples et de Sicile, qui, étant fiefs de l'empire, ne pouvaient tomber sous la disposition d'un testament. Que par la même raison, les Etats de Milan et quelques parties des Etats de Flandre, qui étaient aussi fiefs ou arrière-fiefs de l'empire, seraient aussi donnés en dépôt à des princes dont on conviendrait.

A ces propositions, le marquis de Villars répliqua qu'il ne voyait pas pourquoi le roi d'Espagne livrerait à d'autres des Etats qu'il possédait déjà, et par le testament et par l'aquiescement des peuples. Que si le pape craignait la guerre, le seul moyen de l'éviter était de faire connaître à l'empereur qu'en vain il tâcherait de troubler l'Italie, parce que tous les princes étaient déterminés à laisser les choses sous Philippe V, comme elles étaient sous Charles IV. « Mais, disait le prince de Bade, il faut » bien que vous soyez déterminés à ne pas tout garder, puisque vous souffrez que le pape entame une » négociation. Car quiconque offre sa médiation à » quiconque a tout perdu, doit être assuré de lui » faire rendre quelque chose. Quiconque, répliqua

» Villars, offre sa médiation à qui ne peut rien re-
» prendre, veut l'empêcher de perdre encore. »

Ainsi, le marquis de Villars, pendant que d'autres assemblaient leurs armées, se trouvait réduit à combattre de paroles par les négociations; espèce de lutte qui lui réussissait assez, mais à laquelle il aurait préféré la guerre avec tous ses périls. Ne pouvant la faire sur le terrain, il la faisait, pour ainsi dire, de son cabinet, il étudiait les mouvements des généraux de l'empereur qui marchaient en Italie, et il mandait à ceux du roi de s'avancer, d'occuper le Tyrol, de garnir les gorges des montagnes, de répandre leurs troupes le long des rivières, afin d'en défendre le passage, de contenir les ennemis sur les hauteurs où les subsistances étaient difficiles, et les empêcher de descendre dans les plaines fertiles du Mantouan et du Milanais: conseils qui furent mal suivis, puisque le prince Eugène passa l'Adige et s'établit sur le Pô, d'où il pouvait se porter où il voudrait.

L'ambassadeur de France eut le désagrément d'apprendre ces succès chez l'empereur même, où ils lui furent racontés avec affectation, et exagérés. Son poste à cette cour était fort embarrassant; il marchait toujours entre la crainte de laisser manquer à son caractère, et celle de paraître trop susceptible. Le peuple le regardait de fort mauvais œil. Il courut plusieurs fois risque d'être insulté, et ce ne fut qu'en usant de la plus grande prudence, qu'il prévint des affronts dont la réparation aurait été difficile. Sur sa demande réitérée, il obtint enfin d'être rappelé en France. Le 26 juillet, il prit congé de l'empereur, en l'assurant, par ordre du roi, que l'intention de Sa Majesté avait toujours été d'observer ponctuellement les derniers traités, et d'entretenir avec Sa Majesté Impériale la bonne intelligence, nécessaire au repos de l'Europe et à l'avantage de la religion. Les réponses de l'empereur, de l'impératrice, du roi, de la reine des Romains et de l'archiduc furent très-polies, et marquaient une considération personnelle pour l'abassadeur. A son départ, il reçut mille témoignages d'amitié de toute la cour.

Il avait déjà eu le plaisir d'éprouver, qu'entre personnes qui jugent sainement des choses, les querelles et l'animosité des souverains, s'ils en ont, n'influent pas sur les sentiments des particuliers : car, en partant pour l'Italie, le prince Eugène se plut à lui donner publiquement des marques d'estime et de cordialité. Quelques courtisans paraissaient étonnés de voir tant d'amitié entre des personnes qui allaient peut-être se trouver vis-à-vis l'une de l'autre le pistolet à la main. L'ambassadeur leur dit : « Messieurs, je compte sur les bontés de M. le prince » Eugène, et je suis bien persuadé qu'il me souhaite » toute sorte de bonheur, comme, de mon côté, je lui » désire toutes les prospérités qu'il mérite, excepté » celles qui peuvent être contraires aux intérêts du » roi mon maître. Mais voulez-vous que je vous dise » où sont les vrais ennemis du prince Eugène?

» c'est à Vienne, et les miens sont à Versail-
» les.

Ainsi finit l'ambassade du marquis de Villars, qui dura près de trois ans. Elle eut tout le succès que permettaient les circonstances; mais comme ses services furent moins brillants que réels, on n'en prit pas l'idée qu'on aurait dû en avoir, et ils furent peu récompensés. En rappelant cette injustice au ministre deux ans après, il prouve ainsi l'importance de sa négociation. « Il faut, je crois, représenter
» ses services, surtout quand on n'est pas assez ha-
» bile ou assez heureux pour se ménager de puis-
» santes protections. Personne n'est plus convaincu
» que moi du mérite de M. le duc d'Harcourt, et ne
» trouve plus justes les grâces qu'il a reçues de la
» bonté de Sa Majesté. Quant à la part qu'il a eue à
» mettre la couronne d'Espagne sur la tête du roi
» régnant, je serais bien fâchée de diminuer le mé-
» rite des négociations heureuses par lesquelles il
» peut avoir favorablement disposé les esprits. Mais,
» Monsieur, on ne peut me refuser d'avoir autant
» contribué que personne à ce grand événement,
» puisque, pendant que M. le duc d'Harcout était
» encore à Paris, le cardinal Porto-Carrero, et ceux
» qui ont le plus contribué ensuite au testament,
» portèrent le feu roi d'Espagne à envoyer à l'empe-
» reur le pouvoir de s'emparer de tous ses Etats
» d'Italie, et firent donner ordre à tous les vice-rois
» et gouverneurs de recevoir les ordres et les troupes
» de l'empereur dans toutes leurs places.

» J'ai vu les princes Eugène et de Vaudemont » prêts à partir, et les ordres déjà expédiés pour les » régiments qui devaient aller dans les Etats de » Milan et de Naples. Le roi me fit l'honneur de » m'avertir de cette résolution des Espagnols, par » un courrier, m'ordonnant de ne rien omettre pour » traverser un dessein qui mettait l'Italie entre les » mains de l'empereur. Après vingt-sept jours d'une » négociation très-vive, j'eus le bonheur d'obtenir » de l'empereur un engagement par écrit, qui me » fut remis par MM. les comtes d'Harach et de Kau- » nitz, par lequel l'empereur promettait de n'en- » voyer aucunes troupes en Italie, où étaient celles » de Sa Majesté : ce fut cette résolution du conseil » de l'empereur qui porta le roi des Romains à de » si grandes fureurs contre le ministère, qui l'obli- » gea à dire qu'il fallait faire pendre les ministres ; » que j'avais reçu et distribué à propos cinq cent » mille écus pour cela.

» Le refus de l'empereur à profiter de la bonne » volonté du roi d'Espagne arriva à Madrid peu de » semaines avant la mort de ce prince, et marqua » si bien la faiblesse de la cour de Vienne, que ces » mêmes ministres qui voulaient se donner à l'ar- » chiduc, conclurent à un parti contraire. Ne pou- » vais-je pas me flatter d'avoir rendu, dans cette » occasion, un service assez important? Et la crainte » qu'avait l'Angleterre avec la Hollande d'un accom- » modement du roi avec l'empereur, dont je parais- » sais toujours ne pas désespérer, pour tenir ces

» puissances en inquiétude, n'a-t-elle pas pu con-
» tribuer à faire trouver à M. de Talard, auprès du
» roi Guillaume, des facilités pour le traité de par-
» tage? Cependant, à mon retour, je trouvai que
» j'avais battu les buissons, et mes camarades pris
» les oiseaux. »

En effet, il ne reçut que des remercîments de Louis XIV. Il est vrai qu'ils furent vifs et tendres. » Il faut donc, dit-il au roi, que je porte écrit sur » ma poitrine tout ce que Votre Majesté me fait » l'honneur de me dire. Car qui pourra penser que » je l'aie bien et fidèlement servie, lorsqu'elle ne » fait rien pour moi? — Soyez tranquille, répondit » affectueusement le monarque, vous apercevrez » aux premières occasions à quel point je suis con- » tent de vous. »

C'était à la guerre désormais à fournir au marquis de Villars les occasions de se signaler et de mériter des récompenses. Il alla les chercher en Italie. Ce fut cependant avec quelque répugnance, parce que les affaires y avaient été mal commencées, et qu'il savait d'ailleurs que le duc de Savoie, qui s'était déclaré pour nous, était en mésintelligence avec nos généraux. Avant d'arriver à l'armée, il eut une rencontre qui lui fit honneur. Le général Merci, instruit de son voyage, l'attendait sur la route avec un corps de cavalerie et l'infanterie beaucoup plus fort que son escorte. Quand le marquis de Villars aperçut l'ennemi, il se mit à la tête des troupes qui l'accompagnaient, sans savoir qui elles conduisaient. Si tôt qu'il en fut reconnu, elles s'écrièrent : « C'est notre général que » Dieu nous a envoyé. » Et elles chargèrent avec tant de furie, qu'en un instant les Allemands furent dispersés. Le maréchal de Villeroi vint le recevoir à la tête du camp, et lui fit compliment sur la confiance que le soldat lui montrait. Ils étaient accoutumés, ainsi que toute la cour de Louis XIV de ce temps, à citer des vers dans les conversations. Villars répondit au compliment par ceux-ci de Racine dans Bajazet :

Comptez qu'ils me verront encore avec plaisir,
Et qu'ils reconnaîtront la voix de leur visir.

Dans une armée dont les chefs étaient divisés, il ne pouvait point se passer de grands événements. Les Français avaient été, sinon battus, du moins repoussés à Chiary, et le prince Eugène, maître des rivières, s'étendait librement dans la plaine. On soupçonnait toujours une intelligence secrète entre ce prince, de la maison de Savoie, et le duc. La défiance alla si loin, qu'on cachait à celui-ci l'ordre des marches et des campements, et les opérations même indifférentes. Il se trouva même un jour investi de fossés et de redoutes qu'il n'avait pas commandés, et dont, au contraire, on lui avait déguisé le but en les faisant. Cette conduite lui causait une vive indignation. Il en porta ses plaintes au marquis de Villars. Le marquis, sentant que ces plaintes devaient attaquer le maréchal de Villeroi et le prince de Vaudemont ses amis, aurait bien voulu éviter les confidences du duc; mais il fut obligé de les entendre.

» J'ai besoin, lui dit ce prince, de vous ouvrir
» mon cœur sur la manière dont on a agi à mon
» égard. Vous en avez été témoin en partie. Rien
» de si offensant pour un prince comme moi, que
» les défiances qu'on me marque. Je ne m'en suis
» pas rebuté, et je n'en ai pas moins montré de
» zèle pour les intérêts des deux couronnes. On sait
» que dans l'affaire de Chiary, les troupes du roi
» étant rebutées, j'ai offert les miennes, et de re-
» commencer le combat à leur tête; enfin je suis
» outré, et j'aurais demandé justice, si je n'étais
» convaincu que je ne dois pas en attendre beau-
» coup des deux rois contre les généraux qui com-
» mandent leur armée. » Le marquis supplia Son Altesse qu'elle voulût bien qu'il ne fût pas chargé de ses plaintes. Le duc lui répondit avec l'attendrissement d'un homme sincère : « Vous en ferez
» comme il vous plaira; mais j'ai voulu vous parler
» comme à un honnête homme, dont je connais le
» mérite, que j'estime et que j'aime, et qui me
» doit aussi quelque amitié. » Si Villars parla à Louis XIV, les soupçons contre le duc ne furent pas effacés par son rapport, ou du moins on continua à se conduire comme s'ils ne l'étaient pas.

LIVRE DEUXIÈME.

Le quartier d'hiver que Villars passa à Paris fut plus long qu'à l'ordinaire. Il s'y maria avec mademoiselle Rocque de Varangeville; et lorsqu'après quelques jours donnés à l'hymen, il comptait retourner en Italie, Louis XIV, qui avait sur lui des desseins secrets, le retint pour l'Allemagne; on y avait besoin d'un général actif, afin de seconder le duc de Bavière, qui s'était allié aux deux couronnes. Ce prince commença les hostilités par la prise d'Ulm, place dont la possession le mettait au milieu des États de l'empereur.

Mais il avait pris son temps pour se déclarer. Le roi des Romains, ayant sous lui le prince de Bade, venait de prendre Landau. Notre armée, commandée par le maréchal de Catinat, retirée sous Strasbourg, montrait trop qu'elle voulait se tenir sur la défensive; et il était possible, dans cette circonstance, aux Allemands de détacher une partie de leur armée, de lui faire passer les montagnes noires, dont ils étaient maîtres, et de tomber sur le duc de Bavière avant qu'on pût le secourir.

Villars, arrivé à notre armée vers la fin de mai, remontra qu'on n'aurait pas dû laisser étendre si librement les ennemis en Alsace, qu'il aurait été aisé de les inquiéter pendant leur siége. Mais il eut la douleur de ne trouver ni dans le général, ni dans les troupes, l'ardeur qu'il aurait désirée.

Néanmoins, à son avis, on résolut de franchir l'espace qui séparait l'armée de celle du duc, et le roi chargea Villars de cette expédition.

Il se rend en poste à Huningue, le 28 de septembre 1702; et, après avoir pris ses dispositions, il passe le Rhin malgré les feux ennemis. Un de ses capitaines ayant pris Nenbourg, il se dirige de ce côté-là, et va battre le prince de Bade à Fridlingue. Après cette victoire, le roi lui envoya le bâton de maréchal de France. Cependant le prince de Bade rallie ses troupes et va mettre le siége devant Nenbourg; mais la bonne contenance des Français l'oblige de se retirer sans combat.

Les irrésolutions de l'électeur de Bavière, qui ne

faisait rien pour opérer sa jonction avec l'armée française, ayant obligé Villars de renoncer, cette année, au passage des monts, il repasse le Rhin et s'occupe à nettoyer l'Alsace des troupes impériales. Puis, laissant l'armée cantonnée sous Strasbourg, il se rend à Paris, où l'attendait, avec les félicitations royales, le bonheur de voir le premier enfant que venait de lui donner son épouse. Après treize jours passés à la cour, il retourna au camp; et, y trouvant la discipline un peu relâchée, il s'appliqua de tout son pouvoir à la raffermir.

Cependant il fallait se mettre en campagne, et il n'avait près de lui que deux officiers généraux. Au milieu du chagrin qu'il éprouvait d'être réduit à une marche lente, qui lui faisait perdre un temps précieux, il eut la consolation d'apprendre que l'électeur de Bavière avait pris Nenbourg sur le Danube. C'était au moment où il passait à Nenbourg sur le Rhin. Encouragé par ce succès, il mène son armée au milieu des places ennemies, avec une faible artillerie et des vivres conduits par des sentiers et à travers champs. Le prince de Bade, qui surveillait ses mouvements, se précipita entre Brissach et les montagnes; mais Villars le prévint, et s'empara des passages. Alors quatorze bataillons avec plusieurs escadrons de dragons des troupes impériales fuient devant, le prince de Bade lui-même lui abandonne plus de cinquante forts et redoutes avec les troupes qui les défendent. Les villes d'Offembourg, Zell, Wilstat, Rastat et plusieurs autres tombent au pouvoir des Français, qui trouvent dans la première vingt-huit pièces de canon, quantité de munitions de guerre et de bouche, et tout l'équipage d'artillerie de l'armée.

Contre l'avis des ingénieurs et de Vauban lui-même, qui avait donné son plan pour le siége de Kiel, Villars, suivant ses idées, le poussa vigoureusement, et emporta la place plus tôt qu'on n'avait pensée.

Il y avait onze mois que la campagne était commencée; les troupes avaient besoin de repos; elles étaient d'ailleurs sans tentes, sans équipages, avec de mauvaises armes. Il lui fit repasser le Rhin. Pour lui, pendant que l'armée se retirait tranquillement, il prit mille chevaux et neuf cents hommes d'infanterie, et s'avança du côté des montagnes, pour reconnaître le pays. Laissons-le raconter lui-même cette petite excursion :

« En approchant de Keutfingent, dit-il, j'appris » par les gens du pays, que les impériaux occu- » paient cette petite ville, et qu'il y avait huit » cents hommes des régiments de Sal et de Marilly, » qui est la vieille infanterie de l'empereur. Je crus » que l'on pouvait intimider ces troupes; et, à mon » arrivée, quelques religieux étant sortis pour » m'apporter les contributions, je les renvoyai » durement, avec ordre de dire aux impériaux » qu'ils missent les armes bas, que je consentais à » les recevoir prisonniers de guerre; mais que, s'ils » me faisaient tirer un seul coup, il n'y aurait de

» grâce ni pour la ville, ni pour la garnison. Tout » cela se disait en mauvais latin, que nous ne » parlions pas plus aisément l'un que l'autre.

» Les religieux furent si saisis de frayeur, qu'ils » la communiquèrent à la ville; et, voulant leur » imposer encore davantage par un air d'audace, » je fis placer toute mon infanterie à cent cinquante » pas des murailles, comme prête à monter à l'as- » saut. Les religieux revinrent, et dirent que si » j'envoyais un officier, on pourrait s'accommoder. » Le chevalier de Tressanes s'avança, et n'oublia » rien pour les étonner. Le commandant et les » officiers s'ébranlèrent, et répondirent qu'ils ne » consentiraient jamais à être prisonniers de guerre, » mais qu'ils voulaient bien me remettre la place.

» Tressemanes alla leur dire que je consentais à » laisser la liberté aux officiers, mais que je voulais » avoir les soldats. Tous les religieux et les princi- » paux bourgeois revinrent intercéder pour la gar- » nison. Je redoublai de fureur et de menaces, et » les renvoyai. Cette comédie dura deux heures. Je » faisais devant eux travailler aux fascines, et ap- » prêter les échelles. J'envoyai ordre à M. du Rozel, » qui faisait un fourrage de l'autre côté de l'Eltz, » d'approcher. Enfin jamais gens n'ont eu tant de » peur que les ennemis et moi; car je n'avais pas » de quoi leur faire grand mal. M. de Tressemanes » étant une dernière fois retourné leur dire que je » consentais à les laisser sortir, mais sans armes, » les soldats, qui étaient de vieilles troupes, moins

» effrayés que leurs officiers, prirent la parole, » dirent qu'ils ne se laisseraient jamais désarmer, » et qu'il n'y aurait qu'à tirer.

» Conclusion : moyennant la seule liberté de se » retirer, il m'abandonnèrent ce poste très-impor- » tant. On trouva dans cette place quatre pièces de » canon de fonte, pièces de rempart; plus de qua- » rante milliers de poudre, quantité de boulets, de » mèches, de grenades chargées, d'outils, de fari- » ne, enfin le dépôt des munitions de l'armée du » prince de Bade, qui s'était retirée de ce côté après » la bataille de Fridlingue. »

Après cette heureuse expédition, Villars suivit l'armée qui rentrait en France, et eut le plaisir de voir, dans cette marche, les ennemis, troublés, abandonner précipitamment tous les postes et petits châteaux qu'ils avaient autour de Brissak et de Fribourg, et jeter leur canon et leurs munitions dans le Rhin.

Cependant ce retour en France, si bien motivé, essuya beaucoup de critiques à Versailles. On ne concevait, dans les appartements bien échauffés du château, et dans les allées bien unies du parc, comment une armée qui venait de prendre Kell, ne pouvait pas, à la fin de février, franchir les montagnes noires, et joindre l'électeur de Bavière. C'était le comte de Moneflerol, envoyé du prince, et chargé de hâter la marche des Français en avant, qui excitait les murmures et les fortifiait par des plaintes. Il ne cessait de demander du secours, et il avait raison, car tous les cercles de l'empire rassemblaient leurs forces contre son maître, et il se voyait à la veille d'être affaibli par ces troupes réunies, qui pouvaient entrer de plein pied chez lui, pendant qu'il fallait à Villars forcer nature pour y arriver. Il sentait si bien cette difficulté, que dans un plan de jonction qu'il envoya au général français dès le mois de février, il lui donnait jusqu'à la fin d'avril pour l'exécution.

La correspondance avec lui était presque impraticable. On ne pouvait en avoir de directe, parce que les vallées et les montagnes étaient perpétuellement battues par des patrouilles qui arrêtaient également courriers, messagers et voyageurs. Néanmoins le duc donna le moyen de lui faire savoir le jour où l'on pourrait le joindre; il devait, pour cela, se servir des ennemis eux-mêmes.

« J'enverrai, écrivit-il à Villars, un courrier au » prince Louis de Bade, et je lui manderai que » j'attends une eau d'un fameux oculiste de Paris, » pour les yeux de ma fille, et que ce sera un trom» pette du gouverneur de Strasbourg qui appor» tera les fioles dans lesquelles on me fera tenir » cette eau. Je le prierai de vouloir me les faire » consigner à mon trompette, pour que je puisse » les recevoir sûrement et sans perte de temps. Par » le nombre des fioles, j'entendrai le jour du mois » où vous serez à Vollingen; par exemple, dix fioles » signifieront le dix du mois; ainsi autant de fio» les, autant de jours du mois; si c'est du mois de

» mars, elles seront couvertes d'un taffetas blanc; » d'un rouge, si c'est du mois d'avril. » Villars manda à l'électeur, par une voie sûre, qu'il ne s'étonnât pas, si au lieu de blanc ou de rouge, il trouvait du taffetas vert, qui voudrait dire le mois de mai.

Au temps fixé, toutes les troupes placées dans les évêchés, l'Alsace, le comté et le long de la Sare, s'ébranlèrent en même temps, pour être sur le Rhin vers le 8 ou 10 avril. Le maréchal de Tallard marcha sur Passove, pour menacer la Lutter, le marquis de Lauzun sur le Fort-Louis et le marquis de Rozel vers Huningue. Pour Villars, il se porta sur la petite rivière de Benken, pour examiner le poste de Bihel, où le prince de Bade était retranché.

Après avoir bien examiné le poste du prince de Bade à Bihel, le marquis résolut de commencer l'attaque la nuit du 21 au 22 avril, et en donna les ordres; mais des deux lieutenants-généraux qui devaient commander, l'un lui envoya dire à minuit qu'une inondation lui barrait le passage; l'autre, qu'il était retenu par des ravins qu'on n'avait pas reconnus, et qu'on ne pouvait franchir. Villars aurait voulu marcher à l'ennemi; néanmoins, par prudence, il consulta le conseil de guerre, qui fut d'un avis contraire au sien.

Ce coup manqué, il ne songea plus qu'à s'ouvrir le passage de la Bavière. De l'avis de M. de Monasteroles et de tous les officiers généraux, il choisit, pour y parvenir, la vallée de la Quinche. Ce chemin était défendu par le comte de Strasbourg, à la tête de plusieurs bataillons de vieilles troupes, et de toutes les milices de Virtemberg, commandées par le général Merci. Il fit marcher en avant le marquis de Blainville, avec dix-huit bataillons et vingt escadrons, avec ordre de faire la plus grande diligence, et le suivit avec la même promptitude. Il n'y avait que ce moyen qui pût prévenir les entreprises du prince de Bade. A la vérité, le maréchal de Tallard tenait son armée en échec; mais le prince pouvait, par le circuit des montagnes, envoyer de gros détachements, qui auraient pris les nôtres en tête, en queue et en flanc.

La marche ne fut pas troublée par le prince; mais partout se rencontraient des postes fortifiés et bien garnis de troupes. On les emporta avec une rapidité qui ne laissa pas à l'ennemi le temps de se reconnaître.

Néanmoins Villars n'éprouvait pas peu d'obstacles dans sa marche victorieuse. Il ne trouva qu'indifférence pour le succès dans la plupart des officiers généraux, qui pensèrent le faire échouer devant Hornbec. Cette ville, entourée d'une bonne muraille, avec un fort château sur une hauteur escarpée, renfermait quatre mille hommes de troupes réglées, avec des vivres et du canon. Comme elle tenait le milieu de la vallée, et fermait absolument le passage, il n'avait d'autre parti à prendre que de la brusquer; il fit donc escalader la ville et le château. S'apercevant, du haut de celui dont il conduisait l'attaque, que celle de la ville allait mollement, il y court à travers les roches, met pied à terre, et s'avance à la tête des grenadiers : « Eh quoi ! Messieurs, dit-il aux officiers, il faut » donc que moi, maréchal de France et votre géné» ral, je monte le premier si je veux qu'on atta» que? » Ce peu de mots remit tout dans l'ordre. Soldats et officiers se pressèrent à l'envie. La ville et le château, tout fut pris en même temps.

Après ces actions de vigueur, les impériaux n'osèrent attendre nulle part les troupes française, et elles arrivèrent en bon état à Villenghen, débouché des montagnes où l'on comptait trouver l'électeur. Il n'y était pas. Villars se contenta d'y envoyer quelques boulets rouges; et, voyant qu'on faisait bonne contenance, il passa outre, entraîné par les vives instances de l'électeur, qui envoyait courriers sur courriers pour qu'il hâtât la jonction.

Ce prince, par qui elle était si importante, ne fit rien pour la procurer. Villars le trouva seulement sur la lisière de ses Etats. Et après l'union de leurs forces, il eut encore à combattre en lui l'effet des mauvaises suggestions de conseillers intéressés, et les inspirations d'un esprit aux vues étroites et mesquines.

Il fut enfin résolu que l'on irait droit à Vienne; mais l'inconstance de l'électeur força d'abandonner ce projet. On se dirigea vers le Tyrol.

Pendant que Villars couvrait la Bavière contre l'armée de Stirum et celle du prince de Bade, l'expédition de l'électeur contre le Tyrol avançait d'une manière brillante. Il prit en deux heures, comme par miracle, Cowestein, ville très-forte qui était la clef du pays, et qui aurait pu tenir long-temps. Puis il enleva d'emblée trois ou quatre forts, en marchant à Inspruch, qui se rendit sans coup férir. Mais ces succès ne furent pas de longue durée.

Les paysans du Tyrol et de l'Autriche, qui sont presque tous chasseurs, revenus de leur première surprise, et aidés de quelques troupes réglées, se mirent à harceler le duc de Bavière, qui avançait vers l'Italie, au-devant du duc de Vendôme. Il fut obligé de rétrograder vers Inspruch, dont la bourgeoisie s'était mutinée. A son exemple, celle de toutes les petites villes dont la reddition de la capitale avait entraîné la soumission, se révolta aussi. Bientôt il se trouva entouré d'ennemis, souvent coupé et arrêté dans des défilés très-dangereux, dont les habitants tenaient les hauteurs. Il fallut livrer des combats de postes fort périlleux. Dans une de ces rencontres, il eut obligation de son salut à un bataillon du régiment de Noailles que Villars lui avait donné. « Je ne peux, m'écrivit-il, assez » me louer de la valeur de cette troupe, et du » lieutenant-colonel qui commandait, aussi bien » que du major et de tous les autres officiers. » Il se trouva réduit à affaiblir son armée, en laissant derrière lui des troupes dans les endroits suspects, à mesure qu'il se portait en avant : trop heureux de pouvoir se soutenir dans ces lieux difficiles, en attendant la jonction du renfort d'Italie qu'il espérait !

Pendant que, de son côté, Villars attendait les secours du maréchal de Tallard, il voyait grossir l'orage autour de lui, par la réunion de presque toutes les forces de l'empire. Apprenant, le 26 juin, que le prince de Bade, à la tête d'une armée plus forte que la sienne, et qui s'augmentait encore tous les jours, était venu camper dans la plaine de Languenau, il prit toutes ses précautions pour l'empêcher de pouvoir lui dérober un passage sur le Danube. Il envoya pour cela un corps à la hauteur d'Ulm, et des partis continuels le long de ce fleuve, et avertit en même temps l'électeur de l'inquiétude où il était pour Augsbourg et Ratisbonne. De ces deux grandes villes la dernière était gardée par les Bavarois, mais en petit nombre; et pour la sûreté de la première, l'électeur n'avait pris que deux conseillers comme otages de la fidélité des habitants. Connaissant l'importance de cettte place située sur le Lek, sachant qu'elle pouvait devenir un point d'appui pour le prince de Bade, si, passant le Danube vers sa source, il voulait retomber sur la Bavière, Villars fit tous ses efforts pour engager l'électeur à y mettre au moins cinq cents hommes de pied, qui fussent maîtres d'une porte de la ville, et en état de la garder contre le dedans et le dehors. « Cette précaution suffit, lui disait Villars, parce » que tant que la bourgeoisie aura à craindre que » les Français n'entrent par une porte tandis

» qu'elle en livrerait une aux impériaux, elle ne » voudra pas s'exposer à voir une bataille dans la » rue des Orfèvres, où elle a d'immenses richesses. » Ces remontrances furent inutiles. Quelques ministres de l'électeur, vendus à ceux de l'empereur, l'empêchèrent de suivre ce conseil.

Dès le dernier jour de juin, le prince de Bade avança, avec toutes ses forces, sur la petite rivière de Brents. Mais l'armée française, qui était très-avantageusement campée, l'attendait de pied ferme.

Tandis que les ennemis tâchaient d'en imposer par des bravades, nos officiers se distinguaient à l'envi par des actes d'une valeur réfléchie. La Tour, lieutenant-colonel de Fourqueux, se signala à Donavert, où il se trouva investi par plus de deux mille hommes. Sans se déconcerter, quoiqu'il n'eût que cent trente chevaux et cent cinquante hommes, il se jeta dans un cimetière. A la faveur de mauvaises murailles, il soutint plusieurs attaques avec tant d'avantage, que les ennemis se retirèrent en désordre. M. de Marivault, à la tête de cent hommes de pied et cinquante chevaux, battit trois cents cavaliers en plaine. Villars fit au roi l'éloge des officiers qui s'étaient distingués en diverses rencontres. Il terminait ces témoignages rendus au mérite en lui annonçant que, selon ses ordres, il avait donné un brevet de brigadier au prince d'Isenghien. « C'est, » lui disait-il, un très-digne sujet, fort appliqué. » Je dois de plus me louer de presque tous vos co-

» lonels. Outre le courage, je vois une application
» parmi les jeunes gens qui promet à Votre Majesté
» de bons officiers-généraux. M. le marquis de
» Nangis a eu une petite vérole très-maligne, qui
» ne l'a pas empêché de suivre. S'il fût mort, c'eût
» été une perte; et ce sera un jour un bon officier-
» général, mêlant à beaucoup de courage bien de
» l'esprit, et plus de sagesse que l'on n'en trouve
» d'ordinaire à son âge. J'en dis autant de M. de
» Saignelay. Je crois aussi devoir vous nommer
» M. de Nettancourt, et le sieur de Rot, Irlandais,
» qui a un talent singulier à contenir le soldat, et
» qui, plus que tout autre, contribue à soutenir la
» discipline. »

S'il parlait ainsi au roi et à ses ministres, il y avait des choses qu'il ne disait qu'à ses amis; celles surtout qui pouvaient ne pas cadrer avec la manière de penser à la mode à la cour. On trouvait mauvais, par exemple, qu'ayant devant lui une armée bien plus nombreuse que la sienne, il souffrît des escarmouches qui lui coûtaient toujours des hommes.

« J'ai essuyé, disait-il au comte de Marsan,
» plusieurs représentations sur cela; mais j'ai des
» raisons pour laisser quelque liberté. Première-
» ment, pourquoi ne pas rembarrer les ennemis,
» quand ils osent sortir de leur camp? Il est vrai
» que nos officiers les provoquent souvent; mais
» nos escarmouches sont toujours heureuses. Nous
» n'avons eu encore aucun officier de pris, et nous
» avons beaucoup des leurs. D'ailleurs, il n'est pas

» mauvais que de jeunes subalternes, qui n'ont » pas encore vu l'ennemi, s'accoutument à leur » tirer des coups de pistolet de bien près.

» Nous étions assez accoutumés aux escar- » mouches dès notre jeunesse. Non-seulement elles » étaient permises aux cornettes; mais les colonels, » les généraux même quelquefois s'en mêlaient, » et j'ai été témoin d'un grand prince qui appuya » le pistolet sur le menton au commandant d'un » escadron ennemi, et tourna entre le commandant » et l'escadron. A présent quelques-uns de nos » généraux devraient lire, après le repas, un petit » chapitre des guerres de Gustave-Adolphe, dont » les généraux, aussi bien que ce grand prince, » étaient très-imprudents. Pour moi, j'ai déclaré » que je prétendais être le plus prudent de l'armée. » J'ai tâché de ne pas oublier entièrement ce que » j'ai appris des guerres de campagne sous M. le » prince, M. de Turenne, MM. de Luxembourg, » Schomberg et de Créquy. Nous pratiquions alors, » et je me souviens que le duc d'Harcourt, Feu- « quières et moi, disions souvent, quand nous » étions quelque temps sans sortir : Nous oublie- » rons la guerre pendant la guerre, si nous n'y » prenons garde.

» Mais à propos, pourquoi ne s'en sert-on pas, » de ce Feuquières? Je vous le donne pour officier- » général très-entendu, et des meilleurs. Je sais » qu'il aurait ardemment désiré de servir, même » depuis qu'on a fait des maréchaux de France. On

» dit qu'il est méchant. Et qu'importe au roi que » l'on soit méchant? Vous trouverez les qualités » du plus grand général du monde dans un homme » cruel, avare, impie. Qu'est-ce que tout cela fait? » J'aimerais mieux, pour le roi, un bon général » qui aurait toutes ces pernicieuses qualités qu'un » fat que l'on trouverait dévot, libéral, honnête, » chaste, pieux. Il faut des hommes dans les » guerres importantes; et je vous assure que ce » qui s'appelle des hommes est très-rare. Vous » trouverez de très-bonnes gens de leur personne; » si on leur ordonne de se jeter dans le plus grand » péril, ils n'y balanceront pas; s'ils sont seuls, ils » n'attaqueront pas une chaumière. Pour ôter ces » sortes de craintes, j'ai déclaré de bouche et par » écrit, que ne pouvant ordonner positivement à » un officier-général que je détache, d'attaquer ce » que je ne connais pas, cependant toute les fois » qu'ils attaqueront, je prendrai sur moi le succès. » Je veux bien leur donner tout l'honneur de ce » qui réussira, et me charger du blâme de ce qui » ne réussira point. »

A l'aide des escarmouches, qui lui apprenaient ce qui se passait, il restait tranquille dans son camp. Le prince de Bade sortit du sien le 2 de juillet avec toute son armée. Il se présenta à la portée du canon de celle du maréchal, et rentra après être resté près de trois heures en bataille. Les prisonniers et déserteurs rapportèrent qu'il avait réellement dessein de livrer bataille; mais que, pour le faire plus sûrement, il attendait un corps de dix mille hommes, qui approchait sous les ordres du marquis de Bareith. Sur cet avis, quelques officiers-généraux pressèrent Villars de mettre le Danube entre lui et une armée si formidable; mais il connaissait trop bien l'importance et la bonté de son poste, pour se déterminer à un parti si faible. Outre que, par sa position, il occupait plusieurs villes qui lui donnaient de grandes subsistances, il pouvait se persuader que le prince eût vraiment dessein de l'attaquer; et il fut confirmé dans l'opinion contraire, quand il le vit commencer des retranchements. Il en conclut qu'il allait laisser devant lui un corps d'armée pour se garder, pour ainsi dire, à vue, pendant qu'il chercherait un passage sur le Haut-Danube, afin de retomber sur Villars par les derrières, et le mettre entre deux feux.

C'était une nouvelle raison de s'assurer d'Augsbourg autrement que par les deux otages; car il était clair que quand le prince de Bade, après avoir passé le Haut-Danube, se trouverait entre ce fleuve et l'Isler, il pouvait, s'il était maître d'Augsbourg, et s'il n'attaquait pas l'armée française, le jeter sur la Bavière, la ravager, et y prendre ses quartiers d'hiver. C'est pourquoi Villars renouvela, à plusieurs reprises, ses instances auprès de l'électeur, afin qu'il retînt cette ville par un bon corps de troupes; mais ce fut toujours inutilement. Il lui conseilla aussi de bien fortifier les postes qu'il tenait dans le Tyrol et l'Autriche, de mener sévèrement les habitants, qui, malgré les ménagements qu'on avait pour eux, puisqu'on n'en exigeait pas même de contributions, traitaient leurs prisonniers avec une cruauté atroce. S'il l'en avait voulu croire, il aurait fait un exemple de la ville de Hal, qui s'était distinguée par les marques de son aversion contre les Français et les Bavarois. Enfin il l'exhorta à tenir bon dans le Tyrol, comme il faisait lui-même sur le Danube, afin qu'il ne pût pas leur être reproché par MM. de Vendôme et de Tallard qu'ils ne les avaient pas attendus, et que c'étaient eux qui avaient fait manquer la jonction.

Les ennemis publiaient dans toutes les gazettes qu'ils tenaient Villars bloqué, qu'il n'osait sortir de son camp, et qu'ils allaient l'accabler avec une armée de cinquante mille hommes, et délivrer l'empire. Il eut occasion de leur donner un démenti public, et il ne la manqua pas. Toujours persuadé que le prince de Bade ne cherchait qu'à se mettre au-delà du Danube, il envoyait continuellement des partis le long de ce fleuve, en le remontant, tant pour éclairer ses mouvements, que pour tâcher, si le passage s'effectuait, qu'il se fît du moins le plus loin qu'il serait possible, afin qu'il eût le temps de prendre ses mesures.

Les commandants se concertèrent si bien, que, partis le 30 juillet de différents points, ils arrivèrent ensemble à demi-lieue de l'armée ennemie, sans qu'elle s'en doutât; mais le jour les ayant surpris, les ennemis eurent le temps de se mettre en bataille, leur droite à Muterking, leur gauche au Danube, et devant eux un ruisseau dont ils commencèrent à rompre le pont. Alors un lieutenant-colonel de cavalerie nommé Bozot, très-vaillant homme, qui avait la tête de tout, empêcha qu'il ne fût rompu entièrement, fit rétablir ce qui était défait, et chassa ceux qui le défendaient. Du Héron se mit en bataille sur la gauche du pont, l'Isle du Vigier sur la droite, et M. de Legal forma le centre avec l'infanterie commandée par le marquis de Mont-Gaillard, brigadier.

Les ennemis se défendirent vaillamment. Le combat fut très-rude; mais enfin la fermeté des troupes du roi l'emporta. Après plusieurs charges, ils furent entièrement renversés dans le Danube. Rodemak, lieutenant-colonel, le passa pêle-mêle avec eux, à la tête d'un détachement du régiment de Choiseul; onze étendards et deux paires de timbales furent les trophées de la victoire. Les ennemis perdirent beaucoup d'officiers d'une naissance distinguée, entre autres le prince Maximilien d'Havre, frère de l'électeur, depuis roi d'Angleterre, dont on ne put retrouver le corps. Les Français eurent d'Aubusson et deux lieutenants-colonels tués. Du Héron, blessé d'un coup de fusil à travers le corps, ne voulut jamais se retirer. Il mena deux fois son aile à la charge, et mourut, dix-huit jours après, de sa blessure; sa mort et celle de plusieurs autres braves gens diminua la joie de ce succès. Il en coûta davantage aux ennemis. On ne fit sur eux que huit cents prisonniers, parce que la plus grande partie se noya dans le Danube. Le bruit qui se répandit de cet avantage fit connaître, malgré les gazetiers de Hollande, que si Villars était renfermé dans son camp, comme ils le publiaient, du moins il faisait d'assez belles sorties. Il envoya cette nouvelle au roi par Roideau, un de ses aides de camp, homme très-sensé, qui était en même temps chargé d'obtenir des ordres positifs au maréchal de Tallard, de marcher à Villenghen, et d'ouvrir une communication.

Elle était devenue d'une nécessité indispensable, par l'état où se trouvait le duc de Bavière. « Il lui » est arrivé, écrivait Villars au duc de Bourgogne, » des malheurs que l'on n'a jamais dû craindre. » Les châteaux de Hornberg et de Rottembourg, » places excellentes et bien munies, sont tombées, » sans se défendre, au pouvoir de l'ennemi. Il y » avait, dans la première, imprenable par elle- » même, trois cents hommes de bonnes et vieilles » troupes, quarante pièces de canon de fonte, vingt » mille sacs de farine, et vingt mille de grains. » Elle s'est rendue à deux mille paysans qui l'atta- » quaient avec deux arquebuses à croc. L'artillerie » est médiocre pour un tel siége. La seconde place, » aussi bonne, n'a pas fait plus de résistance. Je » tiens les commandants pendus présentement, et » la garnison décimée. Au moins, M. l'électeur m'a » promis que la punition égalerait ce crime. »

Mais il aurait eu bien des exécutions pareilles à

ordonner, s'il avait voulu punir tous les traîtres. Sa cour en était pleine, et chacun le trompait à sa manière. Les uns demandaient grâce pour les pauvres habitants du Tyrol, dont le prince aurait pu tirer plus de cinq cent mille écus de contributions, et dont il n'exigea rien; et ces courtisans compatissants recevaient en secret des sommes considérables, pour récompense des sauvegardes qu'ils procuraient. D'autres, payés par la cour de Vienne, blâmaient Villars, blâmaient le conseil de France, se désolaient au moindre revers, diminuaient les succès, et élevaient dans l'âme des princes des craintes et des soupçons qui rendaient sa conduite incertaine. Il n'y avait de sincère que sa famille; sa femme surtout, dont l'attachement à la cour impériale était connu, qui souffrait de voir son mari lié avec la maison de Bourbon, et qui profitait de toutes les circonstances pour le ramener à la maison d'Autriche; de sorte que comme les affaires commencèrent à mal tourner, Villars vit aussi l'électeur commencer à chanceler dans son attachement pour la France.

Comme il ne demandait qu'un prétexte pour revenir dans ses Etats, dont il aurait voulu ne pas sortir, à la première nouvelle qu'un corps de ses troupes, commandé par le général Tattembach, avait été battu par les impériaux, près de Scharding, il rompit son armée, en envoya une partie sur le Danube, pour couvrir la Bavière, se rendit avec l'autre à Munich, et manda à Villars que la nécessité de pourvoir à la sûreté de ses Etats, menacés de tous côtés, le forçait de quitter le Tyrol. Mais il ne faisait pas attention qu'en revenant dans ses Etats il y attirait la guerre, dont ils allaient être le centre, sans qu'on pût l'empêcher. Car le prince de Bade, que Villars avait toujours en présence, continuait de marquer, par toutes les mesures qu'il prenait, qu'il avait vraiment dessein de pénétrer en Bavière. Il fit augmenter les fortifications du camp du général Stirum, placé devant celui du maréchal; il rassemblait tous les chevaux du pays, et il avait ses ponts sur les haquets prêts à marcher. Villars manda ces circonstances à l'électeur qui était à Munich. Il lui écrivit que ces mouvements ne pouvaient regarder qu'Augsbourg, dont il fallait absolument s'assurer avant le prince de Bade, sans quoi on allait avoir par derrière une grosse ville mal intentionnée, qui donnerait à leurs ennemis la liberté de les enfermer entre deux armées.

Le maréchal fut confirmé dans cette opinion par la patience du comte de Stirum. Le prince de Bade s'ébranla le 23 août, et marcha vers le haut de l'Isler, pour approcher d'Augsbourg. Villars fit alors toutes les tentatives imaginables pour attirer Stirum à un combat. Il sortit de son camp, poussa ses grandes gardes, s'avança jusqu'à ses redoutes, fit toutes les dispositions d'une attaque. Le prince regarda Villars avec flegme et tranquillité, retira ses troupes, laissa la plaine libre, et, quand il se vit un peu serré, il mit son armée en bataille derrière ses retranchements, qui étaient inattaquables.

Ne pouvant engager une action avec l'armée campée, Villars résolut de ne pas la manquer avec le prince de Bade, lorsqu'il se trouverait entre le Danube et l'Isler.

Le prince de Bade ayant passé le Danube au-dessus d'Ulm, avançait diligemment vers Augsbourg. Le maréchal envoya des troupes sur son chemin, et pria l'électeur de s'emparer d'Augsbourg pendant qu'il en était encore temps; de lui envoyer une partie de ses troupes, pour remplacer celles qu'il devait laisser dans le camp de Dillengen, et de venir avec le reste se mettre à la tête de l'armée du roi, afin d'aller ensemble à la rencontre du prince de Bade.

L'électeur se rendit aux instances de Villars, mais de mauvaise grâce, puisqu'il fut huit jours à se rendre de Munich à son camp. « Quand il arriva, » dit le maréchal, je le priai de me laisser partir » pour aller joindre le comte du Bourg, et de me » suivre au plus vite avec toute l'armée. Il consen- » tit à tout ce qui me regardait; mais pour lui, il » ne voulut partir que le lendemain, encore ne » fit-il que trois lieues. Je m'approchai du comte du » Bourg avec vingt escadrons, et toute la nuit j'en- » voyai divers messagers à l'électeur, Verseilles, » maréchal-des-logis de l'armée, le colonel Oxford » et d'autres, pour le presser d'avancer; lui faisant » dire qu'avec mes cinquante escadrons je répondais » bien d'arrêter le prince de Bade, et de donner à

» l'électeur assez de temps pour le joindre et le » combattre, parce que embarrassé d'un grand » attirail de bagage, d'artillerie et de pontons, il » ne pouvait marcher que lentement. »

Après avoir détaillé les moyens qu'on pouvait prendre pour rompre les mesures du prince de Bade, Villars disait au roi : « M. l'électeur, par » une opiniâtreté que notre armée entière croit une » perfidie, m'a empêché, d'autorité, de prendre » ce parti-là; et enfin n'a marché vers Augsbourg » que si lentement, que l'ennemi y est arrivé une » journée entière avant nous. A peine ce prince » a-t-il vu l'armée ennemie occuper cette ville, » que son abattement et sa consternation ont paru » conformes au péril de ses États. Tout le monde » a cru sa douleur feinte, et qu'ayant été aussi » vivement sollicité par moi, sur une entreprise » indispensablement nécessaire, ce prince, rac- » commodé secrètement avec l'empereur, avait » voulu une raison qui parût le forcer à changer de » parti.

» Je ne dis pas, Sire, que moi-même je n'aie eu » la même pensée; mais enfin, voyant que l'armée » de Votre Majesté était perdue sans ressource s'il » voulait se livrer aux impériaux, et croyant qu'il » n'y avait de parti à prendre, pour voir s'il était » véritablement changé, que de tâcher de relever » son courage par quelques grands desseins, je lui » ai demandé : Voulez-vous vous livrer à nos enne- » mis, ou persévérer dans le parti du roi ? Il m'a

» répondu qu'il sacrifierait sa vie pour me le prou-
» ver. Prenons donc, lui ai-je dit, une grande réso-
» lution ; mais je vous demande qu'elle ne soit con-
» nue de personne au monde.

» Vous avez trente-trois bataillons, le roi en a
» cinquante. Vous avez quarante-cinq escadrons,
» le roi soixante. Faisons deux armées. Que l'une
» défende le Lek et couvre la Bavière ; que l'autre
» marche en Autriche. Des deux armées ennemies,
» l'une sera forcée de courir au secours de l'empe-
» reur ; et puisque nous avons les rivières, l'autre
» pourra être contenue par celle que vous laisserez
» sur le Lek, et qui gardera la ligne. Rien n'empê-
» chera qu'elle ne soit jointe par le secours qu'en-
» verra monseigneur le duc de Bourgogne. En un
» mot, faisons trembler l'empereur pour le cœur de
» ses États, relevons le courage abattu de vos su-
» jets, et vous verrez que tout ira mieux que jamais.

» Ce prince m'a embrassé avec des larmes que je
» crois véritables, et m'a dit que c'était le Saint-
» Esprit qui m'inspirait. Enfin, Sire, c'est un grand
» parti ; mais c'est le seul qui puisse sauver votre
» armée, laquelle à présent se croit perdue sans
» ressource, du moins les officiers ; mais le soldat
» est ferme. Car, Sire, quel autre parti pour notre
» salut ? Quand je donnerais à ce prince des troupes
» pour mettre sous Ulm, dont les ennemis ont déjà
» consommé les fourrages et les subsistances, je ne
» m'en trouverais pas moins entre l'armée du prince
» de Bade et celle du comte de Stirum, sans pou-

» voir avancer ni reculer, qu'avec un grand péril
» d'être défait dans plusieurs marches qu'il faut
» faire à travers un pays difficile pour s'approcher
» des montagnes noires.

» J'espère, Sire, pouvoir ainsi rétablir les affaires
» et l'esprit chancelant de l'électeur; mais, après
» cela, j'ai une grâce à demander à Votre Majesté,
» c'est la permission de quitter un commandement
» qui expose ma réputation, laquelle m'est plus
» chère que la vie. Je ne saurais servir sous un
» prince environné de traîtres, qui font manquer
» les plus sages et les plus grands projets; et je
» conjure Votre Majesté de m'accorder cette per-
» mission, laquelle je préfère aux plus grandes grâ-
» ces dont elle pourrait m'honorer. Ma santé est si
» altérée de ces dernières agitations que mon corps
» ni mon esprit ne peuvent plus les soutenir. Je me
» trouve assez de forces encore pour ce que j'entre-
» prends; mais, Sire, si Votre Majesté ne veut pas
» perdre un serviteur dont la première qualité est
» le zèle, qu'elle me permette un peu de repos, et
» de n'être plus exposé à la mortelle douleur de me
» voir chargé d'une honte que je n'ai pas mérité. »

Il finissait cette longue lettre par une récapitulation de sa conduite, qui pouvait servir à préserver le roi des préventions qu'on aurait peut-être voulu lui inspirer contre son caractère et ses projets. « Quand je prends la liberté, disait-il,
» de supplier très-humblement Votre Majesté de
» m'accorder mon congé, ce n'est point du tout que

» je sois mal avec l'électeur. Il me marque beau-
» coup d'amitié, et je sais qu'il a donné des ordres
» réitérés au baron Siméonie pour obtenir des grâ-
» ces de Votre Majesté pour moi; mais ce n'est
» point du tout celui qu'il aime et qu'il estime le
» plus dont il suit aveuglément les conseils; c'est
» de celui qui l'obsède et le mène par opiniâtreté à
» son but. Cela, Sire, est si contraire à mon natu-
» rel, que, pour ma vie, je n'y tiendrais pas. D'ail-
» leurs, qui est l'homme sage qui, étant soumis à
» un prince, veut prendre sur soi, dans des occa-
» sions difficiles, d'agir contre sa volonté, et s'expo-
» ser par-là à répondre de tous les événements?

» Votre Majesté n'a pas un sujet dans ses armées
» qui ne soit plus propre que moi à commander
» sous l'électeur. Ce prince n'a jamais pu me dire
» d'autre raison, pour n'avoir pas suivi le projet
» concerté de marcher à Passau et Lintz, si ce n'est
» que M. de Bade m'accablerait. J'en ai été bien
» embarrassé de M. de Bade. Cependant j'ai con-
» servé, avec quarante-cinq bataillons assez fai-
» bles, et soixante-six escadrons, malgré toute sa
» supériorité, tout le Danube depuis Ratisbonne,
» c'est-à-dire les postes suivants : Ratisbonne, Kel-
» hein, Ingolstat, Donavert, Hochter, Dillengen,
» Lauvengen, Lephein, Ulm, Aschein et Mem-
» mingen. Dès que l'ennemi a eu passé le Danube, il
» a été attaqué et battu, et je l'aurais fait même en
» dernier lieu, si M. l'électeur ne fût venu pour
» m'en empêcher. Votre Majesté saura un jour que

» l'empereur était perdu si on avait marché à Pas-
» sau, et il n'y a que des gens gagnés par l'empe-
» reur, ou des ignorants, qui aient pu s'opposer à
» ce dessein. »

Mais ces regrets ne faisaient qu'ajouter au tourment que causait à Villars la situation périlleuse où il se trouvait. Son cœur était si plein d'amertume, qu'en écrivant au roi lui-même, il ne put s'empêcher de laisser éclater le chagrin qui le dévorait. C'est ainsi qu'il commença brusquement sa lettre du 10 septembre : « Sire, quand on veut absolu-
» ment prendre de fausses mesures, on a le mal-
» heur et la honte de les voir toutes manquer.
» M. l'électeur a abandonné presque aussitôt qu'ap-
» prouvé le projet inspiré, disait-il, par le Saint-
» Esprit, d'aller attaquer l'empereur dans ses
» foyers. Il a voulu se rapprocher d'Augsbourg avec
» vingt-six bataillons de Votre Majesté et douze
» des siens, et quarante-huit escadrons; le reste
» était avec M. d'Usson dans le camp de Dillengen,
» ou dans Ulm avec M. de Blainville. Nous avons
» marché, par une plaine de cinq lieues, jusqu'aux
» portes d'Augsbourg. Ne pouvant plus passer par
» cette ville, M. l'électeur m'avait dit que son géné-
» ral Arco serait de l'autre côté du Lek avec tous
» les matériaux nécessaires pour faire un pont de
» radeaux sur cette rivière. Et admirez, Sire! nous
» avons trouvé que le général l'avait abandonné
» par les ordres de l'électeur lui-même, dont je n'ai
» eu aucune connaissance; que, toujours par les

» mêmes ordres, ce général avait séparé ses trou-
» pes, et envoyé une partie à Munich, le reste à
» Friberg, qui seront prisonniers de guerre demain,
» si elles ne se retirent pas cette nuit; ainsi nous
» n'avons eu, dans cette marche, que l'avantage de
» présenter la bataille au prince de Bade, lequel
» ayant déjà deux ponts sur le Lek, et fait entrer
» un corps de troupes en Bavière, n'a pas seule-
» ment laissé sortir un escadron de son camp pour
» nous reconnaître.

» L'armée de Votre Majesté est si consternée de
» toutes ces fausses démarches qu'on lui fait faire
» depuis huit jours, qu'elle croit l'électeur dans
» une intelligence secrète avec les ennemis; et cer-
» tainement, Sire, si on agissait de concert avec
» eux pour faire réussir tous leurs desseins, l'on
» n'aurait pas une autre conduite; plusieurs des
» officiers généraux de Votre Majesté m'ont prié de
» sonder l'électeur sur les sentiments dans lesquels
» il peut être. Je l'ai fait, lui demandant même
» s'il serait possible qu'il eût pris quelques mesures
» avec l'empereur. Je dois dire, Sire, qu'il m'a
» paru dans une fermeté entière pour les intérêts de
» Votre Majesté; mais il n'en fait pas moins tout
» ce qui leur est contraire, et quand je l'ai conjuré
» de se rendre maître d'Augsbourg, il m'a écrit,
» pour toute réponse, de n'y pas songer, et qu'il
» avait des raisons insurmontables. C'est tout ce que
» j'en sais. Je garde l'original de sa lettre comme
» une justification des bons conseils que je lui ai
» donnés, dont il n'a voulu suivre aucun.

» Dans cette dernière circonstance, Sire, toutes » mes mesures étaient prises pour combattre le » prince de Bade avant qu'il se fût procuré des » ponts sur le Lek. J'avoue que je suis outré de » douleur, que, hors l'armée de Votre Majesté, » informée de ma conduite et de mes projets, » toute l'Europe puisse me croire capable des fautes » pareilles que nous faisons depuis huit jours. Ce » qu'il y a de pire, c'est que nous sommes sans une » pistole et un sac de grains assuré pour le mois de » septembre. Je suis obligé de nourrir et de payer » le peu de troupes que M. l'électeur m'a laissé. Ses » commandants de place volent tout pour eux, et » ne trouvent rien pour leur maître. Ses domesti- » ques sont les premiers à dire qu'il est trahi ou » qu'il s'accommode.

» Je le répète, si j'en avais été cru, le prince de » Bade n'aurait pas gagné Augsbourg sans un com- » bat dans lequel je n'aurais pas craint la supério- » rité en nombre des ennemis : car jamais armée » n'a montré une si grande fermeté que celle de » Votre Majesté, et je suis sûr de renverser tout ce » qui ne sera pas couvert de rivières ou de murail- » les. Il est vrai que l'inquiétude leur prend. Le » soldat et presque tous les officiers se croient tra- » his. Pour moi, je suis dans la plus terrible agita- » tion que puisse ressentir un fidèle serviteur. Car » enfin, Sire, M. le prince de Bade, maître d'Ulm, » et y laissant trois ou quatre mille hommes avec » des milices, peut, à jour nommé, donner un

» rendez-vous à l'armée du comte de Stirum, le » joindre dans le confluent de l'Isler et du Danube » au-dessus d'Ulm; alors je ne puis plus aider en » rien le secours que monseigneur le duc de Bour- » gogne voudrait m'envoyer. Et l'armée de Votre » Majesté n'ayant plus d'argent ni de vivres que » pour un mois, court risque d'être perdue. »

De toutes ces agitations, celle qui le fatiguait le plus était l'incertitude des dispositions de l'électeur, qu'il soupçonnait toujours d'intelligence avec les ennemis. Voici les motifs de son opinion, tels qu'il les présenta au ministre. » Le prince de Bade, qui a » des ponts faits sur le Lek, n'a pas envoyé le » moindre détachement en Bavière, ni fait deman- » der des contributions; je sais même qu'un lieu- » tenant-colonel de hussards, ayant fait quelque » désordre dans un village de Bavière, le prince de » Bade l'a fait mettre en prison. Voilà une conduite » bien honnête pour des ennemis aussi irrités que » le doivent être les impériaux contre M. l'électeur. » Il est vrai qu'il n'a demandé aussi aucune contri- » bution dans le Tirol. Ce prince passa hier la jour- » née entière en musique, à laquelle il me fit appe- » ler par une porte de derrière. J'avoue que lors- » qu'on le devait croire accablé du péril de ses » États, ils est étonnant de le voir de la meilleure » humeur du monde. Il ne parle plus de faire sortir » madame l'électrice de Munich, et l'on peut » compter que les prétendus ordres qu'il a donnés » pour cela ne sont que dissimulation.

» Il est du bien du service que Sa Majesté m'ac-
» corde mon congé, puisque parmi le très-petit
» nombre de talents que Dieu m'a donnés, celui
» de conduire un prince comme l'électeur ne s'y
» trouve pas assurément. Il n'y a pas de malheur
» comparable à celui de commander une armée sous
» lui. Il est tel pour un honnête homme, que je
» préfèrerais l'exil, la perte de tout mon bien, à
» celui de faire une campagne comme les dix jours
» que je viens de passer. Dieu me fasse la grâce de
» résister aux cruelles agitations que je souffre. Au
» nom de Dieu, tirez-moi de cette galère. J'y suis
» absolument inutile au service du roi, et d'ailleurs
» je n'y vivrais pas. »

Pendant que Villars épiait l'occasion de se tirer avec honneur du pas difficile où l'avait placé l'électeur, il reçut un courrier qui lui mandait que l'armée du général Stitum avait quitté le camp qu'elle occupait devant celui de l'armée du roi à Dillengen, et qu'elle marchait vers Donavert. Aussitôt il courut trouver l'électeur et lui fit part de la résolution qu'il avait prise d'aller le combattre.

L'armée partit donc malgré l'avis contraire du prince. Le général Stirum fut battu, et cinq mille des siens furent tués. Les Français firent sept mille prisonniers, et s'emparèrent de toute l'artillerie eunemie. C'est la bataille d'Hocstet.

L'électeur y fit très-bien son devoir; mais il n'en fut pas ainsi de ses troupes, qui chargèrent mollement l'ennemi, et, en se repliant, lui épargnèrent une complète déroute.

C'est après cette victoire qu'un officier général de l'armée du roi, ayant proposé de faire passer au fil de l'épée plus de sept mille prisonniers pour s'exempter de l'embarras de les garder et de la dépense de les nourrir, Villars, saisi d'horreur, lui répondit : » Si dans l'action j'ai ordonné qu'on ne se chargeât » pas de prisonniers, je trouverais inhumain et » barbare de faire périr, par ordre du général, ce » qui a échappé à la fureur du soldat. »

L'électeur embrassa le maréchal sur le champ de bataille, et lui dit pour la troisième fois, qu'il lui sauvait l'honneur et la vie, et celle de sa femme et de ses enfants.

Malgré nos avantages, la victoire d'Hocstet fut une espèce de malheur, puisque le maréchal de Tallard en étant informé, crut que Villars n'avait plus besoin de lui : il s'attacha au siége de Landau, au lieu qu'il aurait établi par Villinghen la communication dont ce dernier était malheureusement le seul à sentir le besoin. L'électeur n'avait d'autre désir que de se renfermer dans ses États avec notre armée, persuadé qu'elle suffirait pour les garantir de toute insulte. On lui démontra qu'en se concentrant dans la Bavière, on serait infailliblement assailli d'un côté par les débris de l'armée de Stirum, qui allait incessamment être remise en état par les renforts que lui enverraient les cercles de l'empire, de l'autre, par le prince de Bade, qui ne cesserait de nous resserrer; qu'insensiblement notre terrain se rétrécirait, et que nous nous trouverions pris comme dans des toiles. Villars concluait de ces raisons, que si on voulait se mettre dans la Bavière, il fallait du moins écarter auparavant le prince de Bade par une action. On ne l'écouta pas.

Pendant cette indécision, nous restions oisifs; l'ennemi se renforçait, et notre armée souffrait. A la veille de l'hiver, elle n'avait point de quartiers assurés. Cependant le maréchal écrivait au roi : « Si » Votre Majesté m'ordonne de m'enfermer en Ba- » vière, et si elle veut voir périr son armée, je me » ferai tuer à la première rencontre, plutôt que de » voir, vivant, un tel malheur. » Il n'envoyait pas une lettre qu'il ne réitérât la demande de son congé.

Au milieu de tant d'incertitudes, il prend enfin un parti, et va trouver l'électeur : — Est-il possi- » ble, monseigneur, lui dit-il, que tout ce que j'ai » eu l'honneur de représenter à Votre Altesse Elec- » torale ne lui fasse aucune impression, et que je » sois assez malheureux pour ne pouvoir lui persua- » der les seuls bons partis qui puissent nous rendre » maîtres de la guerre? Il répondit froidement, » qu'il croyait plus raisonnable son dessein de s'en- » fermer dans la Bavière. — Je dois donc, répliqua » vivement le maréchal, déclarer le mien à Votre » Altesse : c'est que l'armée du roi marchera demain » matin à Memmingen. » A cette parole, le rouge monta au visage de l'électeur; il jeta de dépit sur la table son chapeau et sa perruque. « J'ai com-

» mandé, dit-il, l'armée de l'empereur avec le duc » de Lorraine, assez grand général, et jamais il ne » m'a traité ainsi. — Feu M. de Lorraine, lui dis-je, » était un grand prince et un grand général; mais » moi, je réponds au roi de son armée, et je ne » l'exposerai pas à périr par les mauvais conseils » qu'on s'obstine à suivre. » Là-dessus il sortit de la chambre.

Deux heures après, l'électeur mandait Villars près de lui, et lui disait : — Eh bien! je marche- » rai avec vous, puisque vous le voulez, et j'irai où » il vous plaira. — Votre Altesse Electorale, ré- » pondit-il, verra dans cette occasion, comme » dans plusieurs autres, que je prends le seul bon » parti. »

En effet, l'armée du roi n'avait pas fait deux marches sur Memmingen, que le prince de Bade abandonna les environs d'Augsbourg, pour gagner le haut du Lek, et assurer, s'il pouvait, les débris de Stirum qu'il attendait. On attaqua plusieurs postes que les ennemis avaient sur l'Isler, et deux bataillons des troupes de Stirum furent pris dans la ville de Kempten.

L'électeur, ravi de ces heureux succès, en parlait au comte du Bourg et au marquis de Drui, sans savoir que Villars était derrière lui. « Il faut bien » remercier Dieu, leur disait-il, du bon parti que » nous avons pris, et sans lequel nous étions perdu. » — Sans doute, lui dit le maréchal en se montrant, » sans doute, monseigneur, il faut toujours rendre

» grâces à Dieu, la première cause de nos bonheurs; » mais ne ferez-vous jamais aucune réflexion favo- » rable sur les causes secondes ? Vous me faites périr » de tristesse ; jamais je ne puis prendre un bon parti » que par force : témoin la bataille d'Hocstet, et » celui-ci. Comme les plus sages dans la guerre ont » encore besoin de fortune, le général d'armée, qui » a un supérieur, s'expose trop quand il est obligé » de combattre et les sentiments du supérieur et » l'ennemi. Votre Altesse Electorale devrait un peu » mieux me connaître, et se souvenir de ce qu'elle a » eu la bonté de me dire, après mon entrée dans » l'empire, et sur le champ de bataille d'Hocstet. »

Villars enfin obtint son congé, et apprit qu'il était remplacé par le comte de Marcin qu'il avait indiqué lui-même.

Campé à Memmingen, après avoir pris Kemptem et plusieurs postes sur l'Isler, le maréchal tenait le prince de Bade dans une situation assez embarrassante. Les débris de l'armée de Stirum, fortifiés par divers secours tirés du Rhin, restaient sur le Haut-Danube sans oser approcher. Le prince de Bade était avec son armée auprès de Reischellrod, couvert d'un ruisseau, comptant toujours que l'électeur reviendrait sur le Lek, et le craignant, parce que son armée privée de ses renforts, n'était plus comparable à la nôtre. Le voyant dans cette position, Villars engagea l'électeur à attaquer le prince de Bade; mais il n'y voulut point consentir. Alors il lui montra son congé. L'électeur fit tout ce qu'il put pour le retenir, mais tout fut inutile.

Toutefois avant de lui faire ses adieux, il lui dit: » Je souhaite que Votre Altesse Electorale se trouve, » après mon départ, dans des situations aussi heu- » reuses que celles où je la laisse. J'ose vous dire » que vous êtes environné de gens qui vous ven- » dent à l'empereur. Vous avez pu marcher à » Vienne, et donner la loi à l'empire. Ils vous en ont » empêché. Vous êtes encore maître du Danube; » prenez Passau. Fortifiez vos villes, surtout Stern- » berg, ce fort sur Donavert, dont le grand Gustave » nous a appris l'importance. Voilà, monseigneur, » les conseils que je dois au zèle que j'ai pour le ser- » vice du roi et le vôtre, et au caractère de vérité et » de probité que Dieu me fera la grâce de conserver » toute ma vie. » Le prince l'embrassa affectueusement, et honora son départ de quelques larmes.

Le maréchal, en se retirant, trouva à Schaffouse un courrier, chargé d'une dépêche du roi, qui lui proposait le commandement de l'armée d'Italie, opposée à celle du feld-maréchal comte Guido de Staremberg. Mais il avait eu tant à souffrir avec l'électeur de Bavière qu'il ne voulut point l'accepter.

LIVRE TROISIÈME.

Villars fut bien reçu du roi, qui, peu après, lui confia le commandement du Bas-Languedoc.

« Des guerres plus considérables à conduire, » dit-il, vous conviendraient mieux; mais vous me » rendrez un service bien important, si vous pou- » vez arrêter une révolte qui peut devenir très- » dangereuse, surtout dans une conjoncture où, » faisant la guerre à toute l'Europe, il est assez » embarrassant d'en avoir une dans le cœur du » royaume. »

Dès que son départ fut décidé, il étudia le terrain, et reconnut qu'on employait à tort contre les coupables les supplices les plus cruels, sans aucune indulgence. Il pensa que c'était peut-être cette rigueur inflexible qui les portait aux actions barbares qu'on leur reprochait, et à exposer sans ménagement, dans les combats, une vie qu'ils étaient infailliblement destinés à perdre par une mort ignominieuse et cruelle. Il se proposa une autre conduite, et, en prenant congé du roi et ses derniers ordres, il lui dit : « Si Votre Majesté me le permet,
» j'agirai par des manières toutes différentes de
» celles que l'on emploie, et je tâcherai de terminer
» par la douceur des malheurs où la sévérité me
» paraît non-seulement inutile, mais totalement
» contraire. Il répondit : Je m'en rapporte à vous,
» et vous croyez bien que je préfère la conservation
» de mes peuples à leur perte, que je crois certaine,
» si cette malheureuse révolte continue. »

Le maréchal se mit en route avec confiance. On lui fit de grands honneurs à Lyon et dans les principales villes où il passait. L'empressement des peuples le dédommagea bien de la froideur des courtisans. Le vice-légat d'Avignon alla le recevoir à son bateau, hors de la ville, avec sa cavalerie.

Arrivé en Languedoc, Villars eut lieu de s'assurer qu'il avait à faire à des têtes bien extraordinaires, à un peuple vif, turbulent, emporté, susceptible d'impressions légères, comme profondes, tenace dans ses opinions. Il trouvait un autre obstacle dans le zèle de la religion aussi ardent chez le catholique que chez l'hérétique.

« Il y a trois sortes de camisards, écrivait le » maréchal; les uns avec lesquels on pourrait entrer » en accommodement, parce qu'ils sont las des » misères de la guerre, et qu'ils connaissent qu'elle » causerait tôt ou tard leur perte; les autres, d'une » folie outrée sur le fait de la religion, absolument » intraitables sur cet article. Le premier petit gar- » çon ou petite fille qui se met à trembler, et assure » que le Saint-Esprit lui parle, est cru de tout le » peuple; et si Dieu, avec tous ses anges, venait » leur parler, il ne les croirait pas mieux. Ce sont, » d'ailleurs, des gens sur lesquels la peine de mort » ne fait pas la moindre impression. Ils remercient, » dans le combat, ceux qui la leur donnent; ils » marchent au supplice en chantant les louanges de » Dieu, et exhortent les assistants, de manière » qu'on a été souvent obligé d'entourer les criminels » de tambours, pour empêcher le pernicieux effet » de leurs discours. Les troisièmes enfin, gens sans » religion, accoutumés au libertinage, au meurtre, » à se faire nourrir par les paysans, et à voler, à » commettre mille débauches, canaille furieuse, » fanatique, et remplie de prophétesses. »

Beaucoup de catholiques n'étaient guère plus raisonnables, et pouvaient aussi se partager en plusieurs classes : « Entre les anciens, disait encore » Villars, les uns, aveuglés par leur zèle, trou- » vaient du danger pour la religion dans tous les

» adoucissements qu'on croyait devoir accorder aux » hérétiques, par l'espérance de les ramener. D'au- » tres, entraînés par leur cupidité, se voyant les » plus nombreux et les plus forts, regardaient les » biens des hérétiques, et même des nouveaux con- » vertis, comme une proie qui leur était due. Il n'y » avait pas en eux la moindre ombre de charité » chrétienne. A les entendre, il n'y avait d'autre » parti à prendre que de tuer tous ces gens-là, du » moins de les chasser du pays sans distinction; ils » tenaient, à cet égard, des propos mêlés de menaces, » qui revenaient aux révoltés, et les aigrissaient. » Enfin le plus petit nombre était de ceux qui » plaignaient l'aveuglement des hérétiques, sans » leur faire de mal, ni désirer qu'on leur en » fît. »

Pour réussir dans l'affaire confiée à sa sagesse, le maréchal prit la résolution d'unir constamment la douceur à la fermeté; de poursuivre les rebelles à outrance, de ne point leur donner de relâche, et d'être inflexible envers ceux qui seraient pris les armes à la main; mais d'accorder à ceux qui se rendraient tout ce que les circonstances pourraient permettre; c'est-à-dire, aux uns, de se retirer en pays étranger, en emportant le prix de leur bien, qu'on leur laisserait vendre; aux autres, de rester dans leur patrie, sous la caution de quelques catholiques connus, qui répondraient de leur conduite. Il fit connaître ces intentions dans les évêchés de Nîmes, d'Alais, de Mende, et partie de celui de

Montpellier, par des placards; il les expliquait lui-même au peuple.

Il se mit, lui et plusieurs autres officiers supérieurs, à la tête de petits corps de troupes, parcourant la plaine, et s'enfonçant dans les montagnes. « Nous avons fait, mandait-il au ministre, une » course très-rude par des pays horribles; M. de » Baville en a été; j'ai voulu aller dans les retraites » les plus secrètes de ces gens, où on n'avait pas » encore pénétré. En même temps que cinq déta- » chements, dont je commandais un, fouillaient » les fermes, les hameaux, les villages, les garni- » sons des petites s'étendaient comme un filet le » long des rivières, gardaient les ponts et les défilés, » battaient l'estrade, et se donnaient la main par » des vedettes de correspondance.

» Les rebelles, ainsi pressés, se sont séparés par » petites troupes, dont les unes se cachent dans les » cavernes, d'autres rôdent dans les forêts, favorisés » par les gens du pays, qui les soutiennent; de » sorte qu'il est impossible, ni par argent ni par » menaces, de savoir où ils sont retirés. Une re- » cherche si exacte les désole, et les met sur les » dents. Les provisions leur manquent. J'ai su que » Cavalier, leur principal chef, a envoyé, à minuit, » demander du pain dans un village voisin de l'en- » droit où j'étais. Vous allez vous perdre, a-t-on » répondu à ces pourvoyeurs; M. le maréchal est » ici près avec toute sa troupe. — N'importe où il » soit, ont-ils dit, il vaut autant être tué que de

» mourir de faim. Il y a deux jours que nous n'avons » mangé. Ils se sont informés curieusement de ce » que je dis aux communautés à mon passage, et » il paraît que les promesses de grâce et de bons » traitements dont on leur a fait part les ont tou- » chés, puisque, sur leur rapport, la troupe de » Cavalier, qui est d'environ quatre cents hommes, » s'est émue au point que ce chef, qui a grande » autorité sur eux, a éclaté en reproches. Ceux » de vous autres, leur a-t-il dit, qui veulent aban- » donner Dieu, je les abandonne au démon. Partez, » mais, au moins, laissez-moi vos armes. J'en » trouverai d'autres qui défendront avec moi la » cause de Dieu, ou je mourrai à leur tête. Par ses » discours, il les a retenus encore un jour ; mais » ensuite ils se sont séparés par petits pelotons de » quinze ou vingt, et moins encore, dont la plu- » part n'étant plus encouragés par leur nombre, » viennent se rendre successivement. »

Cette désertion fit connaître à Cavalier que, de la manière dont s'y prenait Villars, offrant la grâce à ceux qui se soumettaient, ne faisant point de quartier à ceux qui résistaient, et surtout ne leur manquant jamais de parole, il était impossible que sa troupe ne diminuât, et qu'il ne se vît bientôt lui-même réduit aux dernières extrémités. Pour les prévenir, il résolut de traiter. Le maréchal l'ayant su, lui détacha des gens qui lui donnèrent des espérances. Il écrivit, on répondit. Il demanda une entrevue, elle fut accordée. Voici le portrait que Villars fait

de cet homme au ministre · « C'est un paysan du
» plus bas étage, qui n'a pas vingt-deux ans, et
» n'en paraît pas dix-huit; petit, et aucune mine
» qui impose, qualités nécessaires pour les peu-
» ples; mais une fermeté, un bon sens surprenants.
» Je vous en conterai ce trait. Il est certain que,
» pour contenir ses gens, il en faisait souvent mou-
» rir, et je lui demandais hier : Est-il possible qu'à
» votre âge, et n'ayant pas un long usage du com-
» mandement, vous n'eussiez aucune peine à or-
» donner souvent la mort de vos propres gens ? —
» Non, monsieur, me dit-il, quand elle me parais-
» sait juste. — Mais de qui vous serviez-vous pour
» la donner ? — Du premier à qui je l'ordonnais,
» sans qu'aucun ait jamais hésité à suivre mes
» ordres. Je crois, Monsieur, que vous trouverez
» cela surprenant. D'ailleurs il a beaucoup d'ar-
» rangement pour ses subsistances, et dispose aussi
» bien ses troupes pour une action que des officiers
» bien entendus le pourraient faire; c'est un bon-
» heur si je leur ôte un pareil homme. »

Du moment que Cavalier eut commencé à traiter, jusqu'à la fin, il agit toujours de bonne foi. Il y eut plusieurs conditions agréées et rejetées, avant qu'on tombât d'accord. Il se flattait de ramener à la soumission environ trois mille hommes, et il proposait de tirer de ce nombre de quoi former un beau régiment, qu'il commanderait sous le nom de Villars, et consentirait d'aller servir en Alsace, en Portugal, et partout où on l'enverrait.

On assigna la petite ville de Calvisson pour tous ceux qui voudraient imiter la troupe de Cavalier, qui y fut établie avec des vivres, des habits, et les autres choses nécessaires à ces malheureux, qui y vinrent manquant de tout. Pour Cavalier lui-même, à la tête d'un petit détachement, composé des plus sages de ses gens, il se mit en route pour aller chercher ses lieutenants, et leur faire entendre raison s'il pouvait. Villars le suivit, pour être à portée de traiter ou de combattre, selon les circonstances. Les plus considérables d'entre eux, qui jusqu'alors s'étaient dits lieutenants de Cavalier, mais qui, par sa retraite, devenaient chacun chef indépendant, étaient Roland, Ravanel et Catinat, ce dernier ainsi nommé parce qu'il avait servi sous ce général.

Cavalier réunit avec peine les deux troupes de Ravanel et de Roland. Pour Catinat, il s'était sauvé dans les Hautes-Cévennes.

Cependant les mères allaient elles-mêmes arracher leurs enfants du milieu des camisards. Celle de Roland étant allé le trouver, lui dit : « Tu » ne me tueras pas, car je suis ta mère, et je ne te » quitterai pas que tu n'aies donné le repos à ton » pays. »

Villars espérait enfin que ses désordres allaient cesser, lorsque Ravanel, qui n'avait jamais été bien disposé, s'étant laissé tomber de cheval, fut un quart-d'heure à trembler, et puis dit, comme de la part de Dieu, que Cavalier et Roland les trahissaient, qu'il fallait les arrêter. La discorde se mit aussitôt entre les deux troupes de Roland et de Ravanel ; elles se battirent. Celui-ci ne se trouvant pas le plus fort, se rendit aux inspirations de Ravanel. Cavalier, qui heureusement montait un bon cheval, trouva son salut dans la fuite. Ainsi recommença la guerre.

Le bruit s'était répandu que les ennemis étaient déterminés à soutenir cette année efficacement les rebelles; que les Anglais devaient jeter sur la côte du Languedoc des armes, de l'argent, des provisions, pendant que le duc de Savoie enverrait du côté de Nice des officiers, la plupart du pays, et réfugiés dans le sien, capables de discipliner les camisards, et de les former à une guerre régulière. Ce bruit, qui n'était pas dénué de fondement, releva l'espérance des rebelles.

Le maréchal s'opposa bien à l'entrée des officiers envoyés par l'Angleterre et la Savoie; mais il ne put empêcher quelques émissaires de se glisser en France avec de l'argent.

Tout ceci ne faisait qu'augmenter l'obstination de ces malheureux, qui, jusque dans les prisons, lorsqu'ils croyaient n'être pas vus, se livraient à leur fanatisme. Le subdélégué de Lunel, y entrant un jour brusquement, trouva tous les camisards prisonniers à genoux, dans le plus grand silence, autour d'un de leurs prophètes, qui, couché à terre, tremblait et faisait des contorsions effroyables. « J'ai
» vu, dans ce genre, dit Villars, des choses que je
» n'aurais jamais crues, si elles ne s'étaient passées

» sous mes yeux: une ville entière, dont toutes les » femmes et les filles, sans exception, paraissaient » possédées du diable. Elles tremblaient et prophé- » tisaient publiquement dans les rues. J'en fis arrê- » ter vingt des plus méchantes, dont une eut la » hardiesse de trembler et prophétiser pendant une » heure devant moi. Je la fis pendre pour l'exemple, » et renfermer les autres dans les hôpitaux. »

Mais de toutes ces folies, la plus surprenante, fut celle que Villars mandait par écrit à M. de Chamillard, en ces termes: « Un M. de Mandagors, » seigneur de la terre de ce nom, maire d'Alais, » possédant les premières charges dans la ville et » dans le comté, ayant d'ailleurs été quelque temps » subdélégué de M. de Baville, vient de faire une » chose extraordinaire. C'est un homme de soixante » ans, sage par ses mœurs, de beaucoup d'esprit, » ayant composé et fait imprimer plusieurs ouvra- » ges. J'en ai lu quelques-uns, mais dans lesquels, » avant de savoir ce que je viens d'apprendre de » lui, j'ai trouvé une imagination bien vive; voilà » le caractère de cet homme.

» Une prophétesse, âgée de vingt-sept à vingt-huit » ans, fut arrêté il y a environ dix-huit mois, et » menée devant M. d'Alais. Il l'interrogea en pré- » sence de plusieurs ecclésiastiques. Cette créature, » après l'avoir écouté, lui répond d'un air grave et » modeste, et l'exhorte à ne plus tourmenter les en- » fants de Dieu, et puis lui parle, pendant une » heure de suite, une langue étrangère, à laquelle

» il ne comprit pas un mot ; comme nous avons vu » le duc de la Ferté autrefois, quand il avait un peu » bu, parler anglais devant les Anglais. J'en ai vu » dire : J'entends bien qu'il parle anglais, mais » je ne comprends pas un mot de ce qu'il dit. Cela » eût été difficile aussi à comprendre, car jamais il » n'avait su un mot d'anglais. Cette fille parlait grec » et hébreu de même. »

Elle fut mise en prison. Mais, après plusieurs mois, cette fille paraissant revenue de ses égarements, par les soins et avis du sieur de Mandagors qui la fréquentait, on la laissa en liberté. Peu après, elle mettait au monde un fils que le sieur de Mandagors avait annoncé comme devant être le vrai sauveur du monde.

Cet exemple de libertinage n'était pas le seul qu'on remarquât parmi ces hérétiques trembleurs, ils se multipliaient tous les jours parmi les chefs même, et détachaient de leur parti les honnêtes gens. Leur fanatisme, leur rebellion et leurs désordres suffisent pour autoriser les mesures sévères que l'on prit, dans l'intérêt de l'Etat, pour les réprimer.

Outre les camisards épars et isolés, il en restait trois ou quatre troupes errantes. Villars se mit à leur poursuite, et prit toutes ses mesures pour leur fermer tout asile.

Comme on leur refusait retraite de peur d'être puni, ils la prenaient de force, enlevaient les vivres de leurs propres partisans, pillaient, tuaient, ravageaient à la fin sans distinction. Par là ils se firent détester de tout le pays. Ceux-mêmes qui les avaient soufferts jusque-là se tournèrent contre eux. Leur nombre alors diminua sensiblement. Ils commencèrent à se vendre et à se trahir, ce qu'ils n'avaient pas encore fait. Enfin les chefs vinrent se rendre successivement avec leurs prophètes. L'exemple de ceux-ci fit la plus grande impression, surtout la soumission d'un nommé Castanet, le plus suivi d'entre eux; Ravanel mourut de ses blessures dans une caverne. Villars leur fit grâce. Ils demandèrent tous à quitter le pays, moins par le désir d'aller professer ailleurs leur religion, que par la crainte d'éprouver, lorsqu'ils seraient désarmés, la vengeance de ceux dont ils avaient massacré les parents et les amis, et ruiné les possessions. On les conduisit, par petites bandes, jusque sur les frontières du royaume. On les nourrit bien en route; on leur donna des habits, et même quelque argent, dont ils parurent très-contents. Ainsi l'expulsion d'environ trois cents bandits rendit la tranquillité à la province. Villars reçut de grands remercîments des Etats de Languedoc, qu'il tint pour le roi à Montpellier.

Cependant la guerre d'Allemagne ne réussissait pas à la France, toujours par la faute de l'électeur de Bavière; et Villars eut la générosité d'offrir au roi la plus grande partie de ses revenus, qui étaient considérables, pour le soulagement des finances. On lui sut gré de sa proposition; mais on ne l'accepta pas. On se contenta de lui dire qu'on profiterait de sa bonne volonté pour être moins régulier dans les paiements de ce qu'on lui devait.

Par une suite fâcheuse de mauvaises dispositions, prises par ceux qui commandaient vers le Rhin, nos frontières étaient bien rapprochées du centre du royaume. On aurait pu, avec les débris de l'armée, qui étaient encore assez considérables, empêcher les ennemis de passer le Rhin à Philisbourg, et les forcer de descendre jusqu'à Mayence. La saison était si avancée, qu'en apportant ainsi quelque délai au passage du Rhin, on aurait pu avoir le temps de se placer derrière Landau, la Kreith devant soi, et par ce moyen empêcher très-aisément le siége de cette place. Mais, au lieu de prendre quelque parti, on laissa les ennemis entièrement maîtres de la campagne, et ils placèrent leur armée commodément sur la Lutter. Le roi des Romains, qui vint voir prendre Landau, pour la seconde fois, mit son quartier dans Weissembourg. Pendant que les généraux de l'empereur pressaient le siége, milord Malboroug occupait Trèves, et s'étendait le long de la Basse-Sare; de sorte que quand Landau eut capitulé, les ennemis se trouvèrent avantageusement postés pour fondre, après l'hiver, sur la partie de la frontière qu'ils voudraient percer. Le roi donna à Villars la plus exposée à défendre, depuis le Fort-Louis jusqu'à Luxembourg, par où les alliés pouvaient facilement pénétrer en Champagne; ce qui leur aurait aussi donné la Lorraine, dont le duc leur était fort dévoué.

Le maréchal commença par visiter la frontière et les troupes qui lui étaient confiées. Sa présence ranima le courage des soldats. Le général Rutler est battu ; et les desseins des ennemis sont rompus par la prudence et le zèle de Villars.

Cependant il rétablissait la discipline dans l'armée, et prenait des mesures pour que les gouverneurs des places ne cédassent pas si facilement aux attaques ennemies.

Villars avait trois villes également importantes à soutenir : Luxembourg, Thionville, et Sarre-Louis; la première, fort éloignée du centre des opérations, les deux autres, séparées par des pays ingrats et difficiles. Il déploya toute son habileté pour les conserver au roi. Il n'avait pourtant que cinquante mille hommes, pendant que les ennemis en avaient quatre-vingt-dix mille.

Le 11 juin 1705, l'armée des alliés, composée d'Anglais, de Hollandais, d'Allemands de toutes les provinces de l'empire, commandée par leurs princes et en chef par milord Malboroug et le prince de Bade, s'ébranla. Des environs de Trèves, où elle s'était assemblée, elle se déploya sur les rives de la Sare, qu'elle passa, reçut poudre et plomb pour combattre; et, par une marche forcée, elle vint camper, le 13 au matin, devant celle de Villars. « Ils » croyaient, disait le maréchal, m'avaler comme » un grain de sel. » Milord Malboroug avait publié partout qu'il le ferait reculer, ou qu'il le battrait. Toute l'Europe avait les yeux sur eux, et attendait ce grand événement, qui pouvait décider du sort de la guerre. Les généraux vinrent examiner le camp de Villars, tinrent plusieurs conseils, et la nuit du 16 au 17, ils délogèrent, sans tambours ni trompettes, dans le plus grand silence. On vint lui dire au point du jour, qu'ils étaient partis. Il prit quinze cents dragons, pour tâcher de joindre les traîneurs; mais ils étaient trop loin.

Le duc de Malboroug, peu d'accord avec le prince de Bade, retourna en Flandres, et l'armée de ce dernier regagna le Rhin.

Le maréchal prit alors l'offensive, se porta vers le pays occupé par les ennemis, et détruisit leurs magasins. Se dirigeant ensuite vers l'Alsace, il arriva sur la Lutter avant les alliés, qui avaient été retenus sur la Moselle par l'attaque de Trèves. Il put enfin établir ses quartiers au-delà du Rhin.

Villars se trouvait alors seul chargé du poids de cette grave expédition.

Il s'appliqua d'abord à réunir toutes ses forces, n'ignorant pas qu'il allait avoir affaire à une armée bien plus nombreuse que la sienne, quand tous les contingents auraient rejoint leur corps, ce qui arrivait ordinairement dans le mois d'août. Il rappela donc presque toutes les troupes qu'il avait laissées sur la Moselle; mais il ordonna au marquis de Conflans, avant de quitter ce pays, de s'assurer de Blicastel; et au marquis de Refuge, après avoir rasé les fortifications qui couvraient Trèves, de prendre la ville et le château de Hombourg. Par cette double expédition, on se trouvait en état de pénétrer chez l'ennemi, et il le priva des contributions qu'il tirait auparavant des trois évêchés.

Quant au siége du Fort-Louis, on avait écrit au ministre, que les seules inondations pouvaient empêcher les ennemis de l'investir. « Il n'y a rien, » lui répondit-il, de si joli sur une carte, où » avec un peu de vert et de bleu on met en eau » tout ce qu'on veut. Mais le général qui va visiter » cela, comme je l'ai fait, trouve en divers endroits » des distances de mille pas, où ces petites rivières, » qu'on prétend inonder la campagne, sont bien » sagement dans leur lit naturel, plus grosses qu'à » l'ordinaire, mais n'empêchant, en aucune façon du » monde, que l'armée ennemie ne fasse des ponts, » et ne ne se place au pied du Fort-Louis, d'où après » cela on ne peut plus la chasser, parce que les » inondations même lui servent de rempart. Je vais » donc, au contraire, examiner, ajoutais-je, s'il ne » faudra pas plutôt se défaire de ces prétendues » inondations, pour nous conserver une avenue, la » plus praticable qu'il sera possible, pour secourir » le Fort-Louis par un combat, au cas que les enne- » mis veuillent y marcher. »

La position de Villars était assez embarrassante. » Je ne sais, écrivait-il au ministre, quels avis vous » avez du nombre de troupes dont est composée » l'armée ennemie. Ce que nous savons positive- » ment, c'est qu'il y a le pied de quatorze mille » hommes de troupes de l'empereur, toutes les trou-

» pes des cercles de Souabe et de Franconie, celles » du duc de Wurtemberg et de Westphalie, les » troupes palatines et de Prusse, plusieurs troupes » particulières de Saxe-Gother, Volfembutel, » d'Amstel; enfin tous les contingents de l'empire » sur le pied complet, commandés par le prince de » Bade, qui est venu les rejoindre. Le bruit des pri- » sonniers et de leurs déserteurs leur donne soixante- » dix mille hommes. Otez-en vingt; pour moi, je » n'en puis compter que trente-cinq mille. »

Avec cela il fallait défendre douze lieues de lignes, depuis les montagnes jusqu'au Fort-Louis. Instruit de ce qui venait de se passer en Flandres, où on avait été battu, parce qu'on s'était trop étendu, Villars écrivit au ministre : « Je ne me séparerai » pas derrière les lignes; je me tiendrai ensemble. » Le plus difficile, ce sont les extrémités. Je ne » m'embarrasse pas que les ennemis percent la ligne, » je songerai capitalement à marcher ensemble sur » ce qui voudrait investir le Fort-Louis, ou pénétrer » dans le pays. C'est la conduite la plus sûre derrière » des lignes. »

Sachant que les ennemis, sûrs de leurs forces, publiaient qu'ils allaient l'attaquer. Il crut plus avantageux d'aller les chercher, que de les attendre. Il marcha donc avec l'armée en bataille le 29 août; mais ils se contentèrent de se tenir sur la défensive.

Le mois de septembre se passa en marches et contre-marches. Enfin, la mauvaise saison arrivant, les armées se séparèrent. Villars revint à Paris, où il fut bien accueilli du roi, qui, peu auparavant, pour le récompenser de ses services, avait érigé la terre de Vaux en duché.

L'année 1706, Villars fut encore destiné pour le Rhin. Le roi désirait surtout que les ennemis fussent chassés de leurs lignes sur la Motern, et de leur camp retranché sous Haguenaw. Villars devait être aidé dans cette opération par le maréchal de Marcin, qui avait à ses ordres une armée chargée de défendre la Moselle. Pour cacher aux ennemis leur véritable dessein, Marcin disposa ses troupes comme si elles eussent dû attaquer Traerbach, et Villars celles d'Alsace, comme pour marcher à Fribourg ; le dernier avril, celles de la Moselle, après divers mouvements, devaient se rendre à Saverne, et les autres à Strasbourg.

Le premier mai, le maréchal de Villars marcha aux ennemis, comme on en était convenu. En approchant de leurs lignes de la Motern, il trouva douze cents chevaux, qui furent entièrement défaits par le comte du Bourg ; peu rentrèrent dans leurs retranchements, qui furent emportés après une médiocre résistance. Le maréchal de Marcin n'en trouva aucune, et le prince de Bade craignant d'être pris en flanc par le maréchal de Marcin, pendant que Villars l'attaquerait en front, abandonna son camp retranché de Bichevillers, et retira ses troupes derrière les inondations qui couvraient Drusenheim et la plaine du Fort-Louis.

La nuit du 1er au 2 mai, Villars envoya prier le maréchal de Marcin d'attaquer, de son côté, les postes ennemis, pendant qu'il attaquerait du sien. Il lui manda jusqu'à trois fois que les inondations étaient trop hautes, et qu'il ne pouvait pas.

Enfin, il vint lui-même, et comme en passant, il avait vu toutes les troupes en bataille, il dit à Marcin, en le joignant : — Monsieur, je viens de voir » une belle armée, et qui paraît bien disposée à » combattre. — Elle est trop belle, répondit-il, » pour que je la fasse noyer dans cinquante-six inon» dations qui me séparent des ennemis. » Cette réponse, entendue des troupes, pouvait les intimider. Villars le prit par la main, et le menant dans une maison, lui dit : — Il faut que nous ayons ensem» ble une petite conversation, s'il vous plaît : Vous » voyez, lui représenta-t-il, que les ennemis mon» trent peu de vigueur, puisqu'ils n'ont pas défendu » les lignes d'Haguenaw. Il faut profiter de leur ter» reur. J'ai cru que vous voudriez bien attaquer; » car nous sommes sûrs de réussir en faisant agir » tout ce que nous avons. »

Marcin proposa un conseil de guerre. — Un » conseil de guerre! répliqua Villars, ils ne sont » bons que quand on veut une excuse pour ne rien » faire. Vous savez que depuis la jonction, les deux » armées sont également sous mes ordres; mais la » déférence que je dois à un confrère m'a porté à » rester à mon aile. »

Marcin répondit en homme persuadé que Villars

demeurait à l'attaque de droite, parce que celle de la gauche était la plus difficile. — Puisque vous » le croyez ainsi, lui dit Villars, trouvez bon que » j'attaque tout-à-l'heure. » Il commanda mille grenadiers, et quand ils furent arrivés : Marchons, leur cria-t-il ; il en jeta vingt devant lui, qui entrèrent dans l'inondation, et qui avaient de l'eau au-dessus des reins. Marchant lui-même après eux, il ordonna à l'armée de Marcin de suivre. Ses officiers-généraux murmuraient. Un d'eux dit tout haut : « Où nous mène-t-on ? » Il lui imposa silence de manière à se faire obéir.

Il avait à passer un demi-quart de lieue d'eau très-haute. Les chevaux perdaient pieds en quelques endroits; mais à peine eût-on traversé les deux tiers, que les escadrons des ennemis, qui paraissaient à l'autre bord, s'ébranlèrent, firent une mauvaise décharge, et s'enfuirent.

Villars, appelant alors le comte de Broglie, lui dit : « Marchez à Lauterbourg. » En effet, la terreur des ennemis les avait portés à abandonner ce poste, qui était très fort; mais, revenus de cette consternation, ils y rentrèrent par une porte, en même temps que le comte de Broglie par la porte opposée. Un moment plus tard, il aurait fallu un siége en règle, pour s'emparer de cette ville, dont quelques coups de fusils rendirent maîtres nos soldats.

Peu après, la garnison du château d'Allen se rendait à discrétion ; et la plaine de Fort-Louis se trouvait nettoyée. Ensuite Drusenheim et Haguenaw furent obligés de se rendre.

Villars eût voulu prendre l'offensive en Allemagne; mais on lui enleva le maréchal de Marcin, et avec lui un grand nombre de troupes destinées pour la Flandre. Il se traça donc un plan rétréci, conforme à sa situation : ce fut de consommer tous les grains et fourrages, jusqu'à Landau et au-delà, et de fortifier de redoutes des lignes qu'il fit faire depuis les montagnes jusqu'au Fort-Louis, pour couvrir ce qui restait de la France, de l'Alsace et de la Lorraine; non qu'il voulût se renfermer dans ces lignes, mais afin de se procurer quelque tranquillité d'esprit de ce côté, pendant qu'il verrait s'il n'y aurait rien à faire du côté du Rhin.

Le premier juillet, il apprit que le prince de Bade remontait ce fleuve. Comme il avait une grande quantité de bateaux sur des haquets, dont il pouvait faire un pont et dérober un passage, il fortifia de plusieurs bataillons le comte du Bourg, qu'il avait laissé entre le Fort-Louis et Strasbourg, et avec le reste des troupes, continua tranquillement à consommer les vivres autour de Landau, comme s'il n'avait pas songé à autre chose. Cependant il s'y occupait très-sérieusement du dessein de se procurer une entrée sur les lignes de Stolhoffen, qu'il ne perdait pas de vue.

Du 10 au 19 juillet, il se donna tous les mouvements imaginables pour disposer les bateaux et autres choses nécessaires à l'entreprise qu'il méditait.

Le 20 juillet, il revint toute la nuit au Fort-Louis. On tourna l'artillerie de la place sur les bastions qui commandaient l'île du marquisat; et, à la pointe du jour, Streiff, maréchal de camp, démara avec trente bateaux, pour faire la descente dans une petite île, qui n'était séparée de celle du marquisat que par un petit bras du Rhin. Streiff fut tué des premiers coups. Il fut remplacé par le comte de Broglio.

Les ennemis firent marcher deux mille hommes, soutenus de six bataillons, pour s'opposer à la descente dans l'île du Marquisat ; le comte de Broglio avait un bras de Rhin si difficile à passer, que dans les endroits les plus favorables, les soldats avaient de l'eau jusqu'aux épaules. Les grenadiers de Navarre et de Champagne, marchant à l'envi les uns des autres, abordèrent l'île. Les ennemis y firent une opiniâtre résistance; mais le feu du canon les ayant un peu ébranlés, nos grenadiers, commandés par le marquis de Nangis, les renversèrent. Ils furent entièrement défaits, et eurent plus de cinq cents hommes tués sur la place. On s'empara de quelques autres petites îles qui avoisinaient celle d'Alunde, où les ennemis avaient un pont. On l'aurait détruit, sans des obstacles insurmontables. On se contenta de s'assurer, par quelques fortifications, la possession de ces petites îles, qui pouvaient servir dans la suite. Une redoute fut placée vis-à-vis l'embouchure de la rivière de Stolhoffen, et tous les ouvrages à corne du Fort-Louis furent établis. Par là, cette place acquit une considération qu'elle avait perdue depuis la paix de Risvik. Les ennemis employèrent diligemment leurs troupes à faire de nouveaux retranchements le long de la rivière de Stolhoffen, qui est souvent guéable, et par où ils avaient lieu de craindre qu'on attaquât leurs lignes.

Mais Villars n'avait garde d'y penser, puisqu'on cessait de lui demander des troupes pour la Flandre; et en même temps, par une contradiction singulière, on lui proposait de faire le siége de Landau. Cette entreprise aurait été convenable, alors que l'armée de Marcin était réunie à celle de Villars, ou même peu après; mais affaibli comme on l'était, il n'y avait pas de raison à risquer le siége d'une ville, dont la garnison seule pouvait être presque aussi nombreuse que l'armée des assiégeants. C'est ce que Villars représenta au ministre, et lui demanda permission de combattre si les ennemis exposaient un corps d'armée devant lui en-deçà du Rhin, parce qu'il était bien sûr qu'obligés, comme ils l'étaient, de laisser leurs lignes de Stolhoffen garnies, ils ne pourraient se présenter qu'avec une armée à peu près égale à la sienne, qui était bien supérieure par la qualité des troupes. « Si je suis heureux, disait-
» il, j'emporterai sans peine les lignes de Stolhoffen,
» j'entrerai dans l'empire, et je peux faire le siége
» de Philisbourg. Si je perds la bataille, il n'en
» coûtera tout au plus que les lignes de la Lauter et

» Lauterberg, les ennemis n'ayant pas assez de mu-
» nitions, ni d'artillerie pour de plus grands des-
» seins. » On lui manda de se borner à la défense de ses lignes, et de ne pas s'exposer au sort incertain d'une bataille.

Il lui fallut donc se résoudre à voir le général Thaugen, qui avait remplacé le prince de Bade, malade à Rastat, passer le Rhin, se promener devant ses lignes, sans autres actions de part et d'autre que quelques escarmouches, des petites villes ou châteaux pris et repris; enfin rien de décisif. Cela dura jusqu'à la fin de la campagne. Les ennemis la terminèrent en repassant le Rhin, le 17 novembre : ils laissèrent Louisbourg dégagé, Lauterbourg, Drusenheim, nos lignes qu'ils n'avaient pas pu percer, et l'île du Marquisat.

Avant de quitter la frontière, Villars ordonna au comte de Broglio, qu'il laissa commandant de la Basse-Alsace, d'examiner ce qui pourrait être tenté avec succès, pour attaquer les lignes de Stolhoffen, dont la prise lui ouvrait nécessairement le chemin de l'empire. Ces lignes, regardées comme imprenables, s'étendaient depuis Philisbourg jusqu'à Stolhoffen, et retournaient en équerre, depuis Stolhoffen jusqu'aux montagnes. Elles étaient formées le long du Rhin de doubles retranchements élevés en amphithéâtre, soutenus de temps en temps par de bonnes redoutes, avec un pont bien fortifié, qui joignait aux lignes l'île d'Alunde, d'où les ennemis pouvaient facilement jeter un autre pont pour pénétrer en Alsace. Depuis que l'île du Marquisat était tombé au pouvoir de l'armée française, ils avaient considérablement renforcé leurs retranchements de Stolhoffen. De ce dernier endroit à Bihel, on mettait en peu d'heures tout le pays sous l'eau, par le moyen d'écluses et de digues revêtues partie en maçonnerie, partie en gazon, défendues par des fortins correspondants l'un à l'autre. L'espace depuis Bihel jusqu'à la montagne n'étant plus propre aux inondations, parce qu'il s'élevait insensiblement, était retranché avec le plus grand soin, et on n'avait même pas négligé l'escarpement de la montagne. Tout cela était garni d'une nombreuse artillerie, et renfermait une armée de plus de quarante mille hommes, commandée par le prince de Bareith, qui succédait au prince de Bade, mort pendant l'hiver.

Le comte de Broglio avait fait, pour l'attaque des lignes, un projet qui parut très-solide. Les ennemis étaient campés derrière leurs lignes, dès le 1er mai. Il fit passer, le 16, par Strasbourg cinquante escadrons au-delà du Rhin, sous prétexte qu'ils avaient besoin de fourrage; mais, en effet, parce que cette disposition convenait à son projet. Le même jour il alla rejoindre le comte de Broglio à Lauterbourg, et visiter les bords du Rhin avec lui et d'autres officiers-généraux qui devaient être employés en cette occasion.

Le comte avait reconnu entre Lauterbourg et Hagembach la petite île de Neubourg, que les ennemis avaient négligée, et qui pouvait servir à leur cacher les bateaux qu'on mettrait dans le fleuve. Au-delà de l'île se trouvait un bras facile à traverser, et ensuite une belle plage assez étendue, sans être couvert de bois, en sorte que la descente était aisée. Le plus difficile était d'en cacher le dessein aux ennemis étendus sur tous les bords du Rhin, de leur côté, et ayant un pont à l'île d'Alunde, de manière qu'aucun bateau ne pouvait passer de Strasbourg au Fort-Louis sans être découvert. Le comte de Broglio, prévoyant cet inconvénient, en avait fait construire à Strasbourg, qu'on devait faire arriver par terre; et afin qu'ils pussent approcher sans être aperçus, il fit couvrir par des broussailles certains endroits que les ennemis pouvaient voir, et y fit camper quelques troupes, qui paraissaient se mettre à couvert par des feuillées. Les charretiers eurent ordre, en certains endroits, de ne pas même donner un coup de fouet, et de ne pas dire un seul mot. L'on fit défense d'allumer les pipes, et l'on nomma des officiers sages et attentifs, pour faire observer ces ordres avec la dernière exactitude. Toute la journée qui précéda cette marche, il y eut des ordres le long de la ligne de la Lauter, de laisser entrer dans les barrières tout ce qui viendrait du pays ennemi, mais de ne laisser sortir personne. On observa de même, le long du Rhin, qu'aucun petit bateau ni vedelin n'allât aux ennemis.

Pendant que ceci se passait, Villars donna, le 19 et le 20 mai, une fête aux dames de Strasbourg. Il y invita les officiers-généraux et beaucoup d'autres, qui ne paraissaient, comme lui, occupés que de plaisirs; mais il les prenait en particulier les uns après les autres, et leur donna ainsi, sans qu'on s'en doutât, les ordres qu'ils devaient exécuter. M. de Lée et le marquis de Vieux-Pont furent chargés d'agir du côté de l'île de l'Alunde avec quatre bataillons seulement, et dix pièces de canon, mais sans pontons, parce qu'ils ne devaient faire qu'une fausse attaque. Celle de l'île du Marquisat, qui n'était pas encore la véritable, mais qui pouvait le devenir selon les circonstances, fut confiée à M. de Pery et au comte de Chamillard. Il leur fit prendre neuf bataillons, quatorze pièces de canon, quelques mortiers, et douze pontons de cuir, avec lesquels ils devaient tenter de passer le bras du Rhin qui séparait l'île des ennemis, ne fût-ce que pour les inquiéter. Enfin le comte de Broglio et le marquis de Vivants eurent la principale attaque par l'île de Neubourg, derrière laquelle on plaça les bateaux, avec vingt bataillons, quarante-cinq escadrons, et trente-quatre pièces de canon, dont quatre de vingt-quatre. Pour Villars, le 21 juin à cinq heures du matin, il passa le Rhin sur le pont de Kell, avec tout l'état-major de l'armée, et s'avança du côté de Bihel, pour favoriser, par une diversion, l'attaque qui devait se faire le 22, à cinq heures du soir. Il affecta de se montrer et de parler même à des gens qui pouvaient le rapporter aux ennemis, dans l'opinion que sa présence leur persuaderait que la principale attaque se ferait de son côté, et qu'ils y jetteraient le fort de leurs troupes.

A l'heure dite, dix-huit cents hommes choisis, conduits par les comtes de Broglio et de Vivants, s'embarquèrent derrière l'île de Neubourg, sur soixante bateaux, et abordèrent de front de l'autre côté du Rhin, la baïonnette au bout du fusil. Cent hommes qui gardaient ce bord, s'enfuirent en faisant leur décharge, qui avertit les généraux ennemis. Ils envoyèrent deux mille hommes; mais les français, après leur descente, s'étaient retranchés si diligemment, qu'ils ne crurent pas pouvoir les débusquer, et se retirèrent. Des bateaux qui étaient arrivés les premiers, on forma un pont. Les troupes passèrent partie sur ce pont, partie à la nage. On établit des batteries, tant dans l'île que sur le bord du Rhin, et en peu d'heures ce poste fut assuré. Pendant ce temps, MM. de Lée et de Vieux-Pont faisaient grand feu sur l'île d'Alunde, et montraient quelques mauvais bateaux pleins de troupes du côté de Drusenheim, pour attirer l'attention. Les comtes de Pery et de Chamillard, de l'île du Marquisat où ils étaient, battaient vivement le village de Selinghen, en délogèrent les ennemis, et passèrent sur leurs pontons.

De Bihel Villars entendait ces attaques; mais il ne pouvait en savoir le succès, parce qu'il fallait venir par le pont de Strasbourg, et faire vingt lieues pour lui apporter des nouvelles. Mais quoi qu'un grand brouillard lui cachât, le 23 au matin, les mouvements des ennemis dans leurs lignes, au ralentissement de leur feu il jugea qu'ils étaient embarrassés, et lorsqu'il s'apprêtait à les attaquer, il apprit qu'ils se retiraient. Les troupes qui lui étaient opposées sous les ordres du prince de Dourlac, gagnèrent les montagnes; les autres se replièrent sur Mulberg, où était le marquis de Bareith. Les troupes françaises se rejoignirent dans le centre des lignes, où le camp était rendu presque partout. On y trouva une quantité prodigieuse d'artillerie, quarante milliers de poudre et des boulets et grenades; des habillements complets pour plusieurs régiments, un pont portatif avec tous ses haquets, des magasins immenses de farine et d'avoine; et ce qu'il y eut de plus heureux, c'est que ce grand et prodigieux succès ne coûta pas un seul hommes.

Le Maréchal détacha le marquis de Verceilles avec cinq cents chevaux, qui trouva l'armée ennemie se retirant en désordre, tua beaucoup de soldats et cavaliers, et fit un grand nombre de prisonniers. Le reste du jour fut employé à donner des ordres pour la destruction des levées, digues et écluses, et la construction d'une redoute qui devait couvrir le pont qu'on avait dessein d'entretenir à Selinghen, afin de communiquer à Lauterbourg et au Fort-Louis, sans être obligé de faire le détour par Strasbourg. Villars alla coucher à Rastat, magnifique palais du prince de Bade, qu'il trouva tout meublé, et qu'il conserva soigneusement.

La princesse s'était retirée à Estingen : il lui envoya ses équipages, ceux de ses enfants, ses domestiques, et tout ce qui pouvait lui être utile.

Il resta trois jours dans ce château avec l'armée, qui s'était réunie autour dès le 23 au matin. Pendant ce temps, il envoya des ordres aux villes de Stutgard, d'Hisdelberg, et à leurs régences, de préparer dix mille sacs de farine, et de les faire voiturer dans les lieux indiqués, sous peine des plus dures exécutions militaires. Il fut exactement obéi ; et l'on voyait passer les chariots au milieu des troupes ennemies, sans qu'elles osassent s'y opposer, pour ne pas exposer leur propre pays à une ruine et à une dévastation certaine. Il envoya lui-même des mandements pour les contributions en Franconie et en Suabe à plus de quarante lieues à la ronde.

Il s'appliqua surtout alors à établir une sévère discipline dans l'armée. Il fit donc assembler les bataillons, et parla ainsi aux soldats : « Mes amis, » j'ai traversé l'Empire il y a trois ans ; votre sagesse » et votre bonne discipline permettaient aux paysans » d'apporter tout ce qui vous était nécessaire ; nous » rentrons dans ce même Empire : nous ne pouvons » plus compter sur nos magasins : si vous brûlez, » si vous faites fuir les peuples, vous mourrez de » faim. Je vous ordonne donc, pour votre propre » intérêt, et pour celui du roi, d'être sages, et vous » voyez bien vous-mêmes l'importance qu'il y a que » vous le soyez. J'espère aussi que vous compren-

» drez les bonnes raisons que je vous dis. Je dois » commencer par vous instruire; mais si ces raisons » ne vous contiennent pas, la plus grande sévérité » sera employée, et je ne me lasserai pas de punir » ceux qui s'écarteront de leurs devoirs. » Ce discours fit impression, et l'armée demeura dans une exacte discipline.

Après divers succès, Villars, qui était toujours à la piste des ennemis, arriva devant Schorendorff, place appartenante au duc de Virtemberg : elle était entourée de six bastions bien revêtus, d'un fossé revêtu de même, et soutenue d'un très-bon château. Le siége d'une pareille place était un peu difficile à une armée qui n'avait que quatre pièces de batterie et fort peu de boulets : aussi la plupart des officiers-généraux s'opposaient-ils à l'attaque. Bien résolu de ne pas s'opiniâtrer à ce siége si les ennemis étaient déterminés à une bonne défense, le maréchal voulut essayer ce que la terreur pourrait leur inspirer. Il fit donc ouvrir la tranchée, et dire à la duchesse de Virtemberg, que si cette place attendait le premier coup de canon, elle servirait d'un exemple terrible à celles qui oseraient arrêter l'armée du roi. Malgré cette menace, les assiégés firent un assez gros feu pendant deux jours. Au troisième, les magistrats sortirent, pour dire que le commandant ne voulait pas se rendre. Ils trouvèrent Villars à la tête de la tranchée, où l'on portait quantité de fascines. Il leur répondit qu'il allait faire combler le fossé, et que, sans s'embarrasser à qui il tenait qu'on ne se rendît, il ferait tout passer au fil de l'épée. La terreur, qui les saisit, se communiqua au commandant, et, deux heures après, il rendit la place. On y trouva une très-grosse artillerie, beaucoup de vivres et de munitions de guerre.

Ce fut dans une des expéditions de cette campagne qu'il arriva une chose qui paraîtra singulière si on songe qu'elle se passa dans la chaleur de la poursuite. Le marquis de Nangis, entrant dans un village avec huit cents grenadiers, trouva le curé et les habitants faisant la procession de la Fête-Dieu. Le curé s'arrêta pour donner la bénédiction. Les grenadiers se mirent à genoux, et, la bénédiction reçue, on marcha aux ennemis, sans que le curé ni la procession parussent alarmés. Il est vrai qu'on avait établi une discipline si exacte, que les paysans ne prenaient plus la fuite.

Après divers campements à Valdorf, à Gotzan, le 14 juillet, l'armée du roi campa à Mulberg, la droite vers Dourlac, que l'on occupa avec douze cents fantassins, sous les ordres du marquis de Nangis. Les ennemis marchèrent en même temps à force pour s'en servir. Villars, en étant averti, se fit précéder de quelques cavaliers, et y courut lui-même au galop, au bruit des timbales, des trompettes et des tambours, ce qui persuada aux ennemis que l'armée entière arrivait. Aussi s'arrêtèrent-ils sur les hauteurs en deçà de Kretseing.

Au milieu de la nuit, autre alarme; les ennemis, qui s'étaient arrêtés, s'ébranlaient et se plaçaient sur Dourlac. Le maréchal y envoie dans le moment un détachement de grenadiers pour fortifier les premières troupes, et s'y rend lui-même à la pointe du jour. Les colonnes d'infanterie des ennemis s'y rendaient pour embrasser la ville. Les officiers-généraux pressaient Villars d'abandonner cette place. « Vous voulez, leur dit-il, me forcer à quit-» ter Dourlac pour éviter l'action présente, et vous » ne prévoyez pas que vous aurez une autre action » dans quatre heures, avec grand désavantage; » ainsi ne m'en parlez plus, et laissez-moi faire. » Sur-le-champ il fait partir des troupes pour défendre la place. Les dragons arrivent au galop. Des officiers de Champagne apportent des drapeaux, et les font paraître sur le bord du bois voisin. Cela, joint au bruit des timbales et des tambours, suspend la marche des ennemis, et ils se mettent à canonner Dourlac.

L'armée française, profitant de la bonne position qu'elle avait prise, se mit à faire feu sur les ennemis, qui perdirent quatre capitaines, plus de trois cents hommes, et grand nombre de chevaux.

Le prince de Hohenzolern, général de la cavalerie de l'empereur, avec qui Villars avait fait connaissance à Vienne et dans les guerres de Hongrie, et qui était fort de ses amis, lui proposa une entrevue entre les gardes. Il y alla avec le prince Charles de Lorraine, les comtes du Bourg et Hautefort. Le prince s'y rendit, de son côté, avec le prince héréditaire de Bareith, le comte de Vakerbarl, général des Saxons, le comte d'Erlac et plusieurs autres officiers. La conversation fut gaie, et il ne fut question que d'assurances réciproques d'estime et d'amitié.

Le mois d'août s'écoula aussi en s'observant réciproquement, sans se faire grand mal, et comme si on eût été dans des camps de plaisir. Mais, sachant que l'armée ennemie se grossissait de bonnes troupes, qui allaient être commandées par l'électeur de Hanovre, plus entreprenant que le prince de Bareith, dont on était mécontent, et qui se retirait, Villars songea à s'éloigner. Huit jours avant que de se mettre en marche, il envoya ses gros bagages du côté de Rastat, sous prétexte de manque de fourrage, et ayant disposé les troupes de manière que la retraite ne pût être troublée, il repassa la rivière d'Albe sur neuf ponts, et alla camper à Rastat, où il prit son quartier général.

Cependant les ennemis étant chassés de Provence, il espérait recevoir de nouvelles troupes; mais il fut rappelé à la cour.

Il revint donc à Paris avec la satisfaction d'avoir fait respecter les armes du roi depuis le lac de Constance jusqu'à Mayence, et depuis Nuremberg jusqu'à Francfort et Philipsbourg, dans une étendue de plus de trois cents lieues de pays, qui avait assez bien payé les frais de la guerre.

Quoique l'armée du roi fût en-delà du Rhin, Villars comptait passer l'hiver à Strasbourg, pour profiter des occasions qui pouvaient survenir; mais

des ordres pressants l'appelèrent à la cour. « On y
» voulait, dit Villars, conférer avec moi sur les
» moyens de s'emparer de la principauté de Neu-
» châtel, et on voulait me charger de cette entre-
» prise. A la mort du souverain de ce petit Etat,
» qui arriva au commencement de l'année, plu-
» sieurs prétendants à la succession, au défaut
» d'héritiers directs, s'étaient présentés, entre
» autres, le prince de Conti et le comte de Mati-
» gnon. Ils montraient des droits assez bien fondés;
» mais pendant qu'ils les faisaient valoir en parti-
» culier, l'électeur de Brandebourg, qui n'en avait
» que d'imaginaires, fit valoir les siens en prince.
» Il distribua de grosses pensions dans tout le can-
» ton de Berne, promit aux principaux habitants
» de Neuchâtel de leur donner de l'emploi chez lui
» et à Berlin, traita avec l'Angleterre et la Hol-
» lande, qui, charmées d'ôter cet etablissement à
» des Français, s'engagèrent à soutenir l'électeur
» moyennant un corps de Prussiens, qu'il promit
» d'envoyer en Italie. Avec ces précautions, il gagna
» les suffrages, fit trouver ses raisons excellentes,
» et son droit incontestable.

» Quand j'eus examiné l'entreprise qu'on me
» proposait, je dis au roi que si Sa Majesté avait
» bien voulu me donner cette commission dans le
» temps que les divers concurrents disputaient leurs
» droits, j'aurais fait tomber la principauté à qui
» elle aurait voulu, et à moi-même si elle l'avait
» agréé, quoique je n'y eusse pas le moindre droit.

» Et en effet, la cour m'ayant ordonné d'envoyer » des troupes fortifier celles de Provence, dans le » temps que j'étais bien avant dans l'empire, ces » troupes, qui, pour aller en Dauphiné, passaient » fort près de Neuchâtel, n'avaient qu'à paraître y » marcher pour déterminer les peuples de ce petit » pays à se donner à M. le prince de Conti, pour » lequel ils avaient de l'inclination; mais il était » un peu tard pour revenir sur ce qui avait été fait » en faveur de l'électeur de Brandebourg.

» Cependant, après avoir bien écouté ce qu'on » jugea à propos de me dire à ce sujet, je me ren- » dis, au commencement de l'année, à Besançon, » afin d'examiner l'affaire de plus près. Je la trouvai » dans une disposition bien différente de ce que le » roi pensait. Les cantons de Berne et de Zurich, » qui ne voulaient pas les Français si voisins d'eux, » avaient pris toutes les mesures possibles pour » assurer ce petit Etat à l'électeur de Brandebourg. » Ils avaient fait marcher beaucoup de troupes, » fermer les passages déjà bouchés par les neiges, » et fait avancer du canon. Enfin il n'était plus » question de surprendre le pays, et de s'en em- » parer. Il fallait attaquer le corps helvétique, ou » du moins les partisans déclarés pour l'électeur » déjà en possession. Il est vrai que les cantons ca- » tholiques nous étaient favorables; mais on sait » bien que leurs forces sont si inférieures à celles » des protestants, qu'en les obligeant à se déclarer, « c'était les exposer à leur perte. Cependant la cour,

» préveuue par de mauvais avis, se serait peut-être » engagée dans cette guerre, si je n'avais écrit au » roi et à madame de Maintenon pour représenter » le péril qu'il y avait à allumer une nouvelle » guerre, qui nous donnait une frontière à garder, » depuis Huningue jusqu'à Lyon; frontière tran- » quille par la parfaite neutralité des Suisses; et » encore dans quel temps? lorsque les forces des » ennemis paraissaient supérieures presque partout. » Mon sentiment était appuyé de si bonnes raisons, » qu'il prévalut sur l'inclination du ministre à » servir la maison de Matignon, qu'il favorisait » beaucoup.

» Comme les desseins de la cour sur Neuchâtel » avaient fait avancer plusieurs corps de troupes » vers les frontières de Suisse, cette disposition » facilitait un projet que les avances de deux offi- » ciers, en garnison dans Fribourg, me firent for- » mer sur cette place. L'un se nommait Tiller, et » était lieutenant-colonel d'un régiment suisse au » service de l'empereur; l'autre, Huster, capitaine » dans le même régiment. Ils me demandèrent une » conférence de nuit, que je leur assignai dans la » barrière d'Huningue, et à laquelle je me trouvai » avec M. de la Houssaye, conseiller d'Etat, et » intendant d'Alsace.

» Ils promirent de livrer la porte du château de » Fribourg, moyennant six cent mille livres, que » l'on ne leur donnerait qu'après l'exécution, et » même quand le roi serait maître de la place. On

» convint de tous les moyens, et l'entreprise fut » fixée à la nuit du 21 au 22 janvier. Je me tins » auprès de Brissac, avec les troupes destinées à » cette surprise, qui ne devaient donner aucun » ombrage aux commandants de Fribourg, parce » qu'elles étaient censées postées en ce lieu pour » l'entreprise de Neuchâtel.

» Au commencement de la nuit convenue, lors- » que j'étais prêt à faire marcher les troupes, on » m'amena un jeune homme de Berne, étudiant » dans l'université de Fribourg, qui demandait à » me parler. Il me dit que son inclination pour la » France, et l'honneur de voir beaucoup d'hon- » nêtes gens courir à une mort certaine, l'avaient » porté, quelque péril qu'il y eût pour lui, à venir » m'avertir; que, soit repentir, soit qu'ils eussent » agi par les ordres du général Thungen, les offi- » ciers lui avaient tout découvert. Il m'expliqua de » quelle manière il avait été informé de cette double » trahison par une personne très-connue d'un » capitaine, qui lui avait tout révélé, que c'é- » tait d'elle qu'il tenait ce qu'il venait me dire. Il » était si bien informé des circonstances de notre » entrevue, et, en outre, des troupes que les enne- » mis devaient placer sur la montagne et sur les » murailles, que je ne pus douter que l'avis ne fût » aussi sûr qu'il était donné à propos. Je fis présent » au jeune étudiant de mille écus, et d'une lieute- » nance dans les Suisses. Il eut, par la suite, une » compagnie. Nous sûmes, quelques jours après,

» que Tiller et Huster avaient été bien récompensés » de leurs trahisons, ou de leurs commissions, quoi- » qu'ils n'eussent pas réussi selon leur désir. Mais, » malgré le risque que je courus, je suis d'avis » qu'on ne doit pas toujours rejeter de pareilles » ouvertures. On a des exemples qu'elles sont sou- » vent suivies du succès; mais je conseillerai de » n'avoir pas une si grande confiance que j'en eus, » et de prendre contre la trahison plus de mesures » que je n'en avais prises. »

Ce coup manqué, Villars retourna à Strasbourg, où il se formait un plan de campagne qui pût répondre à la précédente; mais la cour avait d'autres vues. On y était fort mécontent de ce qu'il ne s'était rien fait en Flandre pendant la campagne dernière, malgré les forces considérables qu'on y avait employées, et surtout de ce que l'honneur du duc de Bourgogne, qu'on y avait envoyé dans l'espérance de succès brillants, se trouvait compromis par cette inaction. Le duc de Vendôme parut propre à venger le prince de l'atteinte donnée à sa réputation. Il fut rappelé d'Italie, et destiné à commander l'armée de Flandre sous le duc de Bourgogne. Comme il n'était pas convenable que le duc de Bavière servît sous ce prince, on donna à l'électeur l'armée d'Allemagne; et comme on savait que Villars s'accommodait difficilement avec les courtisans qui suivent les princes, on lui donna le maréchal de Berwik; par mer, on l'envoya seul en Italie.

Dans le même temps que Villars apprit ces dispositions, il sut qu'il venait un grand nombre de troupes de Flandre, destinées à renforcer l'armée d'Allemagne, ordinairement si faible quand il devait la commander. Il manda au ministre qu'après avoir deux fois sauvé l'Alsace, il laissait, en partant, cette frontière, avec Trèves, et Bitche et Hombourg, places très-fortes, le pays fermé par les lignes excellentes de Lauterbourg; l'Allemagne ouverte par le fort de Kehl et celui de Selinghen; les lignes formidables que les ennemis avaient à Stolhoffen, rasées. « Avec l'armée » qu'on donne à l'électeur de Bavière, ajoutait-il, » je me serais promis d'aller bien avant dans l'em- » pire. Je ne peux me dispenser de représenter » qu'il est bien cruel pour moi qu'après avoir mis » les affaires du roi dans le meilleur état, on m'ôte » le commandement, lorsque je peux espérer plus » que jamais de grands avantages pour Sa Majesté. » J'oublie de bon cœur mes mortifications person- » nelles; mais ma peine la plus sensible vient de la » crainte que le roi ne se trouve mal d'un pareil » changement. »

LIVRE QUATRIÈME.

Villars quitta l'Alsace le 10 mai. Les généraux, les troupes, les peuples lui montrèrent la plus vive douleur. Le cardinal de Rohan, l'intendant et tous les généraux l'accompagnèrent jusqu'à Saverne.

Arrivé à la cour le 17, il y resta peu de jours. Le roi lui témoigna beaucoup de bonté, et lui dit que c'était malgré lui qu'il cédait aux circonstances, et le retirait d'Allemagne. « — Permettez-moi, sire, » lui répondit Villars, de représenter à Votre Ma-

» jesté, que ses complaisances pour l'électeur de » Bavière ont fait perdre à ce prince tous ses Etats » dans l'empire. Son retour en Flandre a fait perdre » au roi d'Espagne toute la Flandre espagnole. Dieu » veuille que ces derniers changements ne coûtent » pas à Votre Majesté la plus grande partie de la » Flandre française! Vous me donnez toujours les » frontières les plus délabrées; et quand je les ai » rétablies, vous m'en retirez dans le temps où je » pourrais y avoir des avantages décisifs. Je supplie » Votre Majesté d'être bien persuadée que j'oublie » mes intérêts; mais les siens me donnent les plus » vives inquiétudes. »

Le maréchal reçut des lettres qui portaient que le duc de Savoie avait à ses ordres vingt-cinq bataillons de l'empereur, onze de Brandebourg, et vingt de propres troupes, en tout cinquante-six, et au moins six mille chevaux. Pour lui, il n'en avait pas la moitié; et il lui fallait garder une frontière de près de cent lieues, depuis Genève jusqu'à la mer.

Il se mit à étudier les mouvements du duc de Savoie, pour tâcher de deviner de quel côté il comptait porter ses coups.

Le duc de Savoie faisait de grands amas de grains et de farine vers Genève, ce qui marquait un dessein pour le Haut-Rhône, avec l'intention de tomber ensuite sur Lyon. En même temps il faisait marcher un corps vers Yvrée, qui paraissait menacer Grenoble et le Dauphiné, et un autre vers Coni, peut-être en vue d'attaquer Toulon et la Provence. D'autre part, les troupes des Impériaux qui étaient dans le Ferrarois, et les Palatines qui avaient paru s'approcher de la mer, arrivaient sous Turin. Il ne douta plus que la résolution du duc de Savoie ne fût d'attaquer le Dauphiné. Donc il visita nos petites places, Fenestrelles, Briançon, et d'autres qui lui parurent très-défectueuses, et propres à être emportées en quatre jours, si on n'en empêchait pas la circonvallation; et il prit ses dispositions pour les défendre, et protéger tout le pays qui lui était confié.

Villars attendait ainsi ce qu'il plairait au duc de Savoie d'entreprendre. De sa petite armée, qui était déjà trop faible, le roi en retira onze bataillons pour Toulon, ce qui la réduisait à seize mille hommes à peu près.

Le 20 juillet au matin, le duc de Savoie, après avoir descendu le Mont-Cenis, marchait au comte de Médary avec quarante bataillons, le gros de sa cavalerie, et une assez nombreuse artillerie de campagne, portée sur des mulets.

Peu après, il attaquait nos postes du petit Saint-Bernard, et se présentait en même temps par cinq ou six vallées différentes. Le bataillon de Durefort fut forcé après une vigoureuse résistance, et le comte de Medary obligé de quitter son poste aussitôt que l'armée de Savoie parut. Comme il était convenu, il se retira à Barreaux. Même chose fut exécutée par le marquis de Thouy. Villars y courut lui-même avec la plupart des troupes qu'il avait à Briançon, dans le dessein d'attaquer le duc de Savoie, s'il voulait marcher vers Chambéry.

Celui-ci partageant ses troupes, menaçait Chambéry et Embrun. L'ennemi arrivant sur Aiguebelles, le comte de Médary alla couvrir Montmélian, et le comte de Muret, qui était vers la Pérouse avec onze bataillons, ayant été attaqué, se retira vers Césannes.

M. d'Artagnan, qui ramenait les bataillons désormais inutiles en Provence, força la marche, et se posta dans les passages qui composent la petite Maurienne, sur la route de Briançon. Le duc de Savoie, arrêté du côté de Montmélian, prit, le 3 août, la route de Saint-Jean-de-Maurienne. Le maréchal le suivit, et y arriva le lendemain de de son départ. Partant de Saint-Sicaire-de-Maurienne, le duc attaqua par plusieurs endroits les postes qui l'empêchaient d'entrer dans la vallée. Ils furent soutenus avec fermeté par le chevalier Dufort, lieutenant-colonel de Vexin, et par le sieur de Bessan, commandant de Castelas. Cependant cette entreprise, qui pouvait être très-funeste au Dauphiné, si elle avait réussi, aurait eu un plein succès, si le duc de Savoie eût pris la route de Galibier.

Il est étonnant que ce prince fût assez peu informé de la nature de son propre pays, pour croire ce chemin entièrement impraticable. On l'avait assuré tel à Villars; néanmoins il traversa des montagnes, où, selon la tradition du pays, nulle troupe n'avait passé depuis les Romains. Il est vrai que ces chemins étaient très-difficiles, et à tel point que plusieurs mulets tombèrent dans les précipices; mais enfin l'infanterie pénétra. « J'arrivai, écrivait » Villars, le 10 août, à Mont-Genève, ayant fait » occuper les premiers postes par douze cents hom- » mes, soutenus de douze bataillons commandés par » M. d'Artagnan. Je reconnus, en arrivant, la plus » grande partie de l'armée des ennemis placée der- » rière les deux villes de Césannes, avec de gros » postes au pied du Mont-Genève, leurs lignes s'é- » tendant depuis Morlière, Saint-Sicaire et Chanlas, » jusqu'au col de Sestrières.

» Je jugeai que l'on pouvait attaquer les deux » villes de Césannes; le gros des forces ennemies, » entre Chanlas et Sestrières, me paraissant trop » éloigné pour les soutenir, et les huit bataillons qui » étaient à Saint-Sicaire, n'étant pas un corps assez » considérable pour m'empêcher d'engager un com- » bat. Je détachai donc deux mille six cents hom- » mes, partagés en deux corps, commandés par nos » deux plus anciens brigadiers d'infanterie, MM. du » Montel et du Guerchois; les colonels étaient » MM. d'Autrée et Paist, et ce détachement était » suivi de douze bataillons commandés par M. d'Ar- » tagnan. M. le marquis de Thouy, lieutenant-gé- » néral de jour, se mit à la tête du détachement qui » avait la droite. Celui de la gauche, descendant » par le grand chemin du Mont-Genève, fut mené » par M. de Guerchois.

» Nous trouvâmes d'abord sept à huit cents hom-
» mes des ennemis, presque tous grenadiers, re-
» tranchés sur des plateaux, et assez à couvert,
» quoique nos troupes eussent la hauteur. Ils sou-
» tinrent nos premières attaques avec beaucoup de
» fermeté, et le feu fut fort vif et assez long. M. de
» Guerchois trouva la grande route du Mont-Ge-
» nève tellement rompue, qu'il arriva une demi-
» heure plus tard que nous ne l'attendions. Cepen-
» dant on poussa toujours les ennemis, qui se jetè-
» rent dans les deux villes de Césannes, et nous
» vîmes alors les bataillons campés à Saint-Sicaire
» baisser pour soutenir le poste. Trois étaient même
» venus sur le bord de la rivière. Cependant M. de
» Guerchois arrivant dans ce temps-là, on força
» d'abord la première ville de Césannes, et la seconde,
» le moment d'après, par une brèche mal raccommo-
» dée. Rencontre heureuse; car ces deux villes sont
» fermées d'une muraille bien crénelée.

» Je ne puis, écrivait-il au roi, assez me louer de
» l'intrépidité des troupes, et M. le maréchal de
» Catinat, qui connaît ces postes, trouvera que
» c'est une belle et vigoureuse action, à l'infanterie,
» de les avoir emportés à la vue d'une armée enne-
» mie. M. le duc de Savoie y était en personne, et
» les troupes campées à Chanlas et à Sestrières y
» descendirent. M. de Thouy a mené cette tête avec
» beaucoup de valeur. MM. du Montel et de Guer-
» chois, deux braves et dignes officiers d'infanterie,
» M. d'Autrée, colonel, se sont principalement dis-

» tingués dans cette occasion ; et enfin, Sire, je ne » puis assez dire de bien de tout ce qui s'y est » trouvé. Nos grenadiers ont si peu fait de quartier, » que le nombre des prisonniers est médiocre jusqu'à » présent. On n'y compte que trois capitaines, avec » quelques subalternes, et je ne sais point au juste » à combien se monte le nombre des soldats, parce » qu'on n'a pas encore pu les rassembler. Un esca- » dron de cent dragons Dauphin a chargé avec beau- » coup de fermeté à cheval, et cela, dans la descente » du Mont-Genève, qui est à droite. Les ennemis ont » quitté non-seulement le camp de Saint-Sicaire, » mais ceux même de Chanlas. Toute l'armée s'est » retirée vers les cols les plus près d'Exilles ; je » marche pour les chercher, profitant de l'ardeur de » nos troupes, dont je suis très-content, quoique le » pain ait bien de la peine à suivre. Votre Majesté » peut compter que l'on fera, pour la gloire de ses » armes, et pour le bien de son service, tout ce qui » sera humainement possible. »

Après la prise de Césannes, le du de Savoie, qui était en bataille derrière ces deux villes, se retira très-diligemment. Villars le suivit, marchant par la crête des montagnes, route jusqu'alors inconnue, et gagna les hauteurs d'Exilles. Par ce moyen, il dominait tous les postes qu'occupait l'armée ennemie.

Le duc de Savoie n'avait, pour s'échapper, que le passage d'Exilles, dont il se croyait sûr. Le commandant de ce fort, situé sur un roc très-escarpé, se rendit prisonnier de guerre, sans avoir vu la moindre apparence de brèche. On le crut gagné par argent : il fut condamné à être dégradé par le bourreau, à une prison perpétuelle, et à la confiscation de tous ses biens. Cette sentence fut exécutée publiquement, pour l'exemple. La reddition de ce malheureux lâche priva l'armée française d'un avantage certain sur l'armée du duc de Savoie, dont toute l'artillerie, et l'arrière-garde au moins, était infailliblement perdue.

Sorti si heureusement de ce mauvais pas, le duc de Savoie attaqua le fort de la Pérouse, qui se rendit le 16 août. Puis il se porta vers Fenestrelles. Aussitôt que Villars l'apprit, il fit plusieurs détachements, pour gagner les hauteurs par lesquelles il pouvait espérer de la secourir; mais les ennemis les avaient toutes occupées et étaient bien couverts. Villars les ayant attaqués, on leur tua ou prit près de trois cents hommes.

Après ce petit succès, Villars espérant gagner les hauteurs, y envoya, le 23 août, le comte de Muret et le chevalier de Givry avec les grenadiers ; mais ils ne purent ni ouvrir le chemin à un puissant secours, ni même faire glisser des renforts dans la place, pour faire durer le siége plus long-temps. Il écrivit au sieur de Barrière qui y commandait :
» Quand vous serez à vingt-quatre heures près d'être emporté, ayant une quantité considérable de
» poudre, faites tout ce qui sera en votre pouvoir
» pour en remplir les souterrains. Mettez toutes les

» pièces de canon en état d'être crevées, en les en-
» terrant à demi; laissez les mèches en état de durer
» deux heures, et marchez ensuite vers la redoute
» du Lot. De mon côté, je marcherai avec un gros
» corps d'infanterie pour vous recevoir, et pour
» attaquer les postes des ennemis, pendant que vous
» attaquerez de l'autre, pour favoriser votre retraite.
» Ce parti est le seul glorieux pour vous et votre
» garnison, bien différent de la honte de vous ren-
» dre prisonnier de guerre. Souvenez-vous de Péry,
» qui a sauvé la garnison d'Haguenaw. »

Il est à croire que ces exhortations ne parvinrent pas à la garnison. Après avoir été battue deux jours, elle se rendit prisonnière de guerre, malgré le sieur de Barrière, gouverneur, qui informa Villars de la violence employée contre lui. Il lui répondit :
» C'est une consolation pour moi, Monsieur, par
» l'estime que j'ai pour vous, de trouver, dans votre
» lettre, que vous avez été forcé à rendre votre place,
» par l'indignité de quelques officiers, dont vous au-
» riez pu justement punir l'insolence en leur pas-
» sant votre épée à travers le corps. La peur seule
» leur a donné le courage de vous parler avec hau-
» teur, et ces misérables n'ont pas voulu se souvenir
» de ce que j'ai dit si souvent fort haut en visitant
» votre place : C'est que la timidité fait rendre une
» garnison prisonnière de guerre. Quand même
» la place serait ouverte, quand les demi-lunes se-
» raient prises, la descente du fossé faite; quand on
» n'aurait enfin qu'une simple palissade devant

» soi, si on a la fermeté de dire qu'on ne veut pas » être prisonniers de guerre, et si l'ennemi est bien » persuadé qu'on veut attendre l'assaut; tout général, » quoique bien sûr de vous emporter, aimera mieux » laisser aller quatre ou cinq cents hommes, que de » les forcer en hasardant de perdre cent braves gens.

» Que peut-il, en effet, arriver de plus indigne, » que d'être prisonniers de guerre? Et, quand votre » garnison aurait été forcée, un ennemi la fait-il » massacrer pour avoir fait son devoir? On est, au » contraire, toujours porté à bien traiter de braves » gens; et les vôtres déshonorent la nation. Ils » trouveront en moi un ennemi plus dur, plus sé- » vère que celui qu'ils avaient en tête; et pour com- » mencer à leur faire sentir l'indignité de leurs con- » duite, j'ai défendu au commissaire du roi de don- » ner aucune sorte de subsistance aux officiers » prisonniers. J'en excepte ceux qui n'ont pas voulu » signer de capitulation. Que les autres soient entiè- » rement à la merci de l'ennemi; qu'ils subissent » toute la honte et toute l'indignité qu'ils ont si jus- » tement méritées. Quiconque peut devoir sa gloire » et son salut à sa fermeté, ne mérite aucun égard, » quand elle l'abandonne. »

Ces faiblesses, pour ne pas dire lâchetés, de nos défenseurs de places, qui se multipliaient, mettaient Villars au désespoir. Il employa le reste de septembre et le mois d'octobre à visiter tout ce qu'il put, de villes, châteaux, forts, et même simples redoutes, pour tâcher d'inspirer de la confiance et de la fermeté aux commandants et à leurs soldats. Il fit avancer huit pièces de vingt-quatre, et les munitions nécessaires à Briançon, afin de pouvoir prendre Exilles et Fenestrelles, si les ennemis s'éloignaient avant que les neiges rendissent tous les mouvements impossibles. Malheureusement elles commencèrent à tomber au commencement de novembre en si grande quantité, qu'elles ne laissaient plus aucun moyen d'agir. Il sépara donc les troupes, et les renvoya dans leurs quartiers d'hiver. Il attendit encore, au pied des montagnes, que la rigueur de la saison rendît les surprises impossibles, et partit à la fin de décembre par Lyon, où il reçut les ordres du roi pour se rendre à la cour.

Il y trouva tout le monde occupé des malheurs de la campagne de Flandre. Il ne les ignorait pas. Il en était instruit et par ses amis, et par les nouvelles que publiaient les ennemis eux-mêmes. Madame de Maintenon, qui ressentait vivement le contre-coup de tout ce qui frappait M. le duc de Bourgogne, lui avait écrit pour savoir son sentiment sur la possibilité et les moyens de secourir Lille. Il lui répondit : « Depuis que j'ai su Lille investi, je » n'ai cessé de penser à ce qu'on pouvait attaquer, » qui nous pût dédommager de sa perte, et même » dans l'espérance que la défense de M. de Boufflers » serait assez longue pour revenir encore au secours » de Lille, après avoir pris ce qu'on attaquerait ; et » je ne trouve qu'Oudenarde. Consultez la carte, » Madame, vous verrez qu'Oudenarde, une fois

» pris, l'ennemi n'a plus de retraite, et que, pour le
» soutenir, il viendrait sans doute nous combattre
» avec le même désavantage que nous trouverions
» en l'allant chercher à Lille; car on le trouverait
» plus faible, puisque ses forces seraient partagées
» par celles qu'il laisserait dans la circonvallation
» de Lille, au lieu que toutes celles du roi seraient
» réunies. De plus, l'armée de monseigneur le duc
» de Bourgogne, faisant la diligence possible, au-
» rait au moins vingt-quatre heures d'avance sur
» les ennemis, pour se placer sous Oudenarde;
» avantage qu'ont déjà les ennemis sous Lille, et
» qu'il faut bien considérer à la guerre.

» Mais si ce projet rencontrait quelques dif-
» ficultés que je ne prévois pas, je ne balan-
» cerais point à vous dire, Madame, qu'il faut
» donner une bataille pour sauver Lille. C'est ici
» qu'a lieu la grande maxime de M. de Turenne,
» qu'il faut combattre pour sauver les places impor-
» tantes parce que, si vous ne combattez pas pour
» les premières, il faut, malgré que l'on en ait,
» combattre pour les secondes. Sur cela, Madame,
» j'aurai l'honneur de vous dire que, prenant congé
» de Sa Majesté, je pris la liberté de lui dire, lors-
» qu'elle se promenait dans les jardins de Versailles,
» que s'il y avait une grande action en Flandre, j'o-
» sais me flatter que ses troupes m'y verraient avec
» joie arriver le matin de la bataille. Le roi eut
» l'extrême bonté de me répondre que ce plaisir
» ne serait pas pour lui tout le premier. Enfin,

» Madame, je me flatte toujours que lorsque le roi » verra la campagne finie en ce pays, je recevrai » un courrier de Sa Majesté, qui m'ordonnera de » me rendre en Flandre. Qu'elle ait la bonté de voir » à quoi je puis lui être utile. J'ai, grâces à Dieu, la » meilleure santé du monde. Les ennemis du roi » ont quelque sorte d'opinion de moi, et je puis dire » avec vérité que, jusqu'à présent, peut-être suis-je » le seul général de l'Europe dont le bonheur à la » guerre n'ait jamais été altéré. Peut-être aucun n'a » vu tant de petites ni tant de grandes actions; et » soit subalterne, soit général, grâces à la bonté de » Dieu, j'ai toujours vu fuir les ennemis devant moi. » J'ai toujours eu, depuis que je suis ici, M. le duc » de Savoie lui-même en présence, et jamais il ne » m'a pu entamer. On m'a rapporté que, dans la » dernière occasion, il avait dit qu'il ne savait com- » ment je faisais pour deviner tout ce qu'il projetait. » S'il y a quelque vanité, Madame, dans ce que j'ai » l'honneur de vous dire, il y a du moins de la vé- » rité, et je mets la vérité avant tout.

» Enfin je supplie Sa Majesté de compter sur » mon zèle, et sur une application vive et entière à » tous ses intérêts. Si elle pouvait jeter les yeux sur » les dépenses de ses armées, elle y verrait mon » économie, et mon attention continuelle à ména- » ger ses finances. » Il finissait cette longue lettre par ces mots qu'il écrivit de sa main : « Permet- » tez-moi de vous dire, Madame, que l'on croit » quelquefois bon de faire tenir les cartes à celui

» qui joue heureusement, surtout si on a remarqué
» que la confiance que donne la fortune n'empêche
» pas une extrême précaution. »

A juger par l'événement, il aurait été bien embarrassé si on lui eût accordé sa demande. Il se serait trouvé dans des circonstances bien peu assorties à son caractère. Le ministre de la guerre fut obligé d'aller deux fois en Flandre, pour tâcher de mettre d'accord les généraux, opposés de sentiments entre eux, et les personnes de la cour du duc de Bourgogne, également en mésintelligence. Chacun persista dans son opinion, et rien ne se fit. Madame de Maintenon le lui manda dans les termes ménagés qui lui étaient ordinaires. « J'ai été, lui disait-
» elle, dans un si grand abattement depuis que no-
» tre armée s'est mise en marche pour le secours de
» Lille, que je vous avoue que je n'ai point eu le
» courage de vous écrire, et je remettais toujours à
» me réjouir ou à m'affliger avec vous, quand nous
» verrions cette grande affaire terminée. Elle tire si
» fort en longueur, que je ne puis plus attendre, et
» je pense trop souvent à vous, pour ne vous le pas
» dire. Ce n'est pas à moi à raisonner sur ce qui se
» passe en Flandre. Je vous en crois instruit, quoi-
» que vous en soyez loin. Il paraît que l'on a perdu
» un temps qui ne peut se recouvrer. La diversité
» des sentiments a tout gâté; et la pluralité des gé-
» néraux n'est pas bonne. Il faudrait un miracle,
» pour que Lille fût secourue.

» Cette grande affaire, Monsieur, qui fixe toute » notre attention, ne peut faire oublier au roi, ni » aux honnêtes gens, que vous avez sauvé le Dau- » phiné. Sans vous, toutes nos inquiétudes n'au- » raient pas été pour la Flandre seulement : » vous m'avez écrit, il y a long-temps, que le roi en » serait quitte avec M. de Savoie pour deux châ- » teaux, et vous auriez encore mieux fait que vous » ne promettiez, sans la trahison du commandant » d'Exilles. Je suis bien en peine de votre conscience, » par rapport à cet homme-là, car je doute que » vous lui pardonniez jamais. Vous m'avez attiré » un remercîment de M. d'Artagnan. Je voudrais » que les officiers qui servent avec vous sussent » les témoignages que vous leur rendez auprès du roi, » pendant que les autres généraux se plaignent » souvent de ceux qui sont avec eux. Si on vous » connaissait autant que moi, on vous aimerait » beaucoup. »

La ville de Lille, assiégée contre toutes les règles de la guerre, fut prise; la citadelle ensuite. Les vivres et munitions qui arrivaient aux assiégeants par la mer, et qui pouvaient être interceptés, ne le furent pas, et leur armée se retira sans échec, quoiqu'on eût toutes les facilités possibles pour inquiéter le retour dans son pays.

L'année 1709, cette année dont l'époque rappelle encore des temps si fâcheux, commença par un revers bien honteux. Vingt-neuf bataillons et trente-trois escadrons rendirent la ville et le château de

Gand, qu'ils ne défendirent que six jours. Ils en sortirent le jour des rois, le même que commença cette horrible gelée, qui fut si fatale à tous les fruits de la terre. Elle n'aurait pas été moins funeste au prince Eugène et au duc de Malboroug, si la garnison avait voulu se défendre deux jours de plus. On publia qu'elle s'était rendue faute de plomb. Mais Villars soutenait qu'il y en avait pour jusqu'à la fin du monde, puisque toutes les églises en étaient couvertes.

Le maréchal, sans le savoir, était destiné à commander dans ce pays, où nos armes avaient été si malheureuses depuis plusieurs années. Il ne put former, avant de partir, un plan de campagne, parce qu'il ignorait s'il y trouverait une armée. Les ennemis publiaient et assuraient hardiment dans tous leurs papiers, qu'il serait impossible d'en former une, ou du moins de l'entretenir. En effet, il trouva les troupes dans un état déplorable : point d'habits, point d'armes, point de pain. On commençait à être sûr du mal qu'avait fait l'affreux hiver qu'on venait d'essuyer. Chacun tenait son blé en réserve, parce que la gelée ôtait tout espoir d'en récolter. L'orge et l'avoine qu'on semait à la place des blés étaient d'une cherté excessive.

Malgré les soins du maréchal, cet état de détresse dura toute la campagne; et ce ne fut pas une des moindres peines de la situation où il se trouvait, de voir ces maux sans pouvoir y remédier.

Selon les listes les plus fidèles, y compris leurs nouvelles levées, les troupes achetées de Saxe et de Prusse, les régiments impériaux que les ennemis faisaient venir, et qui étaient déjà en marche, ils comptaient mettre en campagne cent quatre-vingt-deux bataillons, et deux cent quatre-ving-dix escadrons, ce qui faisait au moins cent trente mille hommes, pendant que l'armée française ne pouvait s'élever à plus de soixante. Les subsistances pour cette énorme multitude étaient bien assurées par les immenses magasins en tout genre qu'ils avaient formés de tous côtés; et quand la petite armée de Villars fut rassemblée, un orage, une sécheresse le faisaient trembler, parce qu'il était obligé de faire moudre la nuit pour le lendemain matin, le matin pour l'après-midi, et cuire tout de suite : or trop d'eau noyait les moulins, trop peu les ralentissait. « Imaginez-vous, écrivait Villars, au ministre, » l'horreur de voir une armée manquer de pain : il » n'a été délivré aujourd'hui que le soir, et encore » fort tard. Hier, pour donner du pain aux briga- » des que je faisais marcher, j'ai fait jeûner celles » qui restaient. Dans ces occasions je passe dans les » rangs, je caresse le soldat, je lui parle de ma- » nière à lui faire prendre patience, et j'ai eu la » consolation d'en entendre plusieurs dire : M. le » Maréchal a raison, il faut souffrir quelque- » fois. »

Cette bonne disposition des soldats encourageait Villars : ils étaient maigres comme gens qui avaient souffert et qui souffraient encore, mais fermes et résolus. Les recrues qui venaient étaient des hommes nerveux, accoutumés à la fatigue, que la misère des campagnes forçait à s'enrôler : de sorte qu'on pouvait dire que le malheur des peuples fut le salut du royaume.

Villars parcourut toutes les villes confiées à sa garde, tant pour connaître leur force et faiblesse, que pour se rappeler un pays qu'il avait connu autrefois, et dont il lui était plus nécessaire que jamais de se représenter les moindres détails. Entre les spectacles fâcheux que lui offrirent ses courses, un des plus affligeants fut celui de l'électeur de Bavière, réfugié à Mons avec une très-petite cour. Villars écrivait à ce sujet : « Il avait prié, avant » mon arrivée sur la frontière, M. l'électeur de » Cologne, son frère, de me dire qu'il avait une » extrême impatience de me voir. Je le trouvai bien » différent de l'état brillant où je l'avais vu à Mu- » nich. Il n'avait perdu aucun de ses goûts, et il » s'occupait, comme autrefois, de son tour, de sa » musique, de petits bâtiments, au défaut de » grands. Il me parut cependant assez affecté de » son état, et il me dit des choses très-touchantes » sur le malheur. »

Le triste état de l'armée de Flandre, et l'épuisement des finances faisaient désirer au roi la paix. Il proposa d'abandonner aux alliés Ypres et Tournai ; mais le prince Eugène et Malboroug leur donnèrent des espérances beaucoup plus vastes. Ils firent entendre que leurs premiers soins allaient être de chercher une bataille à quelque prix que ce fût; que le moins qu'ils pouvaient se promettre avec des forces si supérieures était d'obliger l'armée du roi à reculer, et qu'ils pénètreraient dans le royaume; qu'il lui serait aisé d'obtenir alors ce que le roi refusait, savoir, de cesser de soutenir son petit-fils le roi d'Espagne.

Villars s'efforça donc de faire échouer ces projets. Avec le peu de troupes qu'il put rassembler jusqu'au mois de mai, il ne laissa pas d'inquiéter les ennemis. Il enleva les travailleurs qu'ils employaient à réparer la chaussée de Menin. Il mit des troupes dans la petite ville de Launoy, fit occuper les châteaux de Templeuve et de Bouflers, et, par ce moyen, coupa entièrement la communication entre les villes de Lille, d'Oudenarde et de Menin. Il s'appliqua aussi à reconnaître les postes que les ennemis pouvaient occuper, s'ils faisaient le siége de Tournai ou celui de Douai. Il aurait assiégé Courtrai, s'il avait été en son pouvoir d'assembler des farines; mais ne voyant pas de subsistances assurées pour deux jours, il se réduisit à faire attaquer, quand il le pouvait, les convois de Gand à Menin, et de Menin à Lille. Mais les ennemis, au lieu de grands convois, ne faisaient passer tous les jours que quelques bateaux; en sorte qu'il était impossible de troubler ce commerce, sans accabler les troupes de fatigue.

Cette petite guerre ne pouvait avoir que son

temps : il fallait songer aux grandes opérations, et à placer l'armée du roi de manière qu'elle pût soutenir le choc de l'armée énorme qui allait tomber sur elle; assurer en même temps les substances par des magasins bien munis, sur lesquels on pût compter. La chose n'était pas facile avec le peu de ressource qu'il avait : il fallait pourtant à l'armée française douze cents sacs de farine par jour! Néanmoins Villars ne travailla pas en vain : les intendants de Normandie, de Picardie, de Soissonnais, de Champagne, auxquels il avait envoyé des courriers avec ordre de mettre tout en usage pour faire voiturer des grains, se donnèrent tant de mouvements, qu'il en vint de plusieurs endroits. La crainte des exécutions militaires, dont on menaçait les villes les plus prochaines, les engagea à tirer de leurs réserves. Il vint aussi du trésor royal quelque argent.

Les ennemis paraissaient se préparer à une bataille. Leurs mouvements déterminèrent Villars à réunir toutes ses troupes, qu'il avait laissées séparées, pour la facilité des subsistances. Il appela donc celles d'Espagne, de Bavière et de Cologne. Il manda au roi de faire avancer sa maison, mais avec mesure, de peur qu'un trop grand nombre à la fois n'affamât la cavalerie, qui était réduite à l'herbe naissante. On la fit partir pour la Somme, où elle pouvait recevoir promptement des ordres, et arriver au moment précis. Pour lui, il alla camper à Lens, le 27 mai, avec quarante bataillons, et fit approcher le reste des troupes à une journée de là : il était forcé de régler leurs mouvements sur le pain et le peu de fourrage qu'elles pouvaient tirer de leurs derrières. On entrait en campagne sans pain, presque tous les capitaines d'infanterie à pied, et ne comptant, aussi bien que les subalternes et le soldat, que sur le seul pain de munition : il semblait néanmoins que l'extrémité où l'on se trouvait réduit enflammât le courage des troupes; elles étaient pleines d'ardeur.

Villars était inquiet de ce que faisait à la Haye le marquis, lorsqu'en passant à Douai, où il lui avait donné rendez-vous, il lui apprit les conditions que voulaient imposer les ennemis. Le maréchal ne put les entendre sans indignation : ils voulaient non-seulement que le roi promît de retirer ses troupes, et de ne plus soutenir le roi d'Espagne son petit-fils; non-seulement qu'il l'engageât à abdiquer sa couronne, mais encore qu'il donnât ses meilleures places en otages, pour sûreté de sa fidélité à remplir cette promesse; et si le roi ne réussissait pas à persuader son petit-fils, et ne voulait pas se joindre à eux pour le détrôner, ils se réservaient le droit de retenir ses places, et de recommencer contre lui la guerre, qu'ils ne voulaient suspendre que deux mois. « J'ai su, lui manda le roi, par le mar-
» quis de Torcy, qu'il vous avait informé, à son
» passage, de tout ce qui s'est passé à la Haye, dans
» les conférences qui se sont tenues entre lui,
» le prince Eugène et le duc de Marlboroug.

» Vous avez bien prévu qu'il me serait impos-
» sible d'accepter des conditions qui donne-
» raient seulement lieu à une suspension d'armes
» pour deux mois, et qui me mettraient dans la
» nécessité de me joindre à mes ennemis pour dé-
» trôner le roi d'Espagne, ou de recommencer la
» guerre contre eux, après les avoir mis en posses-
» sion des places les plus importantes de ma fron-
» tière, et dont ils auraient bien de la peine à se
» rendre les maîtres, si je pouvais trouver les
» moyens de faire payer mes troupes et de les faire
» vivre. J'ai mandé au sieur Roullier de déclarer
» que je ne pouvais accepter les propositions qui
» avaient été faites, et que je révoquais toutes les
» offres que le marquis de Torcy avait eu pouvoir
» de leur faire de ma part. »

Villars lui répondit : « J'apprends avec la plus
» grande satisfaction, par la dépêche de Votre Ma-
» jesté, qu'elle a pris la noble, sage et juste réso-
» lution, non-seulement de refuser les conditions
» de paix proposées par les ennemis, mais même
» de révoquer toutes les offres que M. le marquis
» de Torcy avait faites de sa part. J'ai l'honneur
» d'assurer Votre Majesté que tout ce que je vois
» ici de Français sont charmés de cette résolution,
» et indignés de l'orgueil de nos ennemis. J'étais à
» la tête de votre infanterie, lorsque le courrier
» m'a rendu la dépêche de Votre Majesté. Sur les
» premières lignes qui marquaient votre résolution,
» j'en marquai la satisfaction à vos troupes, qui

» toutes répondirent par un cri de joie et d'ardeur » d'en venir aux mains avec les ennemis. J'ose » espérer qu'elle sera pareille à celle que Dieu m'a » fait la grâce de leur trouver dans tous les occa- » sions. »

L'honneur de la France demandait qu'on continuât la guerre; mais, malgré les instances de Villars, qui réclamait des renforts de l'armée du Rhin, il se vit réduit à payer de hardiesse, avec cinquante mille hommes de moins que les ennemis, une petite artillerie de campagne mal traînée, mal approvisionnée, contre deux cents bouches à feu bien servies. Il était d'ailleurs chaque jour en danger de manquer de pain. *Panem nostrum quotidianum da nobis hodiè*, lui disaient quelquefois, quand il parcourait les rangs, les soldats qui n'avaient eu que le quart ou demi-ration. Il les encourageait et leur faisait des promesses. Ils se contentaient de plier les épaules, et le regardaient d'un air de résignation qui l'attendrissait, mais sans plaintes ni murmures.

Sûr du courage de ses troupes, il se plaça fièrement, le 14 juin, dans une plaine entre Lens et les marais d'Hulst. Il ne voulut, de fortifications, qu'un fossé, tant pour enhardir le soldat que pour déterminer les ennemis à l'attaquer de front. Ils étaient tous alors ramassés entre la Lys et l'Escaut, à la hauteur de Courtray. Le 23, ils marchèrent avec toutes leur forces à Lille comme pour aller l'attaquer. Il fit alors couvrir la tête de son camp, qui tenait à peu près une lieue, d'un avant-fossé, dont on jeta la terre à droite et à gauche, de manière que le feu du retranchement fut rasant. Rien n'est si dangereux pour un ennemi qui vient avec ses fascines, que d'avoir à combler un avant-fossé à trente pas du retranchement d'où il part un feu redoublé, qui éclaircit bien les rangs avant que l'on ait passé ce premier fossé.

Le 23, toutes les forces de l'ennemi s'approchèrent, le prince Eugène à la droite et milord Marlborough à la gauche. Le 24, ils firent une revue générale de leur armée, et donnèrent ordre de travailler aux chemins qui les menaient à la nôtre. Le même jour, il envoya à la découverte près de l'armée française. Le rapport, sans doute, ne fut point favorable : car cette armée immense, qui aurait dû écraser celle de France, se sépara. Le 27, toute l'artillerie de campagne marcha vers Auberton : celle de siége resta sur la Lys. La nuit, un corps considérable d'infanterie s'approcha de la Bassée, et un autre parut aller vers Tournai. Villars demeura ferme dans son poste.

Le prince Eugène marcha avec un corps d'armée vers Eter. Villars s'en approcha, et poussa devant lui cinq cents cavaliers, qui eurent ordre d'allumer de grands feux pour faire croire que l'armée entière suivait. Les ennemis alors réunirent de nouveau toutes leurs forces, et marchèrent vers Tournai. Leur artillerie, qui remontait la Lys, la descendit pour être plus à portée de Tournai, et on vit clairement que leur dessein avait été, après avoir battu Villars, de foudroyer Aire et Saint-Venant avec leur grosse artillerie, de pénétrer par-là jusqu'à Boulogne, d'où il leur aurait été aisé de mettre toute la Picardie à contribution, et d'envoyer des partis jusqu'à Paris : ce qui eut certainement réussi, si, écoutant les timides conseils de plusieurs officiers généraux, Villars s'était blotti derrière la Scarpe.

Le 2 juillet, les ennemis commençaient à travailler à leurs lignes de circonvallation autour de Tournai. Villars ne pouvait secourir cette place; néanmoins il était tranquille sur ce fort. Il y avait onze cent milliers de poudre, toutes les munitions de guerre imaginables, sept mille hommes de garnison; plus de vivres qu'il n'en fallait pour six mois, s'ils étaient bien ménagés; des fortifications en bon état, et une citadelle estimée par le prince de Condé la meilleure de l'Europe. Elle pouvait tenir au moins quatre à cinq mois, ce qui menait à la fin de l'automne. Les ennemis, pensait Villars, ayant alors perdu beaucoup d'hommes, et usé leurs provisions, se trouveraient hors d'état de rien entreprendre, et ils auraient passé toute leur campagne à prendre une ville qu'ils pouvaient avoir sans coup férir par une paix avantageuse.

Ne trouvant rien à faire du côté de Tournai, Villars dirigea ailleurs ses efforts. Sachant que les ennemis travaillaient à se fortifier dans Varneton, d'où ils pouvaient inquiéter Ypres, Aire, Saint-

Venant ou Béthune à volonté, il détacha quelques troupes qui, sans perdre de temps, marchèrent vers Varneton, et l'emportèrent en arrivant.

Villars fit encore plusieurs autres petites entreprises, qui toutes furent heureuses; et ses progrès auraient été plus considérables s'il avait pu compter sur le pain.

Il avait sur toute la frontière des intendants très-capables, très-intelligents. Mais que pouvaient les plus habiles ouvriers, le grain manquant par toute la France?

Les ennemis se sauvaient de la disette, grâce à l'argent des Hollandais que le grand pensionnaire Heinssius faisait prodiguer à l'ambition des alliés, et à leur étrange animosité contre la France. Un officier de leurs troupes proposa à Villars de l'enlever à la Haye. Il rejeta cette offre. Il avait toujours refusé de se prêter à de pareilles entreprises, qui vont ordinairement à tuer ceux que l'on ne peut prendre. On lui fit une autre proposition plus acceptable : c'était de surprendre Ostende; mais il ne jugea pas suffisants les moyens qu'on lui présenta. Las de rester oisif à considérer l'armée qui assiégeait Tournai, il fit attaquer l'abbaye d'Hanon, où les ennemis avaient trois cents hommes. Le marquis de Nangis se mit à la tête des premiers détachements de grenadiers, et ayant trouvé une brèche, elle fut forcée, et tout fut pris ou tué.

Le 28 juillet, il se fit un violent orage, qui fit

espérer à Villars que la pluie excessive aurait séparé quelques quartiers des ennemis, et qu'il pourrait jeter quelques secours dans Tournai. Il se mit donc en marche le 29 avec un corps de grenadiers et quatre mille chevaux.

Cependant les ennemis proposaient de cesser toute attaque, à condition qu'on rendrait la citadelle le premier septembre, si elle n'était pas secourue; mais ils voulaient qu'il leur fût libre, pendant cet intervalle, de tenter d'autres entreprises. Villars était assez d'avis qu'on la leur promît pour la fin d'octobre, à condition d'une trève qui suspendrait toute tentative. A la même condition, le roi voulait bien s'engager pour le 10 septembre, parce qu'il espérait que, pendant ce temps, on pourrait entamer quelque négociation qui se continuerait ensuite, et que la campagne finirait ainsi. Mais ils s'en tinrent toujours à rejeter la trève, et Villars conseilla de laisser battre la citadelle, persuadé qu'elle soutiendrait jusqu'en octobre, qu'elle userait les munitions des ennemis, et les mettrait hors d'état de rien entreprendre avant l'hiver.

Ces propositions, qui n'étaient peut-être faites que pour amuser l'armée française, n'eurent aucune suite. En attendant la fin du siége, quelle qu'en pût être l'issue, le maréchal s'appliqua, comme au commencement de la campagne à couvrir le pays par lequel on pouvait le plus aisément pénétrer en France. Il s'étendit depuis Lens jusqu'à la Bassée, espace immense pour une armée comme la sienne, en comparaison de celle qui lui était opposée. Elle marcha le 6 août, et campa la gauche à l'abbaye de Marchiennes, et la droite à Pont-à-Marck. Sur ce mouvement, il fortifiait de quelques bataillons sa gauche, commandée vers Lens par le comte d'Artagnan. Les ennemis paraissaient vouloir attaquer Marchiennes, et en firent tous les préparatifs. Il y fit entrer la brigade de Bretagne, et ils se retirèrent après y avoir perdu quelques gens. Ils firent aussi mine de l'attaquer par Denin; mais ses dispositions pour défendre un poste si important leur en firent perdre l'idée. Son but principal était de se soutenir sur l'Escaut, tant pour ne pas s'éloigner de ses subsistances, qu'afin d'être toujours en état d'arriver dans les plaines de Lens, ou de se porter avec rapidité sur la Trouille, selon le besoin.

Rien ne fut épargné pour opposer des obstacles aux ennemis : inondations, lignes avec des avant-fossés, abattis, Villars employa tout ce que l'art de la guerre peut fournir de moyens d'embarrasser des marches, de les retarder, d'obliger un ennemi à faire un tour assez grand pour ne pas inquiéter par des fausses attaques.

Il recommanda aux officiers généraux, et en particulier au gouverneur de Tournay, de défendre leurs postes avec une grande vigueur, et de s'y faire emporter plus tôt que de s'en retirer.

Ses exhortations et ses remontrances au gouverneur ne servirent à rien. Il capitula le 2 septembre, si c'est capituler que de se rendre prisonnier de guerre. Villars en fut indigné; et s'en plaignit au roi.

Le gouverneur, de son côté, s'excusa sur la nécessité des circonstances.

Aussitôt que les ennemis furent débarrassés de Tournay, ils s'approchèrent des lignes françaises, et tout parut tendre à une bataille. Il venait d'arriver à Villars un secours qui lui fut très-utile.

Le roi lui envoyait M. de Bouflers, son ami, qui se rendit à Arras, d'où il écrivit au maréchal : » Je vous supplie de me faire savoir si vous » approuvez que j'aie l'honneur de me rendre » demain près de vous. Vous satisferez mon im» patience d'avoir l'honneur de vous embrasser, » et de recevoir moi-même vos ordres : je puis vous » assurer qu'aucun de vos aides-de-camp ne les » exécutera avec plus d'empressement ni de plaisir » que moi. Ne regardez pas cela, je vous prie, » comme un compliment, ni une manière de par» ler, mais comme une vérité très-constante. »

Après de pareilles prévenances, Villars ne crut pas qu'il convînt de laisser M. de Bouflers à Arras. Il l'engagea à se rendre au camp et lui offrit le commandement comme à son ancien; ce qu'il rejeta avec une espèce d'indignation.

De la bonne intelligence naissait la confiance du soldat, qui ne demandait qu'à combattre; mais on n'était pas sûr que le désir des ennemis fût le même, ni de quel côté ils voulaient attaquer. « Ils ont, » écrivait au roi Villars le 4 septembre, fait plu- » sieurs marches et contre-marches, pour nous » cacher leur véritable dessein ; enfin, à l'entrée de » la nuit dernière, ils ont passé l'Escaut. Dès qu'on » a pu être averti, M. d'Albergoti a fait avancer le » chevalier de Luxembourg, avec trente escadrons » et la brigade de Picardie pour suivre l'Escaut. » M. d'Artagnan en même temps a eu avis qu'ils » faisaient marcher un gros corps vers la Deule, ce » qui l'a retenu sur le champ de Hulst assez long- » temps. Pour moi, voyant qu'ils passaient l'Es- » caut, je suis venu toute la nuit au camp de » M. d'Albergoti : nous avons été assez long-temps » incertains de leurs marches; cependant, la voyant » déterminée sur Mons, je ne doutai pas qu'ils » n'en voulussent faire le siége, ou celui de Char- » leroi. »

» M. le chevalier de Luxembourg est arrivé à » l'entrée de la nuit sur les lignes de la Trouille. Je » l'ai fait soutenir par M. de Legal, et je me suis » rendu à Kurin avec la maison de Votre Majesté, » la gendarmerie et les carabiniers. La tête des en- » nemis et celle de M. de Luxembourg sont arrivées » en même temps sur la Trouille. Je lui ai demandé » de démêler autant qu'il lui serait possible si cette » tête était soutenue par le gros de l'armée. Tous » les avis ont été que l'armée entière arrivait. Il » m'aurait été bien aise de soutenir M. de Luxem-

» bourg avec ce que j'avais de troupes et quarante » bataillons de M. d'Albergoti, et de défendre ce » poste tout aujourd'hui; mais comme l'infanterie » de M. d'Artagnan, qui est au moins les deux » tiers de celle de Votre Majesté, ne pourrait me » rejoindre que demain, même dans la nuit, j'ai » cru, sire, que la journée de demain aurait pu » être dangereuse à tenir toutes les lignes de la » Trouille avec des forces si disproportionnées; » ainsi j'ai approuvé le parti que M. le chevalier de » Luxembourg a pris de se retirer. L'on assemblera » aujourd'hui, cette nuit, et demain, toute l'armée » de Votre Majesté derrière l'Oneau. Demain nous » passerons cette rivière pour approcher l'ennemi » et tâcher de l'engager à une action, se conduisant » avec la fermeté, l'ordre et en même temps la sa- » gesse qu'exige le bien de Votre Majesté. »

Le motif qu'avait Villars de chercher à combattre était d'empêcher le siége de Mons, où il n'avait pu jeter qu'une garnison assez délabrée, pour ainsi dire, l'hôpital de son armée, et fort peu de vivres. Le motif des ennemis était de n'être pas troublés dans leur siége; et peut-être ne seraient-ils pas allé chercher Villars s'il ne s'était lui-même avancé sur eux, en se couvrant de retranchements. La nuit du 8 au 9, il marcha pour gagner la chaussée de Bavay, et occuper la trouée d'Annois et de Malplaquet, endroit assez ouvert pour donner à l'ennemi envie de s'y enfoncer, mais assez bien garni de bois sur les côtés pour empêcher d'être accablés par le nombre.

Le 9 septembre, l'armée française se mit en bataille à dix heures du matin, et les grenadiers commencèrent à occuper la tête des bois situés entre la chaussée de Bavay et le village d'Annois. Les ennemis, qui en étaient fort près, y marchèrent avec toutes leurs forces, et l'on s'approcha à la portée du fusil. Les uns et les autres se saisissaient des postes qui paraissaient les plus convenables. La canonnade dura depuis onze heures du matin jusqu'à l'entrée de la nuit, sans que personne eût changé de position.

La nuit du 10 au 11, toutes les troupes couchèrent en bataille; les maréchaux de Villars et de Bouflers à la tête de la ligne. Le matin du 11, il s'éleva un grand brouillard, qui empêchait de découvrir les mouvements des ennemis. Il tomba sur les sept heures, et l'on vit des dispositions d'une attaque générale. Voyant leurs principales forces marcher à la gauche de l'armée du roi, Villars pria le maréchal de Bouflers de donner ses ordres à la droite, où était la maison du roi. Il était bien aise qu'il la menât lui-même.

Les ennemis tombèrent avec cinq lignes d'infanterie sur cette gauche, commandée sous Villars par le marquis de Guébriant, qui soutint long-temps le feu sans en être ébranlé. Villars était à la tête du bois que les ennemis attaquaient, et voyait de fort près leurs principaux généraux à la tête de leur cavalerie. Le marquis de Chemerault, très-brave lieutenant-général, faisait avancer douze bataillons dans une plaine pour soutenir le bois : encore quelque pas, il tombait dans ce gros corps de cavalerie, qui leur était caché par quelques bouquets, et qui l'aurait écrasé. Le maréchal courut à lui, et l'arrêta : privée de ce secours, l'infanterie perdit du terrain dans le bois. Il plaça ensuite ces douze bataillons pour la recevoir, et l'infanterie du bois s'y retira en bon ordre, tous les bataillons sous les drapeaux.

Il forma, à cinquante pas du bois, un corps de bataille de ces douze bataillons, auxquels il en joignit dix-huit que le marquis d'Albergoti lui amena. Les ennemis sortirent du bois avec beaucoup de fierté. Villars ébranla toute sa ligne, et les renversa par la charge la plus rude et la plus sanglante qu'on ait jamais faite. Comme il poussait les ennemis, revenu déjà à la tête du bois, et disposé à courir ensuite au centre, un premier coup de fusil fit tomber son cheval ; il se relève : un second lui casse le genou ; il se fait panser sur-le-champ, et mettre sur une chaise, pour continuer à donner ses ordres ; mais la douleur lui causa une défaillance qui dura assez long-temps pour qu'on l'emportât sans connaissance au Quesnoi.

La droite soutint avec la plus grande fermeté trois ou quatre attaques. L'infanterie des ennemis, non-seulement rebutée, mais défaite dans son propre terrain, étant prête à tourner le dos, on vit le jeune prince d'Orange porter lui-même les drapaux sur les retranchements de l'armée française, pour ramener son infanterie; mais ce fut en vain. Cinq de leurs lieutenants-généraux furent tués à leur tête; et après un massacre qu'ils nommèrent eux-mêmes une boucherie, ils furent obligés de se retirer. Ils y laissèrent environ vingt mille hommes. Ainsi, vers midi, la droite et la gauche étaient dans la plus heureuse position.

Il n'en fut pas de même du centre. Villars avait mis à la tête d'un petit bois quatre bataillons d'Alsace et deux de Laonais. Leur chef fut tué, et ces bataillons plièrent. Ils tombèrent sur les gardes françaises et suisses, qui plièrent à leur tour, et le centre fut enfoncé. Le maréchal de Bouflers y accourut; et, à la tête de la gendarmerie et de la maison du roi, il renversa la cavalerie ennemie. Si, dans ce moment, l'officier-général qui commandait à la droite eût osé prendre sur lui, comme le lui conseillaient ses collègues, de sortir de ses retranchements et de prendre en flanc le corps de bataille des ennemis qui ouvrait notre centre, la bataille était gagnée.

Villars mandait au roi : « Ç'a été un grand mal- » heur que MM. de Chemerault et de Palavicini » aient été tués dans le temps que M. d'Albergoti » et moi avons été mis hors de combat, car nous » aurions exécuté sur le centre des ennemis ce que » notre droite n'osa tenter.

» Les ennemis ayant percé le centre de l'armée, » m'écrivit le lendemain M. de Legal, qui comman- » dait notre gauche après ma blessure, et ayant

» obligé par là notre droite à se retirer, j'ai été obli-
» gé de le faire de mon côté avec la gauche, ne pou-
» vant plus communiquer avec la droite. Les enne-
» mis nous ont suivis assez vivement pendant deux
» lieues, sans pouvoir jamais nous entamer. Enfin
» nous avons passé l'Oneau, et fait une halte en
» deçà de trois heures, tant pour assembler les
» troupes qui avaient passé à différents ponts, que
» pour les rompre, et nous sommes arrivés à Va-
» lenciennes avec toute la cavalerie de la gauche,
» et environ cinquante bataillons. »

» Il est certain, sire, mandait-il encore, que la
» perte des ennemis est quatre fois plus grande que
» la nôtre; qu'ils ne nous ont fait aucun prisonnier,
» ou très-peu; qu'ils ont été repoussés jusqu'à cinq
» et six fois. Il n'y a personne qui ne convienne
» que, s'ils ont gagné le terrain que nous occupions,
» nous n'ayons remporté la victoire par le très-grand
» nombre d'hommes tués et blessés de leur part.
» Jusqu'à présent, je ne sache pas qu'ils nous aient
» pris plus de trois ou quatre drapeaux, et j'en vois
» déjà dans ma chambre plus de trente des leurs,
» et on m'en apporte encore à tout moment. Ce
» serait mal juger de leur perte, que de l'estimer
» par ce nombre de drapeaux : elle est beaucoup
» plus grande qu'ils ne l'indiquent; parce que le
» nombre infini de gens qu'on leur a tués en atta-
» quant inutilement nos retranchements pendant
» plus de deux heures, ne nous a donné aucun dra-
» peau, et ceux qu'on a pris sont des gens qui

» avaient pénétré, et qu'on a chassés. Enfin, sire,
» tout s'est retiré en très-bon ordre, et les ennemis,
» qui ont toujours été repoussés, bien battus, n'ont
» pénétré, après plus de cinq heures d'un feu
» continuel, que par leur grande supériorité en
» infanterie. »

Les maréchaux de Villars et de Boufflers se concertèrent entre eux sur le parti qu'il y avait à prendre. Comme ils virent que la gauche, qui était à Valenciennes, pouvait être à l'instant rappelée, et qu'ainsi, dès la nuit, toute l'armée pourrait être réunie, leur avis fut de remarcher aux ennemis à la pointe du jour. Villars fit savoir au roi leur résolution; mais les conseils timides de la nuit firent changer de sentiment. On prit le mauvais parti de faire un retranchement depuis Valenciennes jusqu'au Quesnoi. Ce fut à cela qu'on employa les troupes pendant qu'on laissa aux ennemis la liberté entière de faire le siége de Mons. Cependant on sut depuis que, se trouvant trente-cinq mille hommes hors de combat, les généraux n'avaient entrepris ce siége que pour en imposer aux peuples d'Angleterre et de Hollande, et les animer à contribuer à la continuation de la guerre; que la tête de leur infanterie étant détruite, et la terreur étant dans le reste de leurs troupes, ils n'auraient pas tenu contre une attaque un peu vive. Ce n'étaient plus cette armée fière de ses cent quatre-vingts bataillons qui se présentait au combat contre cent vingt. Aussi Villars disait-il au roi, en lui envoyant les drapeaux : « Si Dieu nous fait la grâce » de perdre encore une pareille bataille, Votre Ma- » jesté peut compter que ses ennemis sont dé- » truits. » Ce qui avait paru une bataille perdue devint une victoire glorieuse après qu'on en eût connu les circonstances, puisque les Français ne perdirent pas six mille hommes.

Les premiers jours de la blessure de Villars furent marqués par des accidents assez fâcheux. Aux redoublements de la fièvre se joignit l'insomnie : on parla de lui couper la cuisse. Il ne s'aveuglait pas sur sa situation, et quoiqu'on voulût le rassurer, il se préparait à la mort. Les chirurgiens n'étaient pas d'accord sur l'état de sa blessure. Pour éclaircir ces circonstances, qui devaient varier le traitement, on lui découvrit tout l'os de la jambe, et on le racla; opération fort douloureuse, qui fut faite très-habilement sous les yeux du chirurgien du roi, que Sa Majesté lui avait envoyés.

Leurs bons soins, joints à la satisfaction que Villars ressentait des lettres consolantes et affectueuses qu'il reçut du roi, des princes, et de presque toute la France, avancèrent sa guérison. Le roi l'éleva à la dignité de pair de France, y joignit le gouvernement de Gravelines, qu'il avait demandé pour son frère, et lui annonça en même temps qu'il créait maréchal de France M. d'Artagnan, qui prit le nom de maréchal de Montesquiou. « Vous m'avez » rendu de si bons témoignages de sa personne,

» ajoutait-il obligeamment, que je suis sûr de ne » me pas tromper dans mon choix. »

Au bout de quarante jours, on jugea Villars en état d'être transporté à Paris. Son passage par les villes qu'il traversa couché sur un brancard fut une espèce de triomphe. Arrivé à Paris, le roi l'envoya visiter, et le pressa de se rendre à Versailles, où il lui destinait l'appartement du feu prince de Conti : car il désirait l'avoir près de lui tant pour lui témoigner sa satisfaction pour ses services que pour le consulter sur quelques affaires.

Quelques jours après que Villars fut établi à Versailles, le roi alla le voir avec un grand cortége, et entra seul dans sa chambre. Ce prince qui, dans ses grâces, savait mettre toute la bonté et la dignité qui pouvaient les rendre plus précieuses, n'oublia rien de ce qui était propre à augmenter le prix de celle-ci : il aborda son serviteur avec une grâce qui l'attendrit; il lui exprima en termes touchants le chagrin qu'il avait ressenti de sa blessure, lui fit compliment sur sa campagne, dont il rappela avec un air de complaisance les circonstances les plus honorables, lui parla de l'état du royaume, de ses généraux, de ses ministres, et lui demanda sur tous ces objets ses avis en homme qui les estimait et voulait les suivre. Il finit cette conversation de plus de deux heures en le priant de songer à ce qu'on pourrait faire la campagne prochaine, et en l'exhortant à avoir soin de sa santé. Après cette démarche du maître, les courtisans furent empressés à l'imiter. Les princes, les ministres, les plus grands seigneurs, ses envieux comme ses partisans, vinrent aussi le visiter. Madame de Maintenon n'y manqua presque aucun jour; et comme on le croyait l'objet privilégié de la faveur, il fut pendant tout son séjour l'idole de la cour.

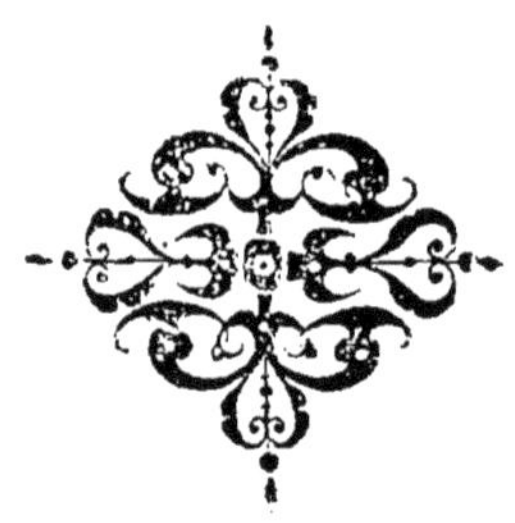

LIVRE CINQUIÈME.

Selon le désir du roi, Villars s'occupa d'un système d'opération pour l'année 1710, et s'en forma un plan général, qu'il exposa au ministre de la guerre en ces termes : « Vous savez, monsieur, la » grande supériorité de mes ennemis, surtout en » infanterie ; je n'ai jamais pu mettre en campagne » que cent vingt-cinq bataillons, quoique l'état de » campagne fût de cent cinquante, parce que les » garnisons des places menacées étaient trop faibles, » et qu'il fallait les renforcer aux dépens de l'armée.

» Les ennemis avaient donc soixante bataillons de » plus que moi. Vous aurez la bonté d'observer » d'ailleurs que quelques-uns de leurs bataillons » sont à huit cents hommes, plusieurs à sept cents, » et aucun au-dessous de six cents.

» Le sort du royaume se décide en Flandre. Les » deux généraux ennemis sont maîtres des allées et » des dispositions de guerre. Ils ne s'embarrasseront » jamais de nous voir supérieurs en Dauphiné et en » Allemagne. Notre infanterie en Flandre doit » donc être augmentée de presque toute l'infanterie » que nous tirons d'Espagne, si nous voulons éviter » une infériorité dangereuse. Pour lors l'offensive » sera plus aisée, et n'exigera pas plus de troupes; » au lieu que la défensive l'est devenue beaucoup, » par la perte de Lille, de Tournai et de Mons, qui » ne laissent plus à l'ennemi que de très-médiocres » places à prendre pour pénétrer dans le royaume.

» Enfin, monsieur, je ne trouve de bon parti que » celui de se mettre en état de marcher sur eux dès » le premier pas qu'ils feront en avant; car des » camps retranchés sous les places, qui amollissent » tellement les armées, qu'on n'ose plus se montrer, » je ne les approuve point. Nous avons un grand » intérêt à être tout au moins aussi prêt d'entrer en » campagne que les ennemis, et les engager à une » action générale, et dans les pays les plus ouverts » qu'il se pourra, pour plusieurs raisons. Il faut » leur compter deux généraux très-estimables. Ces » gens-là peuvent prendre des avantages dans une

» guerre de chicane, qu'ils ne trouveront pas quand » il ne sera question que d'appuyer bien la droite » et la gauche, et marcher ensuite à eux de front » dans un pays ouvert. Je ne serai pas embarrassé » de choisir mon terrain aussi bien que ces mes» sieurs. L'avantage d'attaquer et de marcher en » avant est si considérable, que bien que l'on ha» sarde une décision plus entière par de tels mouve» ments, ma pensée est de les suivre, plutôt que » d'attendre dans les meilleurs postes. Je sais que » l'on joue gros jeu, mais nous pourrions risquer » davantage par la défensive. Si on avait l'espérance » de faire la paix, on pourrait éviter les premières » occasions d'une bataille en perdant quelques » places; mais à la fin il faudrait en venir à une » action qui serait plus dangereuse, à proportion » de ce qu'elle aurait été différée, parce que nous » la livrerions plus dans l'intérieur de nos fron» tières. »

Ce plan fut loué, mais on ne le mit point à exécution. Le roi, accablé par le poids des années et des malheurs, ne soupirait qu'après la paix; et comme si on on eût pu l'obtenir plus aisément en inspirant de la pitié, le conseil se soumit aux démarches les plus humiliantes, et il n'en sortait que des résolutions timides. Cette paix, en effet, était très-nécessaire dans les circonstances où se trouvait le royaume, assailli sur toutes ses frontières, sans autre allié que l'Espagne, plus à charge qu'utile; point de marine, un commerce anéanti, des finances épuisées, des troupes découragées, nues, mal payées, mourant de faim, des arsenaux vides, enfin une disette générale causée par le rigoureux hiver de 1709, dont les affreux ravages ne pouvaient être compensés par les ressources encore éloignées que faisait espérer l'année 1710 : telle était la position de la France.

Villars passa les premiers mois de l'année tant à Paris qu'à Villars. Il s'y exerçait à monter à cheval, et usait pour cela d'une machine de fer artistement faite, qui lui emboitait et assujettissait le genou, où le moindre mouvement un peu forcé lui causait des douleurs incroyables. Cependant les généraux de Catalogne, du Dauphiné, de l'Allemagne, formaient leurs armées; et celle de Flandre, qui lui était destinée s'il était en état de commander, resta, comme à l'ordinaire, bien inférieure à celle des ennemis. M. le maréchal de Montesquiou, qui y était resté, lui manda que les bataillons étaient réduits à deux cent cinquante hommes, faibles et mal nourris. « Toutes les lettres que je reçois, dit-» il lui-même au ministre, ne parlent que d'un » abattement et d'une consternation générale. Cela » ne m'embarrasse pas, et j'espère qu'ils reprendront » courage; mais j'aurais moi-même peu d'espérance » de gagner une bataille dans les plaines d'Arras, » avec une armée de moitié inférieure. Or cette » bataille, Monsieur, est indispensablement néces-» saire, elle décidera du royaume; et ne comptons » pas, si nous avons un mauvais succès, sur la

» modération, sagesse ou compassion des Hollan-
» dais. Peut-être en manqueront-ils absolument;
» mais quand ils en auraient, ils ne seraient pas
» les maîtres d'arrêter deux généraux qui trouve-
» raient dans la victoire de quoi pousser la guerre
» sans le secours et malgré les Hollandais. »

Il demandait donc qu'on renforçât l'armée, et qu'on joignît à M. de Montesquiou et à lui M. de Bervick. « Il ne faut plus, disait-il, de ménage-
» ment pour le préparer à prendre le poste que le
» roi ne peut s'empêcher de lui donner. Il n'y a qu'à
» lui dire très-naturellement, plutôt aujourd'hui
» que demain, que M. le maréchal de Villars mar-
» che, parce que son devoir et son honneur ne lui
» permettent pas d'examiner s'il peut soutenir le
» galop du cheval, et si la première fois qu'il y sera
» forcé, il ne sera pas obligé de demeurer un mois
» dans le lit : mais sans s'arrêter à cette raison, la
» suivante est plus forte; c'est que le roi ne peut
» sauver le royaume que par une bataille : elle est
» résolue, cette bataille. Le roi a fait réflexion que
» les ailes des ennemis sont menées par mylord
» Marlboroug et le prince Eugène. Il veut donc
» opposer à ces deux généraux ce qu'il y a de meil-
» leur; et convient-il à M. le maréchal de Bervick
» de refuser? »

Celui-ci se rendit enfin à la volonté du roi et aux désirs de Villars. Le prince l'avait choisi pour tempérer la trop grande ardeur de Villars, qui, le sachant, n'hésitait pas à proposer les projets les

plus hardis, persuadé qu'on en rabattrait toujours assez. D'ailleurs il n'avait pas trouvé, en arrivant à l'armée, les choses si désespérées qu'on les avait faites de loin. « Je me trouve, écrivait-il au minis-
» tre, plus brave que je ne l'étais il y a trois jours.
» Tout le monde mande des frontières que tout était
» en désordre; qu'il n'y avait pas un subalterne
» dans l'infanterie; que le peu qui y restait mourait
» de faim. Les bataillons m'ont paru forts en offi-
» ciers, véritablement faibles en soldats; car nous
» ne pouvons les compter à plus de trois cent cin-
» quante hommes l'un portant l'autre. J'aurais
» pourtant bien envie d'y en trouver davantage. »

Villars crut qu'il fallait suppléer au nombre par l'audace, et surtout rappeler dans l'armée la gaîté, qui est l'âme de la nation. Il agit donc et parla en homme qui ne craint rien. Il veilla, dans ses campements, à ne pas trop se couvrir de fortifications, afin de montrer aux soldats qu'il n'appréhendait pas l'ennemi.

Le roi avait deux plénipotentiaires à Gertruidenberg, le maréchal d'Huxelles et l'abbé de Polignac; il semblait que le conseil les eût envoyés pour souffrir toutes les hauteurs et les caprices des alliés. Ceux-ci ne voulaient pas les recevoir à la Haye. S'ils daignaient leur faire quelques réponses dans le château où il les avait confinés, c'était de loin en loin, par des lettres sèches ou par des envoyés bien inférieurs à eux. Ceux de France avaient ordre de tout supporter pour amener la paix. Dans une

situation si contrainte, leur courage devait être abattu. Villars devait relever leur confiance par la sienne. « L'armée du roi, leur mandait-il, a mar-
» ché trois ou quatre jours plus tard que je ne
» l'avais compté, premièrement parce que M. d'Al-
» bergoti m'a mandé que sa place n'est pas encore
» bien pressée, et d'ailleurs on est bien aise, pour
» la fête qui se prépare, d'avoir tous ses ajuste-
» ments. Je commencerai par vous parler de ce qui
» regarde le siége de Douai. Je suis bien persuadé
» que MM. les généraux ennemis ne mandent que
» la vérité à la Haye; mais si leurs secrétaires ou
» d'autres gens, pour flatter leurs amis, écrivaient
» que leur siége va bien, vous pourrez répondre, et
» très-conformément à la vérité, que jusqu'à pré-
» sent ils ne sont pas maîtres d'un seul pouce de
» terrain. Quant à l'armée du roi, elle marcha hier
» de son camp près Cambrai, et poussa sa gauche
» à Vis en Artois, et sa droite est demeurée à Mar-
» quise; la journée fut assez grande. Aujourd'hui
» nous avons poussé notre gauche sur la Scarpe. Je
» fais travailler à nos ponts, et j'espère qu'après
» demain il n'y aura entre les ennemis et moi que
» les belles plaines qui sont entre Douai et Arras.
» Comme toutes leurs gazettes leur donnent qua-
» rante mille hommes plus que nous, je m'attends
» qu'ils feront la moitié du chemin. S'ils ne me font
» pas cet honneur, j'irai les chercher, et les attaque-
» rai, je vous assure, à moins qu'ils ne soient bien
» retranchés. Enfin je ne tenterai rien contre les

» règles du bon sens; mais où je trouverai à mettre » la grippe sur eux, c'est le terme du soldat, je ne » les manquerai pas. »

Villars sentait bien la conséquence de cette démarche, et il ne s'en cacha pas les risques. Il écrivit à M. le duc du Maine: « Je vais jouer gros jeu; » j'espère le trouver beau dans le talon; je ne l'ai » pas dans la main. » En effet, il s'en fallait bien qu'il eût tout ce qui lui était nécessaire. Outre cette grande infériorité de près de quarante mille hommes, il n'avait pas de chevaux pour traîner l'artillerie. Il donna ceux de ses équipages; MM. les maréchaux et les autres officiers en firent autant. Les vivres ne suivaient qu'avec peine; n'importe, il marcha. Mais quand il fut question de passer la Scarpe, MM. les maréchaux de Bervick et de Montesquiou, qui jusqu'alors s'étaient laissés entraîner à son avis, lui dirent qu'ils croyaient de ne se point commettre dans les plaines au-delà la rivière, sans avoir auparavant reconnu l'armée des ennemis.

« On ne reconnaît pas, Monsieur, leur disait-il, » une armée avec trois ou quatre mille chevaux » d'escorte, et on ne peut juger si elle est attaquable dans ses retranchements, qu'en l'approchant » à la portée du fusil. D'ailleurs, celle du roi cherchant une bataille, on ne hasarde rien de marcher » à la portée du canon des ennemis. Ils prendront » la résolution de venir à nous, ce que nous désirons; ou ils resteront dans leur camp, ce qui fera » voir qu'un ennemi, supérieur de cinquante mille

» hommes, qui veut obstinément la guerre, n'ose
» pas se mettre en plaine en présence de l'armée du
» roi. En un mot, si on n'attaque pas les ennemis
» à cause de la bonté de leur poste, c'est toujours
» un air d'audace de leur présenter la bataille en
» pays ouverts. » On passa donc les ponts le 30 mai, et l'on examina les retranchements ennemis, dont Villars envoya au roi la description.

Cependant les alliés n'offraient à la France que les conditions de paix les plus dures, auxquelles l'honneur ne permettait pas de souscrire. Villars résolut d'attirer l'armée à une action.

Les ennemis avaient deux redoutes à Biache sur la Scarpe. Il les fit attaquer par le comte de Broglio et le marquis de Nangis, qui s'y portèrent avec leur ardeur ordinaire et les prirent. Quelques bataillons s'avancèrent au secours, mais évitèrent prudemment d'engager une action.

Le voisinage des deux armées occasiona une conversation entre plusieurs généraux et les nôtres sur le bord de la Scarpe. Villars considérait des travaux qu'il avait ordonnés pour détourner cette rivière. Le prince de Hesse, depuis roi de Suède, y vint et commença par un compliment très-honnête sur le petit succès de ces deux redoutes emportées. « Je ne puis, lui dit-il, regarder comme un
» malheur la perte que nous venons de faire, puis-
» qu'elle me procure l'avantage de voir un général
» dont j'estime si fort le mérite. » Il lui parla de l'inquiétude que lui et les plus honnêtes gens de

leur armée avaient eue de sa blessure. » Cet acci-
» dent, ajouta-t-il, est arrivé dans un moment bien
» heureux pour nous, et où le sort de la bataille
» paraissait dangereux. » Villars se rendit plusieurs fois au même lieu, espérant voir le prince Eugène qui y venait aussi ; mais ils ne se rencontrèrent pas.

Ce travail, que Villars dirigeait même sur la Scarpe, était une saignée par laquelle il voulait faire sortir cette rivière, dans l'espérance que la force de l'eau romprait un pont de communication qui réunissait au gros de l'armée un quartier que les ennemis avaient entre la Scarpe et la Sanzaye.

Mais ces travaux furent inutiles, et par ceux que les ennemis firent de leur côté, contribuèrent à leur fortification. Toute attaque fut donc estimée impossible, et le maréchal de Berwick, qui n'était venu que pour une bataille, alla joindre l'armée de Dauphiné, qui lui avait toujours été destinée.

Il ne fut plus question que de choisir un poste, d'où on pouvait, après la reddition de Douai, qui ne devait pas tarder, agir selon les circonstances. Villars plaça dans cette intention, le 17 juin, l'armée du roi, la droite à Oisy, et la gauche à Mouchy-le-Preux. Dans cette position il était en état d'empêcher le siége de Valenciennes, de Condé et de Bouchain. Pour celui de Béthune, il ne le pouvait que par une bataille, et il manda au roi que son sentiment était de la donner.

En établissant son camp, il envoya le comte de

Coigny avec un corps de dragons entre Valenciennes et Bouchain, pour disputer aux ennemis le passage de l'Escaut, et fit préparer des ponts pour le soutenir. Ils voulurent s'approcher de ses dernières troupes, qui étaient des hussards. Le colonel Ratky, qui les commandait, plia et parut se retirer en désordre pour les attirer. Ils le suivirent, en effet, en s'éloignant de leurs gros : Ratky retourna sur eux, les battit, et ramena un assez grand nombre de prisonniers.

Ce camp ne fut pas pour Villars un camp de repos, quelque besoin qu'il en eût à cause du mauvais état de sa jambe blessée. Néanmoins il ne put empêcher que la ville de Douai ne se rendît, le 25 juin, après cinquante-deux jours de tranchée ouverte.

Pendant le siége de Douai, et après, la morgue des alliés se soutint plus à la Haye que dans leurs armées. Ici ils se retranchaient devant les Français comme s'ils avaient été les plus faibles, et là ils parlaient en despotes qui ne connaissaient de droit que la force. Villars était instruit journellement par les plénipotentiaires et le ministre de ce qui se traitait, afin de pouvoir régler ses mouvements sur les progrès de la négociation ; mais ces progrès, quand les alliés en laissaient faire, n'étaient qu'un leurre qu'ils retiraient ensuite. « Nous avons mis les alliés » au pied du mur, écrivait à Villars l'abbé de Poli- » gnac, et bien prouvé la sincérité du roi dans la » promesse qu'il fait d'abandonner le roi d'Espagne

» à ses propres forces ; mais de leur part ils ne pré» tendent pas du tout nous tenir quittes des deman» des ultérieures. Toute la grâce qu'ils voudront » peut-être bien nous faire sera de les discuter » avant la signature des préliminaires ; ce que jus» qu'à présent ils avaient toujours refusé. Nous » savons que leurs prétentions là-dessus sont hau» tes, quoiqu'ils n'aient jamais voulu les expliquer » nettement. Les Hollandais veulent que le roi les » dédommage de la dernière campagne et de celle» ci, et qu'il leur rende autant de places qu'ils ont » eu la peine d'en prendre depuis que leurs préli» minaires ont été dressés, sans compter ce qu'il en » coûtera pour le rétablissement des électeurs de » Bavière et de Cologne. Il y a aussi bien de l'appa» rence que leur dessein est d'arracher encore, s'ils » le peuvent, le reste de l'Alsace, pour la donner » au duc de Lorraine en échange du Montferrat. » Et voilà comme tous les princes de l'Europe cherchaient à s'accommoder entre eux aux dépens de la France.

Au moment que ces articles allaient être accordés en grande partie, l'abbé de Polignac écrivit au maréchal : « Si la paix n'est pas signée après tout ce » que nous avons offert sur l'abandon de l'Espagne » et des Indes, c'est que ceux qui gouvernent la » Hollande, et qui s'entendent avec les généraux » ennemis pour tromper les peuples, trouvent leur » intérêt particulier dans la continuation de la » guerre. Savez-vous ce qu'ils demandent à présent ?

» c'est qu'en cas que le roi d'Espagne refuse le petit » partage qu'on lui fait, Sa Majesté leur consigne » elle-même toute la monarchie en Europe et aux » Indes, à la réserve de Sicile et de Sardaigne, sans » qu'ils soient obligés, de leur part, à tirer un coup » de mousquet, ni à dépenser un écu pour détrôner » Philippe V. »

Sur ces articles, qu'il fallait rejeter hautement, on eut la patience de négocier encore, et même de faire des offres.

Las de la fierté des ennemis, Villars ne désirait rien tant que l'occasion d'une bataille. C'est ce qu'on craignait à la cour, et le roi, sans lui défendre absolument le contraire, lui insinuait qu'il aimerait mieux les retranchements qu'une bataille, paraissant content s'il lui sauvait Arras et Cambrai. « On » ne faisait pas attention, dit Villars, qu'une bataille convenait mieux pour le génie de la nation, » qui porte à chercher l'ennemi à l'arme blanche, » plutôt que de se retrancher et réduire l'affaire à » une attaque de poste, où la force des ennemis et » le feu de leurs bataillons avait plus d'avantage » contre les nôtres, sans comparaison plus faibles » en soldats, mais plus forts en officiers qui ne » tirent point. »

Aussi, après la prise de Douai, ne jugea-t-il pas à propos de s'entourer de fortifications, tant pour ne pas ôter à l'ennemi l'envie de le joindre, quoiqu'il fût plus fort de trente-cinq à quarante mille hommes, que pour entretenir l'audace dans les troupes.

Il ne cherchait qu'à se placer de manière à avoir toujours le temps d'élever un peu de terre devant lui, et il n'oubliait rien pour prendre les meilleurs postes. « Ils ne sont pas faciles à trouver dans les » plaines d'Arras, écrivait-il au ministre; avec mon » détestable genou je fais mes quatorze ou quinze » lieues, hier seize, pour qu'il n'y ait pas, s'il est » possible, un buisson, à six lieues à la ronde, » que je ne connaisse. Quand on doit jouer une » furieuse partie de paume, il faut au moins con- » naître le tripot. »

Les ennemis l'obligèrent, une vingtaine de jours, de se tenir sur ses gardes; ils le menacèrent toujours d'une bataille, tantôt éloignant, tantôt refluant précipitamment sur lui. Ils campèrent le 9 juillet, la droite au Sanzaye, et la gauche à la Scarpe. Villars fit avancer la sienne pour être à peu près à hauteur de leur droite. Le 12, ils marchèrent dans la plaine d'Aubigny, et poussèrent leur droite jusqu'à Gouy, laissant toujours la Scarpe devant eux. Il les côtoya en réglant sur eux ses mouvements. Le 14, ils mirent leur gauche à l'abbaye Saint-Eloy, et leur droite s'étendait au-delà de Cheler, assez près de Saint-Paul. Il s'étendit de même, et fit attaquer un convoi qui leur venait de Douai. L'escorte fut battue et le convoi pillé. Le colonel d'Aremberg, commandant le royal Allemand, et d'autres partisans firent, pendant ces marches, un grand nombre de prisonniers, et un seul en emmena plus de deux cents.

Enfin le maréchal apprit, le 16 juillet, qu'ils avaient investi Béthune, où ils lui avaient laissé le temps de mettre les munitions nécessaires et une bonne garnison. Quoiqu'ils fussent très-bien postés, il ne pouvait renoncer au désir d'une bataille. Il écrivit au roi : « Je supplie Votre Majesté de bien » examiner ce qui est de ses intérêts à cet égard ; » pour moi je suis si outré de l'insolence des enne- » mis et de leurs conquêtes, que j'avoue que je la » désire ; mais il y a une infinité de gens qui ne » sont pas si en colère que moi. »

Cette insolence des ennemis dont Villars se plaignait n'était pas à son égard, puisqu'au contraire, ils étaient si circonspects devant lui ; c'était à l'égard des plénipotentiaires qui demeuraient toujours à Gertruydenberg. Si on avait voulu l'en croire, ils n'y seraient pas restés si long-temps. Mais, malgré ses remontrances, on avait tenu bon, parce qu'on espérait toujours, à force de condescendance, les amener à quelque conciliation. Enfin ils se démasquèrent absolument le 12 juillet. « La résolution » des alliés, dirent nettement les députés qui vin- » rent de la Haye à Gertruydenberg, est de rejeter » la proposition que vous leur avez faite de les aider » à soutenir la guerre d'Espagne par une somme » d'argent quelle qu'elle puisse être, et quelque » sûreté que l'on donne pour le paiement.

» Nous ne voulons pas, disait-il, de l'union de » vos forces avec les nôtres, pour obliger le roi » d'Espagne à céder sa couronne, mais que vous

» vous chargiez seul d'y faire consentir ce prince, » ou de le déposséder dans le terme de deux mois, » au bout desquels, si cela n'est pas fait, la guerre » recommencera, quoique votre roi ait exécuté » tous les autres préliminaires. Toute la grâce que » nous pouvons faire, c'est de permettre aux trou- » pes que nous avons en Portugal et en Catalogne, » d'aider pendant ces deux mois à conquérir l'Es- » pagne, pour la remettre avec les Indes à l'archi- » duc. Mais ces deux mois expirés, nos troupes » n'agiront plus, et vous serez obligés de finir seuls » l'entreprise; bien entendu qu'alors la trêve n'aura » plus lieu.

» Les plénipotentiaires ont attaqué ces proposi- » tions par des raisons qui sont demeurées sans ré- » plique. Ils ont rappelé tout ce qui s'est passé dans » les conférences précédentes, et l'esprit même des » articles préliminaires, dans lesquels il n'avait » jamais été question que le roi dût faire seul la » guerre à son petit-fils. Les députés ont répondu » que si les alliés et eux avaient traité jusqu'à pré- » sent sur le pied de prendre de concert des mesures, » et d'unir leurs forces avec celles du roi, pour met- » tre l'archiduc en possession de l'Espagne et des » Indes, ils n'avaient pas dû le faire, et qu'ils ne le » feraient plus; que toute la modération qu'ils pour- » raient apporter présentement était de donner un » partage à Philippe V; mais que, pour l'obliga- » tion d'opérer dans l'espace de deux mois la resti- » tution totale de la monarchie, à nos risques,

» périls et fortunes, sans qu'ils doivent se mêler » d'autre chose que de la recevoir de nos mains, ils » ne s'en relâcheraient jamais, persuadés que rien » n'était plus juste ni plus facile.

» Facile! ont repris nos plénipotentiaires; mais » observez donc que la conquête d'un grand royau» me comme l'Espagne n'est pas une entreprise » de deux mois; et si le roi, réduit à l'extrémité, » allait se retirer aux Indes, cela rendrait l'exécu» tion encore plus impossible. Si elle est impossi» ble, ont-ils répondu d'un ton moqueur, la con» tinuation de la guerre contre la France ne l'est » pas. » Voilà tout ce qu'on en put tirer, et les plénipotentiaires, ne pouvant plus douter qu'ils étaient joués, partirent enfin.

Les mouvements que Villars était obligé de se donner continuellement, étant si près des ennemis, l'avaient tellement fatigué, que son genou était beaucoup plus mal au milieu de la campagne qu'au commencement. Il crut donc devoir exposer sa situation au ministre. Il lui rappela que c'était par ordre exprès du roi qu'il s'était exposé à servir cette année, et même sans grande espérance de pouvoir aller jusqu'au bout. Il lui exposa l'état de son genou; qu'il en sortait encore quelquefois des esquilles; qu'il était menacé d'un abcès; que le moindre mouvement extraordinaire, comme de monter une butte d'un pied, lui causait des douleurs insupportables; que cela allait quelquefois jusqu'à le faire évanouir. Il priait donc le Ministre de le remplacer dans le commandement de l'armée par le maréchal de Bervick.

Les généraux firent le siége de Béthune, comme ils avaient fait celui de Douai, fort à leur aise. Villars avait les bras liés. Il leur présenta cependant de grands avantages en plaçant, le 30 juillet, sa droite à Montenancourt, et sa gauche à Bretancourt; de sorte qu'il n'y avait rien qui le séparât d'eux. Il pouvait provoquer; mais il ne lui était pas permis d'attaquer, pour peu que leur poste fût tenable. Il alla les reconnaître avec trois mille grenadiers et soixante escadrons, et fit pousser leur garde jusqu'à la portée du fusil. Leur centre était à Berle, défendu par des ravins difficiles à passer, jusqu'à une partie de leur droite, située sur une hauteur dominante, et opposée à un ravin très-profond, qui aboutissait à la petite rivière de Lane, et à leur gauche bien défendue par la Scarpe. Une armée faible n'aurait pas été mieux retranchée. Villars se réduisit à couvrir, selon ses ordres, les places importantes de Hesdin et d'Arras. Le roi trouva bon qu'il eût placé son armée entre la source de la Scarpe et la rivière de Cauche. Quelques-uns des officiers n'en furent pas si contents; ils écrivirent à la cour, lui firent passer des lettres annonymes, et lui parlèrent assez fortement, protestant du péril où il mettait le royaume, en l'exposant à une bataille. Cependant, s'il n'avait point pris ce poste précisément alors qu'il l'occupa, l'ennemi s'y serait placé et aurait ainsi pu faire le siége de Hesdin. Son armée navale, avec les troupes de débarquement qu'elle portait, prenait Montreuil, et se trouvait dans le royaume. Ce poste était si important, que le prince Eugène résolut de donner une bataille pour débusquer Villars. La poudre et les balles auraient été distribuées aux soldats, si le sieur Singlen, député des États, et le comte de Tolli, général des Hollandais, qui avaient défense de rien risquer, ne s'y étaient opposés; et ils empêchèrent d'autorité même la jonction de vingt mille hommes qui étaient vers Lens, et que le prince Eugène voulait appeler pour se renforcer.

La proximité des armées donna lieu à plusieurs escarmouches, dans lesquelles les Français furent presque toujours heureux. Peu s'en fallut cependant, un jour, que le comte d'Arco, felt-maréchal de Bavière, qui de droit commandait une aile, et était tombé avec un gros détachement sur les fourrageurs, ne fût enveloppé par toute la cavalerie de la droite des ennemis. Le maréchal y était, et se donna beaucoup de peine pour retirer ce détachement, qui essuya quelque perte. Cependant le besoin qu'il avait de ne point laisser passer la saison des eaux, lui firent réitérer ses instances pour avoir un successeur du moins par *interim;* car il offrait de revenir à la fin d'octobre pour un coup de main, s'il était nécessaire.

Béthune se rendit le 29 août, après trente-sept jours de tranchée ouverte. Selon leur coutume, les ennemis, dès qu'ils l'eurent prise, publièrent qu'ils allaient attaquer Villars. Ils s'ébranlèrent le 2 septembre, et vinrent camper vers Lille. Il sortit de son camp avec cinquante escadrons, pour voir s'il serait possible d'entamer l'arrière-garde; mais leur marche était tellement serrée et suivie, qu'on ne pouvait les attaquer sans engager une affaire générale, ce qui était trop contraire aux ordres qu'il avait reçus.

Selon sa coutume aussi, il tenta de petites actions au défaut des grandes, qui lui étaient interdites. Il fit attaquer leur fourrage, le 5 septembre, par le sieur de Mortagny, qui ramena plus de sept cents chevaux. Il apprit, le 14, qu'ils avaient ouvert la tranchée devant Aire, qui était muni le 20. Il envoya le marquis de Ravignan, maréchal de camp, attaquer sur le Lis un convoi des ennemis, composé de près de cinquante gros bateaux chargés de munitions de guerre, de bouche, canons, bombes, grenades, plus de deux cents milliers de poudre, escortés par deux mille hommes qui furent entièrement défaits, et le comte d'Athlone, maréchal de camp anglais, fait prisonnier. On prit, on brûla ou submergea tout ce qu'on ne put pas emporter, et le marquis de Ravignan se retira habilement à travers les gros détachements que les ennemis avaient faits pour lui fermer le passage.

Ce fut la dernière action de la campagne sous les ordres de Villars. Il attendait de jour à autre le maréchal d'Harcourt, qui vint me remplacer, et à qui il remit le commandement le 25, en partant pour les eaux de Bourbonne. M. de Voisin, ministre du roi, pria Villars, partant pour les eaux, de s'occuper de ce qu'on pourrait faire la campagne prochaine. Il n'avait pas attendu cette invitation pour y réfléchir, et même pour lui faire part de ses idées. Il fit remarquer d'abord que la guerre d'Espagne était extrêmement à charge aux ennemis. « C'est, disait-il, la plus favorable diversion que » nous puissions avoir, et à tel point, que je re» garderais comme un très-grand malheur pour la » France, que les ennemis fussent chassés de la » Catalogne et des frontières de Portugal, puisque » toutes les forces seraient tournées contre nous, et » que cinquante mille hommes de plus en Artois » coûteraient moins à la Ligue, que vingt-cinq dans » les lieux que je viens de nommer. Il ne faut pas » s'imaginer que si l'Espagne n'était plus chargée » de ces guerres, elle nous enverrait de puissants » secours; vous n'en auriez pas une pistole ni un » homme de plus, et les espagnols verraient sans » inquiétudes les ennemis aux portes de Paris.

» Puisque la guerre est résolue, ajoutais-je, » tâchons de la faire sur de meilleurs principes » qu'elle n'a été faite depuis long-temps. Faisons » quelques projets d'offensive; car de parer toujours » à la muraille, c'est le moyen de ne jamais rien » gagner, et de perdre tous les jours peu ou beau» coup. Je vous avoue que, s'il faut que je dispose » mes projets avec MM. les généraux de Dauphiné, » d'Allemagne et de Catalogne, j'aime tout autant

» me tenir dans le silence : il faut qu'un seul et » même esprit gouverne toute la guerre, et que le » roi et vous s'en rapportiez à un seul général, » comme font les alliés à l'égard de leurs deux géné- » raux, qui ne sont censés qu'un par leur liaison » intime. Eux seuls ont le secret de leurs résolu- » tions : ils dispersent les troupes, les rassemblent, » les éloignent, les rappellent, les placent sur un » point, les en retirent, sans que les autres géné- » raux s'y opposent : aussi voyez leurs succès.

» Si l'on croit que l'ambition et un désir de con- » sidération et de crédit me fassent parler ainsi, on » me fait grand tort. Je vous assure que mon pre- » mier désir serait de commencer à vivre pour moi, » et demeurer en repos à la campagne, ou à Paris, » allant à la cour pour montrer au roi ma très- » sincère et très-respectueuse reconnaissance, la- » quelle est certainement gravée dans mon cœur. » Je ne cherche pas à être ministre, et si je propose » une espèce de surintendance dans la guerre, c'est » que je vois qu'elle réussit aux généraux enne- » mis, et que je crois que c'est le seul moyen de » les déconcerter.

» Il faut donc songer, si la guerre dure, à agir » dès le mois de mars; mais pour cela il faut faire » ses projets dès le mois d'octobre, et qu'ils soient » déterminés sous le bon plaisir du roi, de vous à » moi, sans que personne au monde puisse en avoir » connaissance; c'est-à-dire, n'en communiquer aux » subalternes, intendants et munitionnaires, que

» ce que l'on est forcé de déclarer ; et tromper tout » le reste du monde, pour pouvoir tromper les » ennemis. Il faut étudier où il conviendra de se » mettre en front, où les ennemis seront le moins » en état de parer. Leurs troupes de Flandre sont » en campagne depuis le 18 avril, elles auront » perdu beaucoup, et par les désertions, et par les » siéges. Celles d'Allemagne et de Savoie ne s'at- » tendent pas à un grand effort, parce qu'il semble » que nous portons tout en Flandre. Mettons-nous » en état de tomber sur eux, n'importe où, dès le » 1er mars, au plus tard. Je vous supplie que je » concerte cela avec vous, sans qu'il n'y ait que le » roi, vous et moi qui le sachions ; et que j'espère » que nous trouverons le moyen de frapper un bon » coup. Enfin, ajoutait-il au ministre, s'il faut » désespérer de la paix, espérons tout d'une guerre » hardie : aussi bien on périt à la fin par la dé- » fensive. »

On se ruinait, en effet, en détail. Saint-Venant, que les ennemis avaient attaqué en même temps qu'Aire, fut pris le 29 septembre, et Aire se rendit le 9 novembre, après cinquante-deux jours de tranchée ouverte. Ces pertes étaient d'autant plus sensibles à Villars, qu'on aurait pu les prévenir par une bonne bataille.

Outre le chagrin que lui causait l'état du royaume, celui de l'armée ne l'affligeait pas moins. Il savait que, depuis son départ, l'argent y venait moins que jamais, que le pauvre soldat était à peine nourri, qu'il était presque nu, que les désertions se multipliaient, et que les officiers se retiraient par bandes. Un désordre autorisé par le besoin est bien terrible. Il écrivit au ministre ce qu'on lui mandait de l'armée : « Que des officiers du régiment de » Cambrésis, gens de mérite, se trouvant absolu- » ment sans ressource, et n'en pouvant trouver » dans la bourse de leurs camarades, ont été obli- » gés de mettre leurs habits en gage chez des usu- » riers, pour faire vingt écus, et tâcher de gagner » leur chaumière sans demander l'aumône en che- » min. » Cette campagne lui avait été à lui-même fort à charge : il était obligé de tenir une table non pas somptueuse, mais du moins suffisante, et d'y admettre beaucoup plus d'officiers qu'à l'ordinaire, sans compter l'argent prêté et donné. « Je ris, » écrivait-il à un de ses amis, quand je songe au » contraste de ce qui se passe, avec l'opinion que » l'on a de ma richesse; c'est qu'actuellement on » me saisit à Paris, que j'y dois plus de quarante » mille francs de dettes criardes, et que je ne suis » pas autrement assuré de mes vivres pour cet hiver. » Cela est fort plaisant, très-difficile à croire, mais » vrai pourtant. »

Cependant les bains et les douches faisaient grand bien à Villars, et il espéra, sinon d'être guéri, du moins de rester estropié sans douleurs. Il se rendit à Villars le 20 novembre, et au commencement de décembre, auprès du roi, qui le reçut avec une bonté, une affabilité capables de lui faire oublier toutes ses peines.

Quand il fut question de travailler pour les arrangements de la campagne, chaque général tira à soi, et tâcha de se faire l'armée la plus nombreuse et la mieux fournie qu'il lui fut possible. Pour lui, à quelques remontrances près, il se reposa sur l'importance de la frontière qu'il allait défendre, et qui devait attirer toute l'attention du ministre; mais, soit qu'il se fît l'honneur de trop compter sur lui, soit que les autres sollicitations l'emportassent, il ne fut pas mieux traité que les années précédentes.

Dès les premiers jours de celle-ci, le comte de Villars son frère, et le comte de Broglio, qui y commandaient, le pressèrent d'y faire un tour, pour hâter les préparatifs, et n'être pas prévenu par une entreprise sur Arras. Il ne put partir qu'au commencement de février. Il se dirigea vers Amiens, Montreuil et Calais, afin de reconnaître les postes que les ennemis, depuis la prise d'Aire, pouvaient prendre vers Saint-Omer, et en même temps que ceux que l'armée du roi pouvait occuper, pour troubler leurs desseins, s'ils en avaient de ce côté-là. Il se rendit ensuite à Arras, y établit les magasins de farine, d'avoine, de fourrages, de poudre, et autres munitions nécessaires en cas de siége, et revint à la cour dans les premiers jours de mars.

Le 25 de ce mois, le général Cadogan alla s'établir à Benchen avec un corps de vingt mille hommes. L'objet de sa marche était d'assurer les approvisionnements dans les places les plus avancées, afin que les alliés pussent entrer en campagne le 20 avril avec toutes leurs forces. Ils tiraient leurs convois de Lille à Douai, par la rivière de Deule. Comme les Français tenaient les bords de cette rivière de leur côté, Villars crut que l'on pourrait faire courir quelques risques à leurs bateaux ; il en écrivit au maréchal de Montesquiou, qui dérangea un peu leur navigation ; il était resté sur la frontière, tant pour maintenir les troupes, que pour préparer l'exécution d'un grand dessein, qu'on avait concerté dans le plus grand secret : on songeait à assiéger Douai, et l'on disposa tout pour cette grande affaire.

Cependant les ennemis, avec le même secret et la même promptitude, songeaient à investir Arras ; et leur projet aurait infailliblement réussi, si les français n'avaient formé celui d'attaquer Douai. Ce fut le 25 que toutes leurs forces se dirigèrent sur Douai, derrière la Deule ; le 26, il marcha sur la Sausée, et les deux armées se trouvèrent totalement rassemblées avant la fin d'avril, et séparées seulement par la Scarpe et la Sausée, rivières peu considérables.

Un événement imprévu exerça pour lors les politiques. L'empereur Joseph mourut le 17, le dauphin était mort le 14. Ainsi ces deux princes, dont les espérances et les intérêts armaient l'Europe entière, faisaient répandre tant de sang, et consommaient tant de trésors, virent leurs destinées et leurs vies terminées presque dans le même jour.

Villars crut devoir, dans cette circonstance, rappeler au roi les propositions qui lui avaient été faites pendant son ambassade à Vienne, par les comtes d'Harrach et Kaunits, insinuées par les comtes de Kimki et de Stratman, principaux ministres. L'empereur consentait alors, pour éviter le traité de partage, qui lui faisait une espèce d'horreur, que le roi personnellement eût l'Espagne et les Indes, et lui personnellement aussi la Flandre et les Etats d'Italie, sans parler de leurs enfants. Ces conditions n'étaient plus proposables, puisque Philippe V était à Madrid, et reconnu aux Indes; mais on pouvait établir la paix sur l'état actuel des choses, procurer la couronne impériale à l'archiduc, qui se démettrait de ses prétentions sur l'Espagne, qui resterait avec les Indes à Philippe V, et tirer des Etats d'Italie et de la Flandre de quoi dédommager ou arranger les Anglais, les Hollandais et les petits princes qui avaient pris part à la grande querelle, tels que l'électeur de Bavière et autres. Cette mort, et quelques nuages qui s'élevaient en Angleterre sur la faveur de milord Marlboroug, commencèrent à faire espérer une paix moins désavantageuse.

Le premier mai, l'armée des ennemis passa la Scarpe, et ne se trouva plus séparée de celle du roi que par la Sausée. Comme leurs postes et les nôtres bordaient la rivière, après les premières escarmouches, les deux partis préférèrent de ne pas tirer, et l'on se promenait librement sur les deux rives. Un jour le roi d'Angleterre étant avec Villars, les Anglais vinrent de divers postes, et regardaient ce prince avec une attention marquée. Il était grand, bien fait, avait très-bon air à cheval, et le maréchal ne fut pas fâché de le faire voir à ses sujets. Le comte d'Athlone et plusieurs milords s'approchèrent pour le regarder. Le jour suivant, milord Marlborough fit prier Villars de ne plus harsarder de ces promenades : l'intention de celui-ci n'était pas non plus de les rendre fréquentes, mais il croyait avantageux au jeune prince de le faire connaître à ses principaux sujets. Il recevait quelquefois des lettres de Marlboroug qui l'assuraient de son attachement. Peut-être le but de ce commerce secret, de la part du milord, était de faire sa cour à la reine Anne, qu'on savait toujours conserver dans le cœur pour son neveu des dispositions favorables, qu'elle n'avait pas la force de laisser paraître.

Les armées s'observaient sans s'ébranler ; mais leur inaction n'empêchait pas les entreprises particulières. Villars sut, par ses espions, que les ennemis devaient faire passer, de Tournai à Saint-Amand, un convoi de cinquante bateaux ; il le fit observer par le sieur de Permangle, qui marcha avec huit cents hommes de pied, et attaqua ce convoi entre Mortagne et Saint-Amand. Un brigadier d'infanterie l'escortait avec deux bataillons : il fut blessé et pris, toute la partie de l'escorte qui était en deçà de la Scarpe fut défaite, le reste se retira sous le poste que les ennemis avaient à Mortagne, et on brûla tous leurs bateaux. Villars remporta ainsi quelques autres avantages.

Par les bons postes qu'il avait choisis, Villars tenait seize lieues de pays en présence d'une armée plus nombreuse que la sienne, et sans la craindre; et il était assuré d'une grande subsistance pour sa cavalerie. L'armée entière observait la plus exacte discipline. Aucun soldat ne s'écartait, et en trois mois de temps il n'eut pas à faire un seul exemple.

Cependant on résolut, à la cour, de fortifier l'armée d'Allemagne pour traverser l'élection de l'archiduc à l'empire; et on affaiblit celle de Flandre, au grand déplaisir de Villars.

Le 12 juin, il eut divers avis que les ennemis devaient se mettre en marche la nuit; mais il n'y eut que leurs bagages qui s'ébranlèrent, et l'armée, le 14, se campa, la droite à Lens, la gauche à Douai. Il plaça l'armée du roi, la droite à Etrun, et la gauche derrière Arras; et, voyant les ennemis lui présenter la bataille, il écrivit au roi que son sentiment était de la donner, que le terrain y était convenable; qu'on pouvait, quoiqu'en plaine, appuyer la droite et la gauche de manière à n'être pas tournées, et qu'il préférait une bataille dans de belles plaines fort ouvertes, et l'arme blanche aux combats de postes auxquels on semblait vouloir le réduire. Il avait encore une autre raison, c'est que les ennemis venaient de faire un gros détachement pour l'Allemagne, et il voulait combattre avant qu'on lui demandât le sien.

Il écrivit donc le 14, le 15 et le 16, il fit jeter douze ponts sur la Scarpe pour attaquer aussitôt que ses courriers seraient revenus; mais le roi lui écrivit, le 17, qu'il ne jugeait pas à propos qu'on hasardât une bataille, parce qu'il voyait une lueur d'espérance parmi les puissances ennemies dans les divisions qui diminueraient leurs forces; et qu'il fallait, en attendant, se borner à soutenir les lignes qu'on occupait. Madame de Maintenon lui écrivit la même chose en des termes propres à adoucir l'amertume du refus.

C'était sa confidente, avec laquelle il s'épanchait librement sur les désagréments qu'il pouvait avoir. « Vous me faites l'honneur de me dire, lui écrivait-» il un jour, que vous voudriez bien ne me plus » voir gronder, mais permettez-moi la liberté de » vous dire que les bons et fidèles serviteurs gron-» dent souvent, que les mauvais et ceux qui ne » songent qu'à plaire pour leurs propres intérêts » approuvent toujours. Je vais, Madame, être, ce » me semble, un peu mieux connu du roi et de » vous. Quelle intrigue me voyez-vous à la cour? » je n'écris au monde qu'au roi, à vous, Madame, » très-rarement, et au ministre, par lequel le roi veut » être informé des affaires dont il me fait l'honneur » de me charger. Je suis comblé des bontés de Sa » Majesté, et je n'ai d'autre souci au monde que de » l'avoir aussi bien servie qu'elle mérite de l'être.

» On passe tout l'hiver à vous dire que je suis » haï. Les courtisans répandent qu'il qu'il règne » une discorde affreuse dans cette armée, et que » tous les officiers généraux sont brouillés avec » moi : rien n'est plus faux ; mais ils le disent, et » de ces discours répandus sans fondement, il en » reste une impression, et même dans votre esprit, » malgré la justesse de votre pénétration. J'aurai » l'honneur de vous dire que je ne suis brouillé » avec personne dans l'armée : je pourrais apporter » en preuve la bonne discipline qui y règne. On » sait qu'elle ne se soutient que par le concours des » officiers, et que ce coucours est bien difficile à » obtenir quand ils n'aiment point leur général. Si » vous étiez ici, vous verriez avec édification les » soldats et les cavaliers éviter avec le plus grand » soin de marcher dans un beau champ de blé qui » est à la tête de notre camp, sans qu'il soit besoin, » pour les retenir, d'autre chose que de l'ordre et » de l'exemple des officiers.

» Je puis vous assurer, Madame, que les gens » de bien et de courage, ceux qui comptent plus » sur leurs actions que sur la cabale, me regardent » comme leur unique ressource : mais ce nombre » diminue tous les jours. Nous voyons depuis plu- » sieurs années l'esprit de la cour régner dans les » armées, et comment cela ne serait-il pas, si les » protections de cour l'emportent sur les bonnes » actions? Si je parais quelquefois désirer plus de » crédit, n'imaginez pas, Madame, que c'est par

» ambition, et pour m'attirer plus de considération.
» Dans qui, j'ose le dire, le roi a-t-il trouvé plus
» de vérité, lorsque j'ai pris la liberté de lui parler
» des hommes? et en qui Sa Majesté peut-elle trouver
» une connaissance plus fidèle et plus sûre des
» gens de guerre que dans celui qui depuis dix ans
» les a toujours eus sous son commandement, et
» qui les voit agir tous les jours?

» Vous aurez bientôt la paix, j'ose l'espérer,
» Madame, et vous verrez pour lors si je suis un
» homme de cour et d'intrigue. Je ne désirerai de
» crédit que pour n'être pas inutile au roi; et si la
» guerre dure, je ne veux être cru que pour son
» service; et plût à Dieu que je l'eusse été depuis
» dix ans! il y a long-temps que le roi aurait donné
» la paix à ses ennemis; et si j'avais été honoré de
» la confiance de Sa Majesté (j'ose dire que je l'avais
» méritée), les trois fois que je suis entré dans
» l'empire : la première, lorsque j'entrai en Bavière;
» la seconde, lorsque l'on prit en dix jours
» Haguenaw, Drusenheim, Lauterbourg et tous
» les postes des ennemis, avec près de cinq mille
» prisonniers de guerre, et que j'envoyai courriers
» sur courriers, pour demander qu'on ne fît rien en
» Flandre, et qu'on me laissât agir dans l'empire;
» on préféra à mes conseils la malheureuse bataille
» de Ramillies; la troisième, quand, avec quarante
» bataillons, on força les lignes de Stolhoffen.
» Quelques troupes d'augmentation, au lieu de
» celles qu'on m'ordonna de détacher, nous soute-

» naient au milieu de l'empire. Je désire, Madame, » que ces souvenirs me justifient auprès de vous » sur mes gronderies, et que vous ne trouviez pas » mauvais qu'ils me soulagent d'autres gronderies » que je pourrais faire encore. »

Villars, durant toute cette campagne, eut le regret de voir morceler, pour ainsi dire, son armée, sous les yeux des ennemis, devant lesquels on le tenait les bras croisés, et qui paraissaient le narguer. Ils attaquèrent, le 26 juin, le château d'Arleux, poste important, qui les gênait fort. M. de Creny, qui veillait de dehors à sa sûreté, y entra en bateaux, et le sauva une fois. Ils y revinrent le 6 juillet avec vingt mille hommes : Villars y courut avec les premières troupes qu'il trouva prêtes; mais il était emporté quand il arriva. Il leur coûta beaucoup de monde. Villars prit, le 11, une revanche assez importante; voici le détail qu'il en fit au roi :

» Votre Majesté a été informée que je trouvais le » camp que les ennemis ont formé près de Doua » assez mal placé, pour croire que l'on pourrait » l'attaquer avec avantage. Après l'avoir reconnu, » j'envoyai le baron de Ratsky, voir si rien n'empê» chait d'arriver sur eux avec un corps de cavalerie : » il alla la nuit jusqu'à deux cents pas des étendards. » M. de Coigny s'y porta aussi par mes ordres. » Enfin j'allai, avant hier au soir, examiner tout » par moi-même, et hier, de grand matin, j'ai fait » marcher M. le comte de Gassion avec vingt esca-

» drons, dont il y en avait quatre de la maison de » Votre Majesté, pour joindre les quinze de dragons » qu'avait M. de Coigny auprès de Bouchain. On » me proposait de l'infanterie ; mais comme la seule » diligence pouvait faire reussir, et que la cavalerie » avait près de douze lieues à faire, partant de » l'armée et allant repasser par Bouchain, j'ai cru » impossible d'y faire arriver des gens de pied, » quelque précaution que l'on prît pour cela. M. le » prince Charles et M. le marquis d'Hautefort » furent détachés comme maréchaux de camp. » M. d'Albergoti et M. le prince d'Isenghin furent » chargés d'aller avec deux mille grenadiers pour » rétablir, la nuit, le Bac-à-Benchen, et assurer » une retraite plus courte à M. de Gassion.

» Le plus important était de surprendre les enne- » mis, puisque leur armée avertie n'avait qu'une » armée à faire de sa gauche pour les soutenir, et » que les troupes de ce camp elles-mêmes n'avaient » que cinq cents pas à faire pour se retirer dans les » glacis de Douai. Il était aussi très-difficile de tirer » des troupes de l'armée, sans que l'ennemi, qui » découvre tout le front de notre camp, s'en aper- » çût. Pour dérober ce mouvement, on a fait sortir » la cavalerie comme si elle allait en pâture. Les » cavaliers allaient les uns à cheval, les autres » suivaient à pied ceux qui menaient leur chevaux » en main. Les pontons marchèrent la nuit, et » demeurèrent cachés le jour dans les arbres. Nos » grenadiers ont marché pareillement par troupes

» de cinquante, sous prétexte de faire des patrouil» les pour arrêter des espions. On avait aussi donné » des ordres à tous les postes de la Scarpe et de » l'Escaut, de ne laisser passer personne. On a fait » l'exercice de la cavalerie à l'ordinaire; et une » revue générale de l'armée aux yeux des ennemis, » a peut-être contribué à leur ôter toute défiance.

» Enfin, Sire, toutes ces petites ruses ont réussi » de manière que M. le comte de Gassion est tombé » avant la pointe du jour sur le camp des ennemis : » ils n'ont pas eu seulement le temps de prendre les » armes, et tout a été tué ou pris. On a fait peu de » quartier. Nos hussards disent avoir bien tué cha» cun cinq ou six hommes; et à voir l'agilité avec » laquelle ces messieurs manient le sabre, je n'au» rais pas de peine à les croire. On compte que l'on » a pris plus de douze cents chevaux. Il y a plu» sieurs étendards, dont je ne sais encore le nom» bre, et que j'aurai l'honneur d'envoyer à Votre » Majesté.

» Messieurs de Gassion et de Coigny se sont con» duits avec beaucoup d'ordre et de bravoure; M. le » prince Charles avec la valeur qui lui est naturelle, » et M. le marquis d'Hautefort pareillement. Il y » avait pour brigadiers MM. le duc de la Trimouille, » de Goyon, le comte de Samery, le marquis de » Choiseuil; MM. de Saint-Sernin et de Belfond; » MM. de Cheyladet et des Fourneaux, de la mai» son de Votre Majesté. M. de Villemur était à la » tête des grenadiers à cheval. Les colonels étaient

» MM. les princes de Marcillac, le duc de Saint-» Aignant, M. le prince de Lambesk, MM. de » Manicamp, de Châlons, d'Aremberg, de Rotem-» berg et d'Evelmont. Comme ces sortes d'événe-» ments n'arrivent pas sans quelque perte, je re-» grette infiniment M. de Goëtmène, colonel de » dragons, tué, et je crains beaucoup pour M. de » Ratsky, qui a reçu une balle à travers le corps. » Je viens de le voir panser : on me flatte que sa » blessure, quoique très-considérable, n'est pas » mortelle.

» M. de Broglio avait ordre, pour attirer l'atten-» tion des ennemis sur la droite de leur armée, » pendant que nous étions sur leur gauche, de faire » attaquer et pousser leurs gardes vers Lievins, ce » qu'il a exécuté avec beaucoup d'activité, et ses » hussards ont ramené plus de quatre-vingts che-» vaux; le succès a été entièrement complet.

» Je sais, Sire, que c'est avec peine que Votre » Majesté a refusé la permission que son armée » entière lui demandait d'attaquer celle de l'ennemi. » La bonne volonté de vos troupes, dans cette occa-» sion, fera peut-être regretter à Votre Majesté de » ne les avoir employées. Un petit succès les conso-» lerait. Et d'ailleurs nous aurions fort désiré tous » pouvoir rendre au plus grand, au meilleur des » rois un service digne de ses bontés. »

Malgré ces succès, Villars n'était pas entière-ment maître de ses mouvements. Il y avait dans l'armée des officiers qui s'occupaient à faire des projets pour l'ordinaire, petits moyens qu'il n'approuvait pas; ils les envoyaient à la cour, où on les goûtait. De cette espèce était une feinte sur Namur, feinte qu'on prétendait devoir y attirer les ennemis, et partager leurs forces. Il n'en croyait rien. Néanmoins, après se l'être fait ordonner par le ministre, il se détermina à envoyer seize bataillons et seize escadrons au comte d'Estaing qui commandait de ce côté-là; mais il songea en même temps à profiter de la marche de ces troupes par Bouchain, pour faire attaquer le poste d'Arleux.

Il fut favorisé dans cette entreprise par une marche rétrogade des ennemis. Le 20 juillet, ils se portèrent au-delà du ruisseau de Lens, et campèrent, la droite à Brouay, et la gauche à Mazengarte. Le 21, ils s'approchèrent de la source de la Lis, ayant le village d'Anchin dans le centre, la droite à Estreblanche, sur la Guelle; et la gauche à Bouvrière, sur la Clarence. Le 23, il fit attaquer le château d'Arleux, qui fut emporté avec la plus grande valeur. Il était gardé par six cents hommes, qui furent tous pris ou tués. Après avoir bien examiné ce qui convenait le mieux, de garder ou de ruiner ce fort, il prit le parti de le détruire, et envoya à Cambrai l'artillerie et les munitions de guerre qu'on y avait trouvées.

Le 1er août, toute l'armée des ennemis marcha comme si elle avait eu dessein d'attaquer celle du roi. Ils retirèrent toutes les garnisons de Tournay, Douai et Lille pour les joindre à eux. Villars tira d'Arras quelque artillerie légère propre à la campagne. Ils marchèrent encore en avant le 3, et occupèrent un plus grand terrain. Il proposa au ministre de faire approcher le corps du comte d'Estaing, avec d'autant plus de raison, qu'il n'avait porté aux ennemis aucun ombrage qui les eût obligés à faire un détachement. Il ne voulut pas le rappeler de lui-même, de peur qu'on ne crût qu'il avait été piqué. Le 4, ils s'approchèrent de notre droite avec quarante escadrons; le maréchal y courut, et ils se retirèrent aussitôt qu'ils aperçurent le renfort qu'il menait.

Le maréchal de Montesquiou lui manda, la nuit, qu'ils marchaient à la gauche, qu'il commandait, et qu'il comptait être attaqué à la pointe du jour. Mais ce mouvement n'était fait que pour cacher celui de douze à quinze mille hommes, qui, marchant par derrière Douai, passèrent la Sausée et se placèrent derrière les marais de Marquion. Ce passage ne leur aurait pas été si facile si Villars avait eu les troupes que le comte d'Estaing lui retenait. Il lui envoyait ordre de se rapprocher de l'Escaut.

Il n'y a personne qui n'eût cru à une prochaine bataille, et Villars s'y disposait. Un lieutenant-général, de grande réputation, et qui la méritait, le marquis de Geoffreville, lui conseilla de se retirer vers Arras, parce qu'il y avait à craindre que les ennemis ne vinssent l'attaquer en tournant le petit ruisseau de Marquion. « Je leur épargnerai cette » marche, lui répondit-il, puisque, dès demain,

» j'irai les chercher dans la plaine de Cambrai. » D'ailleurs, si je faisais un pas en arrière, au lieu » de l'ardeur que je connais dans l'armée, j'y jette» rais de la terreur, et c'est un mauvais parti. »

En effet, le 6, il fit marcher l'armée sur cinq colonnes, et lui mit la droite à l'Escaut, la gauche au village de Sains, sur le ruisseau de Marquion. L'ennemi avait sa droite à Oisy, et sa gauche à l'Escaut. Il ne se trouvait entre eux qu'une plaine de deux lieues, sans qu'aucun ruisseau ni rivière pût empêcher une action générale; et l'ennemi avait d'autant plus de raison de la désirer, que l'armée française était affaiblie par plusieurs détachements, et notamment par celui du comte d'Estaing, qui ne pouvait la rejoindre de deux jours. Villars se plaça de manière à pouvoir marcher mille pas en avant, sans perdre l'avantage de son poste, qui était uniquement d'avoir ses flancs appuyés. L'ennemi étant plus fort, n'avait pas besoin de ces précautions, et on ne doutait, ni dans leur armée, ni dans celle de France, qu'il n'y eût une bataille : aussi a-t-on su depuis, que Cadogan et Quesboga, celui des députés des Etats qui les représentait à l'armée, avaient fort pressé Marlboroug de la donner, et qu'ils furent très-étonnés de lui trouver une sagesse qu'ils désapprouvaient; ils avaient même marqué un camp près de Cambrai.

Il y eut, le 7, une pluie très-forte, et l'on attribua leur inaction à cette pluie, aussi bien qu'au dessein de se faire joindre par des corps de troupes qui étaient restés vers Douai ; mais, la nuit, leur armée passa l'Escaut sans qu'on en eût le moindre avis. Dans le moment, Villars fit travailler à des ponts sur la Sausée, qui ne purent être achevés que le 8 au soir. Il fit passer une tête et occuper une hauteur, puis travailler à établir une communication avec Bouchain au travers des marais; on en pratiqua même deux, et il fit entrer en cette place huit cents grenadiers, deux régiments de dragons auxquels on ôta leur chevaux, commandés par d'excellents officiers. Il y mit aussi de l'argent, des munitions et tout ce qui était nécessaire pour une longue résistance.

Le premier soin des ennemis fut d'établir des ponts sur l'Escaut; et, celui de Villars, de s'opposer à leur passage. Il fit marcher pour cela sur Denain le comte de Broglio avec un corps considérable; mais les ponts qu'il avait fallu faire sur la Sausée pour passer ce corps avaient pris trop de temps, et le comte trouva une partie de leur armée en-delà de l'Escaut, et déjà couverte; de sorte qu'il n'y eut d'autre parti à prendre que de retrancher diligemment la hauteur qui est sur le village de Marquette, et dont le canon pouvait croiser celui de Bouchain.

A la pointe du jour du 10, le comte d'Albergoti, qui commandait sur cette hauteur, lui manda que les ennemis marchaient à ses retranchements. Il pria le maréchal de Montesquiou de courir à son secours avec soixante bataillons; et lui, avec le reste de l'armée, il passa l'Escaut sur quatre ponts déjà faits, et marcha à l'armée ennemie, qui était en-deçà de Bouchain avec une si prodigieuse diligence, qu'il arriva sur le ravin de Nou, et commença à s'étendre sur celui de-Huy, au moment que les troupes ennemis ayant fait la prière, se disposaient à l'assaut, et que les grenadiers marchaient déjà aux retranchements. A cet instant, le général qui commandait la circonvallation de Bouchain fit tirer trois coups de canon, et aussitôt Marlboroug retira ses troupes et reprit à toutes jambes le chemin de sa circonvallation. Comme les ravins que Villars avait à passer étaient très-difficiles, il vit bien qu'il laisserait aux ennemis le temps de se mettre en sûreté avant de pouvoir les attaquer. C'est pourquoi il se retira assez content d'avoir rompu le dessein qu'ils avaient contre la hauteur retranchée, et reprit avec vivacité le travail pour la communication par les marais.

Elles étaient longues à faire et difficiles. Les ennemis les troublaient par un très-grand feu de canon, qui emporta plusieurs officiers. Villars courut aussi quelques risques en allant reconnaître les travaux que les ennemis faisaient en deçà de l'Escaut. Les carabiniers qui l'escortaient furent poussés par un corps de cavalerie : ils retournèrent, et battirent les premières troupes; mais les ayant poursuivies trop loin, ils furent repoussés eux-mêmes, et firent une assez grosse perte.

Ce ne fut pas là le seul malheur de Villars. Il était allé, le 18, visiter la communication qu'il avait établie à travers les marais couverts d'eau, et qui était défendue, dans toute sa longueur, par un large fossé aussi plein d'eau, et surmontée d'un parapet de fascines, derrière lequel on pouvait mettre trois rangs de fusiliers. Bien content de cette disposition, il fit entrer des détachements, et plaça sur le bord du marais un gros corps pour le soutenir, et deux officiers généraux pour y veiller.

A peine les avait-il quittés, qu'on vint lui dire que la chaussée était perdue : cinquante hommes envoyés pour reconnaître, s'approchèrent, partie en marchant, partie en nageant. Ils tirèrent quelques coups de fusil. Les officiers généraux crurent qu'ils étaient en plus grand nombre. Ils rappelèrent leurs troupes sans avertir Villars, et les autres s'y établirent sur le champ, sous la protection de leur feu, de manière à n'en pouvoir être chassés. Le maréchal en fut outré de douleur. Cette communication lui aurait donné moyen de soutenir Bouchain par des secours continuels, et en aurait empêché la prise. On vit depuis, dans les gazettes de Hollande, qu'ils étaient persuadés que cinquante hommes pouvaient soutenir cette chaussée contre quatre mille, et quatre mille la cédèrent à cinquante.

Il tâcha de remédier à ce malheur, en faisant travailler à cinq ou six radeaux qui, protégés par le feu de la hauteur retranchée, et par celui de Bouchain, auraient pu se soutenir, si on avait eu le temps de les achever; mais aussitôt que l'ennemi s'en aperçut, il fit avancer une partie de son armée, qui détruisit ce qui était commencé, et Villars ne put l'empêcher, parce qu'elle était couverte par le marais de Marquette. Cette position le mettait aussi dans l'impossibilité de chercher une bataille sans de trop grands risques, parce qu'il aurait fallu, pour attaquer les ennemis, passer sous le feu de leur canon, qui était au-delà des marais.

Il n'avait donc plus d'espérance que dans la défense de la garnison de Bouchain, qui était bien composée, mais aussi qui fut attaquée vigoureusement, le 30 août, avec cinquante pièces de canon et trente mortiers. Le 31, il fit les dispositions nécessaires pour attaquer un camp que l'ennemi avait à Hourdain, sur le bord du marais, fort près de Couchain. Il fallait passer l'Escaut sur des ponts, qu'on ne put jeter qu'au-dessus d'Etrun, et encore pendant la nuit, afin de cacher ce dessein aux ennemis avec une extrême précaution, parce que la moindre démonstration le rendait impossible. Il mena de jour les officiers-généraux et les brigadiers d'infanterie qui devaient commander les quatre détachements, pour leur marquer sur place ce qu'ils devaient faire la nuit.

Les commandants avaient chacun cinq cents hommes sous leurs ordres. Le silence fut si bien gardé pendant la marche, qu'ils arrivèrent sur les faisceaux des ennemis, dans le moment que les sentinelles criaient : Qui vive. Quatre bataillons qui étaient dans ce camp furent entièrement défaits. Entre les prisonniers se trouva celui qui les commandait, nommé Boorch, qu'on a vu depuis l'un des principaux ministres du roi de Prusse. D'Aubigny et Livry, brigadiers d'infanterie, destinés à l'attaque des ponts d'Etrun, réussirent de même, et l'affaire finit à la pointe du jour, qui fit voir l'armée entière des ennemis marchant sur Hourdain; mais nos troupes repassèrent l'Escaut avant qu'on pût les atteindre.

Villars avait ordonné que les premiers détachements qui perceraient se rabattissent sur la communication dont il a été parlé, et qui aboutissait à Hourdain; et qu'ils tâchassent de le prendre à revers; mais il l'avait ordonné plutôt pour ne rien négliger, que dans l'espérance de réussir : les troupes étaient trop fatiguées, trop harassées, pour tenter encore cette expédition, et il trouva que c'était avoir assez fait, que d'enlever un camp sous le mousquet des retranchements des ennemis, ayant à passer l'Escaut sous le feu de leur camp. Le même jour, il fit attaquer un fourrage par M. de Coigny, qui prit un grand nombre de cavaliers, de chevaux, et, outre plusieurs officiers, deux généraux qui commandaient. Dans ces deux actions, on prit douze drapeaux et étendards; mais il ne voulut point envoyer d'officiers porter ces nouvelles, ne trouvant pas qu'il convînt de faire parade de quelque avantage, lorsqu'on allait prendre Bouchain sous ses yeux.

Il perdit, dans ce temps, le maréchal de Boufflers, son ami, celui qui le défendait à la cour contre les critiques et la jalousie. Il laissait vacante une charge de capitaine des gardes du corps. Le roi destinait ordinairement ces sortes de places aux maréchaux de France qui étaient à la tête de ses armées. A ce titre, Villars y avait autant de droit qu'un autre. Madame la maréchale le pressa de la demander, et madame de Maintenon lui fit entendre qu'il l'obtiendrait; mais l'assiduité qu'exige cette charge l'effrayait. Il savait bien que le privilége qu'elle donnait, de suivre le roi partout, même quand on n'était pas de quartier, donnait de grands avantages; que ne pas rechercher cet honneur, c'était peut-être s'exposer à ne lui être pas agréable; mais aussi, en profiter, c'était n'être plus à soi-même, état fâcheux pour un homme ennemi de toute contrainte. Aussi, après y avoir sérieusement réfléchi, il s'abstint sous prétexte que l'incommodité de sa blessure l'empêcherait de suivre le roi, et Sa Majesté ne lui en sut pas mauvais gré.

Pendant que toute l'attention des ennemis se tournait sur Bouchain, divers ingénieurs et officiers, qui connaissaient parfaitement la ville de Douai, présentèrent un moyen de la surprendre, et le marquis d'Albergoti lui-même, qui l'avait défendue, y trouva la possibilité. Le nommé Dulimon, bon partisan, devait, avec plusieurs petits bateaux, s'approcher d'une muraille assez basse; le frère du maréchal le soutenait avec des détachements de grenadiers, et lui-même s'était avancé avec un corps de cavalerie, pour fondre dans la place aussitôt que

Dulimon lui en aurait ouvert une porte; mais les bateaux furent découvert, et l'entreprise manqua.

Elle l'aurait dédommagé de la perte de Bouchain, qui arriva le 12 septembre, et non-seulement on perdit la ville, mais la garnison fut faite prisonnière de guerre par un mal-entendu qui ne fit pas honneur à la bonne foi des ennemis, et qui, à la vérité, était une faute du commandant de la place. Il livra une porte sur la simple parole de l'officier ennemi qui commandait à la tranchée, et sans avoir de capitulation signée. On prétendit que la garnison était prisonnière de guerre. Le gouverneur en appela au témoignage de l'officier, qui avait promis capitulation; celui-ci en convint, et le déclara publiquement, en présence de ses propres troupes et de la garnison, lorsqu'elle sortit, et qu'il l'avait fait par ordre du général Fagel, qui commandait le siége. Villars en écrivit vertement à milord Malboroug, qui le renvoya au général Fagel, et le général désavoua l'officier. Ainsi les troupes restèrent prisonnières.

Il faut avouer que la fin de cette campagne fut misérable. L'indolence, la lassitude, le dégoût avaient pris la place de la fermeté et du courage. On ne reconnaissait plus le caractère national. Cependant une course sur les terres qui n'avaient pas encore été soumises à contribution fit connaître que les Français existaient encore. L'activité n'était guère plus grande chez les alliés. La prise de Bouchain fut le terme de leurs exploits; ils finirent la campagne au commencement d'octobre, lorsque le beau temps permettait encore quelques expéditions à une armée si nombreuse. Peut-être cet engourdissement presque général venait-il des bruits de paix qui se répandaient, et que les Anglais et les Hollandais, fatigués d'une guerre ruineuse qui ne leur produisait rien, désiraient autant que la France. Elle se traitait réellement à Londres, où les préliminaires furent signés à la fin de ce même mois d'octobre. Les armées étaient déjà séparées. Quand Villars arriva à Versailles, le roi lui dit : « Vous nous avez bien pressés pour avoir la liberté » de combattre, au commencement de la cam- » pagne. Les négociations nous faisaient espérer la » paix ; mais si on vous avait cru, nous ne nous » serions pas exposés à perdre Bouchain. » Ce mot le consola un peu.

L'année 1712 commença sous les auspices les plus fâcheux. Le père, la mère, un enfant, furent nlevés en huit jours par une rougeole très-maligne, et enfermés dans le même cercueil. Le duc d'Anjou, plus tard Louis XV, ne fut sauvé que parce qu'on lui fit moins de remèdes qu'aux autres. Le roi supporta ces malheurs avec un courage héroïque, et ne laissa d'entretenir Villars des affaires du royaume. « La confiance que j'ai en vous, lui dit-il, est » bien marquée, puisque je vous remets les forces » et le salut de l'Etat. Je connais votre zèle et la » valeur de mes troupes ; mais enfin la fortune peut » vous être contraire ; s'il arrivait ce malheur à

» l'armée que vous commandez, quel serait votre » sentiment sur le parti que jaurais à prendre pour » ma personne? » A une question aussi grave et aussi importante, Villars demeura quelques moments dans le silence; sur quoi le roi reprit la parole, et dit : « Je ne suis pas étonné que vous ne » me répondiez pas bien promptement; mais en » attendant que vous me disiez votre pensée, je » vous apprendrai la mienne. — Votre Majesté, ré- » pondit Villars, me soulagera beaucoup. La matière » mérite de la délibération, et il n'est pas étonnant » que l'on demande la permission d'y rêver. — Eh » bien! reprit le roi, voici ce que je pense; vous » me direz, après cela, votre sentiment.

» Je sais les raisonnements des courtisans : pres- » que tous veulent que je me retire à Blois, et que » je n'attende pas que l'armée ennemie s'approche » de Paris, ce qui lui serait possible, si la mienne » était battue. Pour moi, je sais que des armées » aussi considérables ne sont jamais assez défaites » pour que la plus grande partie de la mienne ne » pût se retirer sur la Somme. Je connais cette » rivière; elle est très-difficile à passer; il y a des » places qu'on peut rendre bonnes. Je compterais » aller à Péronne ou à Saint-Quentin, y ramasser » tout ce que j'aurais de troupes, faire un dernier » effort avec vous, et périr ensemble ou sauver » l'Etat : car je ne consentirai jamais à laisser ap- » procher l'ennemi de ma capitale. Voilà comme je » raisonne; dites-moi présentement votre avis.

» — Certainement, répondis-je, Votre Majesté » m'a bien soulagé; car un bon serviteur a quelque » peine à conseiller au plus grand roi du monde de » venir exposer sa personne. Cependant j'avoue, » Sire, que, connaissant l'ardeur de Votre Majesté » pour la gloire, et ayant déjà été dépositaire de ses » résolutions héroïques, dans des moments moins » critiques, j'aurais pris le parti de lui dire que les » partis les plus glorieux sont aussi souvent les plus » sages, et que je n'en vois pas de plus nobles pour » un roi, aussi grand homme que grand roi, que » celui auquel Votre Majesté est disposée; mais » j'espère que Dieu nous fera la grâce de n'avoir pas » à craindre de telles extrémités, et qu'il bénira » enfin la justice, la piété et les autres vertus qui » règnent dans vos actions. » Sans doute ce qui faisait prendre au roi cette résolution pour ainsi dire désespérée, c'était l'incertitude du succès des négociations entamées au congrès d'Utrecht.

On avait tout lieu d'appréhender qu'elles ne réussissent pas, parce que des puissances liguées, il n'y avait guère que l'Angleterre qui se portât de bonne foi à la paix. On attribua le changement, dans le système politique de ce royaume, à la disgrâce de milord Marlboroug, qui, par intrigue de cour, fut privé du commandement des armées, et de tous ses emplois. Cette disgrâce peut avoir contribué à avancer la paix; mais on pense que ce qui en inspira le désir aux Anglais, c'est qu'ils avaient tiré de la guerre de la succession tous les avantages qu'ils pouvaient désirer : ils se trouvaient, par la prise de Minorque et de Gibraltar, maîtres du commerce du Levant, de beaux établissements dans les Antilles, des forteresses et des comptoirs en grand nombre dans l'Inde. Ils songèrent sans doute qu'il était temps de s'assurer, par un bon traité, les dépouilles qu'ils avaient arrachées à la succession, dont rien ne leur appartenait, et de laquelle ils n'auraient rien séparé, s'ils n'avaient trouvé moyen de brouiller les héritiers, et de leur enlever, sous prétexte de secours, des établissements utiles, qu'ils gardèrent; et quand ils eurent ce qu'ils prétendaient, ils abandonnèrent les autres.

LIVRE SIXIÈME.

Pendant qu'on discutait ces intérêts à Utrect, les armées de Flandre s'ébranlèrent. Sur un mouvement que les ennemis firent en avant, le maréchal de Montesquiou plaça, le 10 d'avril, l'armée du roi derrière la Scarpe et la Sausée. Le 19, la maison du roi partit pour se rendre sur la Somme; et, le 20, Villars arriva à Péronne. Il y apprit que les alliés mettaient cent quatre-vingts bataillons en campagne, pendant qu'il en avait tout au plus cent quarante. Ils faisaient marcher avec eux cent trente pièces de canons, et il ne s'en trouvait que trente, qu'il aurait même été obligé de laisser en arrière, s'il ne s'était servi des chevaux des vivres. D'ailleurs ses subsistances n'étaient rien moins qu'assurées; elles ne lui venaient que journellement, et petit à petit. Il était obligé de tenir la cavalerie séparée et éloignée, de peur qu'elle ne s'affamât. Au contraire, les ennemis avaient tout sous la main et autour d'eux. Leurs provisions étaient immenses, et ils se faisaient suivre par tous les chariots du pays, outre leurs caissons. Il est clair qu'avec ces précautions ils pouvaient tout entreprendre, et que Villars était réduit à une défensive très-inégale.

C'est apparemment cette position critique qui faisait enfanter tant de projets qu'on envoyait à la cour, souvent à son insu. Le maréchal de Montesquiou lui en communiqua un, qui n'entrait guère dans ses vues, mais qu'il fit passer au roi, par déférence pour l'avis d'un confrère. C'était de faire une ligne depuis la tête de l'Escaut jusqu'à la Somme, vers Saint-Quentin. Villars n'avait garde d'adopter un projet qui montrait aux ennemis que, content de sauver la Picardie, on leur abandonnait la Champagne. D'ailleurs, outre que ce parti était dangereux pour l'État, il lui paraissait honteux pour la gloire des armes françaises dans un temps surtout où la négociation avec l'Angleterre avançait, et donnait des espérances. Aussi, par le même courrier qui portait le projet au roi, lui écrivait-il, qu'après avoir étudié avec une grande application les différents partis, il n'en trouvait pas de meilleur que de défendre l'Escaut jusqu'à sa source, et de donner bataille, si l'ennemi, tournant la tête de cette rivière, marchait dans les plaines qui sont entre le Catelet et Saint-Quentin.

Le prince Eugène paraissait chercher une action. Toute l'armée ennemie était alors en deçà de l'Escaut, sa droite à Bouchain, et sa gauche vers le Cateau-Cambrésis, occupant cinq lieues d'étendue en front de bandière, les Anglais avec eux, sans qu'ils montrassent encore dessein de s'en séparer. Villars porta son centre à Cambrai, et fit avancer un corps de dragons à Honnecourt. Il eut avis des mouvements des ennemis, bien différents entre eux. Les uns portaient qu'un corps considérable était déjà campé dans la trouée des bois de Bohain; les autres, qu'ils avaient fait marcher des troupes pour investir le Quesnoi. Villars manda au roi, sans hésiter, que, s'ils marchaient vers les plaines de Saint-Quentin, il suivrait sa première résolution de les combattre; que, s'ils faisaient le siége du Quesnoi en gardant la position où ils étaient, il les combattrait encore; mais qu'il y avait apparence qu'ils se placeraient derrière l'Escaillon, poste très-assuré pour faire le siége du Quesnoi sans être inquiétés.

Villars fut informé, le 29, que les généraux Cadogan et Top étaient allés, la veille, au-delà des bois de Bonhain, visiter les lieux où on pouvait combattre, comme il y était allé lui-même quelques jours auparavant. Tous les ordres furent donnés à leur armée, et elle demeura sous les armes et prête à marcher jusqu'à quatre heures après midi. Huit mille grenadiers avaient déjà occupé la tête des bois. Le prince Eugène, comme on l'apprit depuis, était persuadé qu'en faisant ses dispositions comme pour un parti pris, il entraînerait le duc d'Ormond; mais celui-ci avait reçu la veille, de sa cour, défense expresse de combattre : il fut obligé de montrer ses ordres au prince; et afin que celui-ci ne fût pas tenté de les contredire, le général anglais fit desseller la cavalerie de la gauche qu'il commandait, et l'envoya au fourrage. Ce dessein rompu, les ennemis se déterminèrent au siége du Quesnoi, passèrent la Seille, et mirent l'Escaillon devant eux, pour assurer leur siége.

Villars ne savait si les troupes d'Angleterre y étaient employées : il le demanda au duc d'Ormond, qui lui répondit qu'il n'en avait fourni aucune. « Mais, lui répliqua Villars, je dois vous demander encore un éclaircissement, qui est de savoir si toutes les troupes qui sont à vos ordres ne s'opposeraient pas aux entreprises que l'armée du roi tentera certainement sur celle du prince Eugène, s'il veut continuer le siége du Quesnoi. Je n'attends que la réponse, que je vous supplie, Monsieur, de vouloir bien me donner positivement sur cela, pour me mettre en mouvement. Vous comprendrez aisément, Monsieur, que le roi, voyant l'armée du prince Eugène entreprendre un siége, et sachant que celle qui est à vos

» ordres ne doit agir directement ni indirectement » contre celle que j'ai l'honneur de commander, il » me saurait très-mauvais gré de me tenir dans » l'inaction. Je vous supplie, Monsieur, que la » réponse que vous me ferez sur cela ne me laisse » aucun doute. »

Le duc d'Ormond parla donc aux officiers-généraux qui commandaient les troupes à la solde de l'Angleterre, pour les engager à la suspension d'armes, que la reine sa maîtresse avait résolue; mais ils répondirent tous qu'ils étaient aux ordres du prince Eugène, jusqu'à ce qu'ils en reçussent de contraires de leurs maîtres. C'était moins l'obéissance qui les retenait que l'intérêt; et par ce principe, il était naturel que, voyant la fin de leurs subsistances dans la fin de la guerre, elles fussent plus disposées à suivre les ordres de ceux qui leur faisaient espérer une continuation de solde. Or c'est ce que leur assuraient les députés de Hollande, qui promettaient que, malgré ce qu'ils appelaient la défection des Anglais, ils ne laisseraient pas de soutenir la guerre. Le duc d'Ormond envoya un courrier à la reine d'Angleterre pour lui faire part de la résolution de ses troupes, et en même temps de l'embarras où elles le mettaient, pour la conduite qu'il devait tenir avec Villars; parce que, s'il ne devait pas souffrir que celui-ci attaquât les alliés, tant qu'il resterait avec eux, c'était leur assurer le Quesnoi sans qu'il pût y mettre obstacle.

Mais cet inconvénient ne l'embarrassa pas long-temps; la place se rendit honteusement, le 3 de juillet, la garnison prisonnière de guerre, quoiqu'elle eût encore deux fossés et une demi-lune très-entiers. Elle avait pour se défendre douze bataillons, deux régiments de dragons, des provisions de toute espèce pour long-temps, et un maréchal de camp en qui Villars avait eu confiance, comme ayant une grande réputation de valeur. Il lui dit même que la conduite du gouverneur, dans la défense d'une autre place, lui en faisant craindre une très-faible, il le priait de prendre l'autorité, et de s'opposer à une reddition trop prompte, s'il en croyait le gouverneur capable. Il recommanda la même chose à un brigadier d'infanterie, connu jusqu'alors pour un homme très-ferme, qu'il y mit exprès; et ces deux officiers-généraux ne firent pas plus de difficulté que les autres de signer une capitulation si honteuse.

Il eut encore un autre chagrin: c'est que, malgré les mesures qu'il avait prises pour couvrir la frontière avec des corps de troupes considérables, commandés par deux lieutenants-généraux, un corps ennemi de douze cents chevaux perça leurs lignes, traversa la champagne et les évêchés, et se retira en passant la Moselle et la Sare sans nul obstacle. Tout le monde courut après, et ne put le couper ni le joindre : rien n'était cependant plus facile; mais il ne fut pas jugé tel par ceux qui commandaient, et ils laissèrent maladroitement porter l'alarme jusqu'à Paris. Alors aussi commencèrent les sacrifices pour la paix. Villars reçut ordre, le 5 de juillet, de faire remettre la ville et la citadelle de Dunkerque aux Anglais, qui, le 17, se mirent en marche pour s'éloigner de l'armée de la ligue; mais le duc d'Ormond ne put emmener avec lui d'étrangers que le régiment liégeois de Valef-dragons. Ainsi les confédérés ne se trouvèrent affaiblis que de dix-huit bataillons, et de deux mille chevaux anglais nationaux.

Le même jour, l'armée ennemie passa l'Escaillon, et se plaça le long de la rivière de Seille. Le prince Eugène avait promis aux Etats généraux de combattre. Il semblait, par cette marche, qu'il en cherchait l'occasion; Villars la désirait peut-être plus que lui. Le 18, à la pointe du jour, le maréchal fit battre la générale, et mit l'armée au-delà de l'Escaut, laissant la plaine libre entre le prince et lui; mais au lieu de profiter tant de cette liberté que de la supériorité de ses forces pour attaquer Villars, le chef ennemi s'étendit dans son terrain, et sa gauche investit Landrecies.

Il y avait trois partis à prendre pour secourir cette ville : d'empêcher la circonvallation, ou de la détruire si elle était faite; de battre l'armée d'observation, ou enfin de forcer le camp retranché sur l'Escaut, qui servait aux ennemis de communication avec Marchiennes, d'où ils tiraient les provisions de guerre et de bouche nécessaires à la continuation du siége. Le 20, Villars alla reconnaître l'armée, et trouva qu'étant placée entre la Sambre et l'Escaut, couverte en front par la Seille, on ne pouvait l'attaquer qu'avec un très-grand désavantage. Le 21, il examina les lignes de circonvallation, et vit que l'on y travaillait avec la plus grande vivacité, et qu'elles étaient déjà trop avancées pour qu'on pût les troubler avec succès. Il se détermina donc à l'attaque de Denain. Pour réussir, il fallait tromper le prince Eugène, et lui faire croire qu'on en voulait à la circonvallation. Ainsi serait-il porté à rapprocher ses principales forces de Landrecies, pendant que l'on se jetterait sur Denain. Les troupes françaises elles-mêmes ignoraient le dessein de leurs chefs.

Villars étendit ses hussards sur les avenues de Bouchain et sur les bords de la Seille, afin qu'aucun déserteur ne pût passer du côté des ennemis, et nul d'entre eux du côté des Français. Il envoya le comte de Coigny préparer les ponts sur la Sambre, et lui dit de se pourvoir d'un grand nombre de fascines, et de les faire porter le plus près de la circonvallation qu'il serait possible, afin qu'on les trouvât sous sa main, quand on voudrait attaquer. « Partez, lui » dit Villars, allez à toutes jambes, afin que ces » préparatifs ne souffrent aucun retard. » Moyennant ces soins, et d'autres rendus très-publics, l'opinion s'établit dans l'armée qu'on devait certainement commencer le siége ou l'armée d'observation, et Villars eut le plaisir de voir que le prince Eugène rapprochait la plus grande partie de son infanterie sur ces points, et affaiblissait autant sa communication avec Marchiennes.

Le 23, sur les cinq heures du soir, les marquis d'Albergoti et de Boussoles, lieutenants-généraux, se rendirent chez lui, et le premier lui dit que l'honneur qu'il avait de commander l'infanterie l'obligeait de lui représenter qu'il allait tenter une entreprise trop dangereuse; que, s'il en croyait le succès possible, le bonheur qu'il aurait d'avoir une grande part à cette action le porterait à la désirer ardemment, mais qu'il ne pouvait croire qu'elle pût réussir. Villars lui répondit seulement : « Allez » vous reposer quelques heures, M. d'Albergoti; » demain, à trois heures du matin, vous saurez si » les retranchements des ennemis sont aussi bons » que vous les croyez. » Il lui donna, ainsi qu'à tous les autres officiers, ordre de se trouver, avant la fin de la nuit, à la tête de leurs lignes, et pour unique commandement, de faire ce qui leur serait dit par les officiers de détail qu'il leur enverrait.

Le 23, au jour tombant, l'armée se mit en marche comme pour se rendre vers Landrecies; mais bientôt elle tourna vers Denain. A la pointe du jour, comme on était à deux lieues de l'Escaut, le marquis de Vieux-Pont le pria de lui faire savoir ce qu'il avait à faire. Puiségur proposa de marquer le camp où l'on était. « A quoi songez-vous? lui répondit » Villars, avançons; » et en même temps il envoya des officiers au grand galop dire à Vieux-Pont de jeter les ponts comme il était convenu, et lui-même se mit dans sa chaise de poste pour aller plus vite.

Arrivé à l'Escaut, il trouva plusieurs bateaux

déjà posés, et nulle opposition de la part de l'ennemi. « Puisque j'en ai le temps, dit-il, buvons » deux coups. » Il se fit attacher un bufle, la seule arme défensive dont il se servait quelquefois, et passa l'Escaut, faisant avancer un maréchal-des-logis et dix cavaliers devant lui. Ayant trouvé au-delà un marais, il ordonna à la colonne qui passait sur les ponts de la droite de suivre une chaussée qui menait à une cense à deux cents pas de là, et qui, selon les apparences, tenait à la terre ferme. Il se mit en même temps à la tête de la brigade de Navarre, et, quoique bien monté sur un très-grand cheval, il eut de la peine à passer. Les soldats de Navarre, dans l'eau et la boue jusqu'à la ceinture, le suivirent avec leur ardeur ordinaire.

La colonne de la droite suivant la chaussée, ne trouva aucune difficulté, et l'on arriva ensemble à ces lignes, que les ennemis appelaient le chemin de Paris. C'était une double ligne, au milieu de laquelle passaient les convois qui venaient de Marchiennes, et elles aboutissaient au camp retranché de Denain. Cette double ligne était défendue par plusieurs redoutes, qui furent emportées sans peine; et Villars fit mettre son infanterie en bataille dans le terrain qui était entre ces deux lignes.

Mais, ne voyant pas arriver l'armée ennemie, que les mouvements de la sienne auraient dû attirer sur l'Escaut, il craignit que le prince Eugène ne prît le parti de tomber sur son arrière-garde. Il retourna donc à toutes jambes à ses ponts, et envoya ordre à tous les officiers-généraux qui commandaient les troupes qui n'avaient pas passé l'Escaut, de marcher en bataille, et d'entrer dans les anciennes lignes que les ennemis avaient faites autour de Bouchain.

Au moment qu'il rejoignait son infanterie, qui s'était mise en bataille, il vit l'armée ennemie qui courait sur l'Escaut en plusieurs colonnes. Le marquis d'Albergoti vint lui proposer de faire des fascines pour combler les retranchements de Denain : « Croyez-vous, répondit-il en lui montrant l'ar-
» mée ennemie, que ces messieurs nous en donnent
» le temps ? Nos fascines seront les corps des
» premiers de nos gens qui tomberont dans le
» fossé. »

Il n'y avait pas un instant, pas une minute à perdre. Il fit marcher son infanterie sur quatre lignes, dans le plus bel ordre. Son canon tirait de temps en temps, mais avec le peu d'effet d'une artillerie qui tire en marchant : celle des ennemis faisait de fréquentes salves. Quand la première ligne fut à cinquante pas des retranchements, il en partit un très-grand feu, qui ne causa pas le moindre désordre dans les troupes. Lorsqu'elles furent à vingt pas, le feu redoubla. Deux seuls bataillons firent un coude ; le reste marcha avec le même ordre, descendit dans le fossé, et emporta le retranchement avec une grande valeur.

Il entra dans le retranchement à la tête des troupes. Puis appelant le comte de Broglio : « Comte,

» lui dit-il, marchez à Marchiennes. » Il poursuivit ensuite les ennemis, qui ne songeaient qu'à fuir. Malheureusement pour eux, leurs ponts sur l'Escaut se rompirent par la multitude des chariots et la précipitation des fuyards, et les vingt-quatre bataillons qui défendaient les retranchements furent entièrement pris ou tués.

La tête de l'armée du prince de Savoie arrivait déjà sur l'Escaut, près d'un pont qui n'était pas rompu. Il fit quelques tentatives pour passer, et fit tuer sept à huit cents hommes assez inutilement; car les troupes du roi, bordant cette rivière, il n'était pas possible aux ennemis de la repasser devant elles (1).

---

(1) Sur le chemin de Paris à Valenciennes, à l'endroit où aboutit le chemin de Denain, est élevée une pyramide de trente pieds. Sur la base on lit :

Denain, 24 *juillet* 1712;

et ces deux vers de Voltaire :

Regardez dans Denain l'audacieux Villars
Disputant le tonnerre à l'aigle des Césars.

Villars s'empara, le 26, de Saint-Amand, de Mortagne, d'Annon, et de tous les autres postes que les ennemis avaient sur la Scarpe jusqu'à Douai. On y fit près de quinze cents prisonniers de guerre. Il réunit à son armée la forte garnison qu'il avait mise dans Valenciennes, et y appela toutes celles qui étaient derrière lui, à Ypres et dans les villes maritimes qui n'avaient plus rien à craindre des Anglais nationaux, et très-peu des mercenaires Hollandais. Moyennant ces objections, il se trouva, pour la première fois, une armée plus forte que celle des alliés.

Il lui restait à prendre Marchiennes, qu'il avait envoyé, pendant le siége de Denain, masquer par le comte de Broglio, et que les ennemis avaient fortifiée avec soin.

Cette ville se rendit après quatre jours de siége, au maréchal de Montesquiou. On y trouva deux cents pièces de canon, sur lesquelles, trente de vingt-quatre, avec leurs affûts tout neufs.

La rapidité et l'importance de ces conquêtes fit un grand effet à Utrecht. La morgue des ennemis baissa, et les plénipotentiaires français reprirent courage. Villars alla, le 1er août, reconnaître l'armée des ennemis, résolu de l'attaquer, si elle voulait continuer le siége de Landrecies. Il la trouva s'ébranlant pour se rapprocher du Quesnoi, pendant que ses bagages tiraient vers Bavay, qui était le chemin de Mons.

Il songea donc à assiéger Douai. Le prince Eugène accourut pour défendre cette place.

Voulant le prévenir, Villars donna des ordres pour qu'on pressât les travaux du siége. Et, comme il les visitait, s'apercevant de la négligence des officiers-généraux, il leur dit vivement : « Je n'y serai » plus trompé, car mon frère, Nangis et Contade se » relèveront, et ne quitteront pas l'ouvrage qu'il ne » soit parfait, et quand je donne des ordres, je veux » qu'on les suive. »

L'armée ennemie s'approcha de celle du roi, le 12 d'août; elle mit sa droite à Carvin-Epinay, et sa gauche vis-à-vis l'abbaye de Flines. Le quartier du prince de Savoie était au château de Liesse. Il fit venir de Tournay une grande quantité de canons, et tout ce qui pouvait lui être nécessaire pour forcer un quartier. On ouvrit la tranchée le 14, et on résolut deux attaques.

Mais l'ennemi, trouvant des difficultés trop grandes à attaquer l'armée française, se retira le 27, après avoir mis le feu à ses fascines. Le même jour, la garnison du fort de la Scarpe battit la chamade.

Villars était à la tranchée. Les officiers qui sortirent demandèrent quatre jours pour avoir le temps de recevoir les ordres du prince de Savoie. « Vous voudrez bien, leur répondit-il, que sur vo» tre proposition j'assemble mon conseil. — Cela » est trop juste, répondirent-ils. Il appela les gre» nadiers : — Approchez, Messieurs, c'est votre

» conseil que je veux prendre. — Comment, répli- » quèrent les officiers, un conseil de grenadiers ? — » Sans doute, en pareilles occasions je n'en prends » pas d'autre. Il dit donc aux grenadiers : — Mes » amis, ces capitaines demandent quatre jours pour » avoir le temps de recevoir les ordres de leur géné- » ral ; qu'en pensez-vous ? Leur réponse fut : — » Laissez-nous faire, dans un quart-d'heure nous » leur couperons... — Messieurs, leur dit Villars, » ils le feront comme ils le disent : ainsi prenez vo- » tre parti. » La délibération ne fut pas longue : ils se rendirent à discrétion.

Villars alors pressa plus vivement le siége, et fit attaquer le chemin couvert. L'action fut très-vive : elle commença un quart-d'heure avant la nuit. Les troupes marchèrent avec leur ardeur ordinaire. Les grenadiers disaient gaîment devant moi : Nous allons relever les Hollandais. Le logement fut établi avant minuit. Les ennemis voulurent le troubler par une sortie, qui fut repoussée sur-le-champ.

La prise du chemin couvert entraîna, la même nuit, celle d'un ouvrage qu'on appelait la redoute de Piémont.

L'armée ennemie marcha, le 2 de septembre, pour s'approcher de Tournay. Sur ce mouvement, Villars fortifia le corps de troupes qui était entre Saint-Amand et Valenciennes, il ordonna au comte de Saillant d'envoyer Pasteur, brigadier des troupes d'Espagne, et très-bon partisan, en Hollande, où il n'y avait point de troupes. Il s'acquitta fort bien de sa commission, et alla tout près de Roterdam, brûler les petites villes de Tortolles et de Sleimbourg. Cette expédition étonna les Hollandais, qui n'étaient plus habitués à voir les Français si près d'eux.

Le 4 de septembre, les soldats de Villars traversèrent vaillamment les fossés de Douai, tout fut emporté avec la plus grande valeur, et, le lendemain, Douai rentra sous l'obéissance du roi. On y trouva plus de deux cents milliers de poudre, et une très-grosse artillerie.

Sans attendre la reddition de Douai, voyant, dès les premiers jours de septembre, qu'elle ne pouvait pas tarder, Villars fit marcher à Valenciennes soixante bataillons, et autant d'escadrons, pour occuper les postes qu'il avait déjà reconnus, dans le dessein d'entreprendre le siége du Quesnoi.

Après ses dispositions prises, il fit ouvrir la tranchée entre les portes de Saint-Martin et de Valenciennes, et l'on fit une fausse attaque à la porte de Forest; il faisait un temps horrible, qui contribuait, à la vérité, à rendre le feu des ennemis très-médiocre, mais qui rendait aussi les travaux fort difficiles. On en fit cependant d'immenses, et sans grande perte d'abord. Les ennemis, qui avaient une artillerie très-nombreuse, et toute la poudre qu'ils avaient destinée au siége de Landrecies, firent un feu prodigieux et continuel.

La nuit du 20 au 21, ils firent une sortie. Le bataillon des gardes françaises, qui était de tranchée, marcha à eux, les chassa dans le chemin couvert, et revint dans ses postes, sans être troublé par leur feu, qui fut terrible la journée du 21.

Tout étant prêt le 29 pour l'attaque des deux chemins couverts, on la fit une demi-heure avant la nuit, avec les troupes de la tranchée montante, et tout fut emporté avec une extrême rapidité.

Après une bonne brèche, Villars se détermina à donner l'assaut à la place. Pendant qu'on s'y préparait, les ennemis battirent la chamade; le maréchal ne voulut rien entendre, que les bataillons des gardes ne fussent maîtres des postes. Ainsi le gouverneur se rendit à discrétion avec sa garnison.

A peine fut-on maître du Quesnoi, qu'on ouvrit la tranchée devant Bouchain, c'était le 9 d'octobre. Le 18, cette place cédait encore à la valeur de Villars.

Ce fut la cinquième place emportée sur les ennemis en deux mois et cinq jours, avec cinquante-trois bataillons prisonniers de guerre, ou rendus à discrétion, et quinze lieutenants-généraux ou maréchaux-de-camp, tant à l'affaire de Denain, que dans ces cinq places; sans compter plus de cent pièces de gros canons, cinquante mortiers.

Ces conquêtes portaient des coups mortels aux Hollandais, qui commençaient à se dégoûter des intrigues des agents de l'empereur.

Le roi daigna récompenser Villars de ces succès, par le gouvernement de Provence.

Les armées se séparèrent avant la fin d'octobre. Les ennemis tirèrent les premiers sur Bruxelles ; et Villars, après avoir pourvu à la sûreté des villes prises, par les réparations des brèches et de fortes garnisons, étendit les troupes le long de la frontière, dans de bons cantonnements.

Villars partagea l'hiver entre Paris, Villars et la cour. Il ne restait pas long-temps à Versailles, parce que le métier de courtisan n'était pas de son goût; mais le roi ne laissait pas de le traiter avec distinction.

La paix se conclut avec les Hollandais, qui, en gardant la Flandre espagnole pour la maison d'Autriche, en devinrent comme les maîtres. Les Anglais obligèrent la France de raser les fortifications et de combler le port de Dunkerque, de leur céder à perpétuité l'île de Terre-Neuve, et les autres adjacentes, avec quelques restrictions seulement pour la pêche. Le roi s'engagea en outre à reconnaître la succession à la couronne de la Grande-Bretagne, dans la ligne protestante. On laissa le duc de Bavière en possession du duché de Luxembourg et du comté de Namur, jusqu'à ce qu'il eût été rétabli dans ses Etats d'Allemagne et dans son rang d'électeur, et qu'il eût été mis en possession du royaume de Sardaigne, qu'on lui cédait en dédommagement des pertes qu'il avait essuyées. Le roi de Prusse gagna la Haute-Gueldre, et le duc de Savoie le royaume de Sicile, avec des échanges qui lui convenaient sur les frontières de Savoie. Toutes ces puissances reconnurent Philippe V pour roi d'Espagne, et on rendit à la France Lille, Aire, le fort Saint-François et Saint-Venant. Ces traités, et d'autres moins importants, ne furent clos et signés que le 11 d'avril 1713.

LIVRE SEPTIÈME.

L'empereur, mécontent du traité d'Utrect, se disposa à continuer la guerre. Le roi destina à Villars le commandement d'Allemagne.

Comme ils s'entretenaient des projets de la campagne, et que Louis XIV montrait au maréchal l'état des forces qu'il lui destinait : « Sire, lui dit-il, Votre Majesté n'a donc plus d'ennemis en Flandre ?
» Eh bien ! il faut en transporter toute la cavalerie
» en Allemagne. Vous avez des marchés faits à
» vingt-cinq sous la ration ; je les nourrirai à bien

» meilleur compte. — Mais dit le roi, les maré» chaux d'Harcourt et de Besons m'ont dit que, » s'ils avaient plus de deux cents escadrons, ils ne » pourraient les faire subsister. — Je dois connaître, » répondit Villars, ces frontières, et tous les pays où » l'on peut porter la guerre; et j'ai l'honneur d'as» surer Votre Majesté que plus j'aurai de troupes, » et plus je trouverai de pays à les nourrir. Il n'est » question que de cacher nos desseins, et de faire » en sorte que nos premiers mouvements persuadent » que nous ne songeons qu'à une guerre défensive, » comme vous l'aviez résolu. — Faites comme vous » l'entendrez, répondit le roi. — La plus importante at» tention, répliqua Villars, est le secret; ainsi Votre » Majesté seule et le ministre de la guerre seront in» formés de mes projets. »

Le prince Eugène voyant une bonne partie de l'armée de Villars au-delà du Rhin, l'attendait aux lignes d'Etlingen. Pour le tromper, Villars fit avancer un corps de cavalerie considérable vers Rastat, fit lui-même une lieue sur le même chemin, publiant que le lendemain toute l'armée le suivrait. Mais il repassa le soir même, et se rendit à Lauterbourg, et commença sa véritable marche.

L'armée fit seize lieues en vingt heures, la plus grande partie la nuit. Le maréchal fut presque toujours à pied à la tête des soldats. Quelques-uns succombaient à la fatigue : « Mes amis, leur dit-il, ce » n'est que par la diligence et de telles peines que » l'on attrape les ennemis. — Pourvu, lui répon-

» dirent-ils, que vous soyez content, et que
» nous les attrapions, ne vous embarrassez pas
» de notre peine, nous avons bon pied et bon cou-
» rage. »

Tout le pays fut également trompé ; en sorte que l'avant-garde trouva l'évêque de Spire dans sa ville, et que les magistrats demandèrent aux premiers de l'armée française qui se présentèrent si le prince de Savoie voulait loger à l'évêché, comptant que c'était l'armée de l'empereur qui avait passé le Rhin à Philisbourg. Etant sûr alors que toute communication de Landau avec le Rhin était coupée, pour consoler l'infanterie de sa peine, il lui abandonna pendant deux jours les caves du pays, remplies de vin, et fit donner des vaches ; mais ces deux jours passés, il rétablit la plus sévère discipline, et elle fut exactement observée. Comme il avait coutume de parler lui-même aux bataillons, il leur fit voir la nécessité, dans l'occasion présente, de conserver le pays ennemi, pour s'y assurer des subsistances.

Après avoir trompé les ennemis, Villars n'oublia rien pour ne l'être pas à son tour. Sa grande attention était de bien connaître ses officiers généraux subalternes. Il savait que tel, par un esprit audacieux, est propre à mener une tête, qui doit attaquer ; tel autre, par un génie porté naturellement aux précautions, sans d'ailleurs manquer de courage, répondra plus exactement de la défense d'un pays ; et ce n'est qu'en appliquant à propos ces différentes qualités personnelles, que l'on peut se préparer, et presque s'assurer de grands succès.

Il était assez tranquille au sujet de la grande armée des ennemis, parce qu'elle ne pouvait passer le Rhin qu'à Mayence, et qu'il avait le temps de prendre ses mesures; mais il lui restait encore quelques postes à occuper, pour avoir tant ses sûretés que ses subsistances. C'est ce qu'il fit avec beaucoup de sagesse et d'habileté.

Cependant les opérations commencèrent. Keyserslauter, attaqué par ordre de Villars, se rendit et livra sa garnison. On prit également le château de Vérastein, qui achevait d'ôter aux ennemis tout poste entre Coblentz et Mayence.

«Par abondance de précaution, écrit Villars, je fis retrancher un camp devant l'ouvrage que les ennemis » avaient à la tête de leur pont à Philisbourg. J'ordonnai aux troupes qui venaient de la Franche-Comté, » de former un camp sous Brissak, et je leur faisais » fournir des fourrages du pays ennemi, de l'autre » côté du Rhin; et, étant bien aise, à tout événement, d'être le maître de tenter quelques entreprises au-delà du fleuve, je fis venir un pont de » bateaux portatifs à Seltz.

» Il ne me restait d'inquiétude que de la part d'un » fort qui était vis-à-vis de Manheim, dont les ennemis pouvaient à toute heure fortifier la garnison » par le secours des bateaux, et ensuite établir un » pont en une nuit, d'autant plus facilement, que » le Rhin, en cet endroit, n'avait qu'un seul canal.

» Le sieur d'Albergoti, que j'avais chargé de cette » attaque, s'était mis dans la tête qu'il suffirait de » masquer et de bloquer ce fort, dont il voulait » croire les ouvrages beaucoup meilleurs qu'ils » n'étaient. « Dès que vous en serez maître, lui » écrivais-je, vous serez étonné et peut-être hon- » teux de l'avoir cru si bon. » J'y allai moi-même, » et j'ordonnai que l'on disposât tout pour l'empor- » ter, dès que le canon aurait rasé quelques fraises » et palissades; mais nous n'en eûmes point la » peine. Un nommé Villiers, très-bon ingénieur, » piqué de ce que M. d'Albergoti en avait demandé » un autre pour conduire l'attaque, entra dans le » chemin couvert, que l'on trouva abandonné, et » une demi-heure après dans la ville, que l'on » trouva abandonnée de même. J'y entrai aussi » avec M. d'Albergoti et ses officiers, qui avaient » été comme lui de l'avis du blocus; et, en leur » montrant les vices de la place, je leur dis assez » sèchement : « Je vous prie, Messieurs, de régler » une autre fois vos idées avec plus de soumission » sur celles de votre général. »

Peu après la prise du fort, situé près de Manheim, Villars s'établit devant Landau pour en faire le siége. Il mit à contribution tout le pays en-deçà du Rhin, jusqu'au-delà de Mayence, et le trouva rempli d'une prodigieuse quantité de grain; qu'il ordonna aux baillis et aux magistrats de toutes les petites villes d'en préparer cinquante mille sacs pour les armées du roi; et aux bailliages de Lorraine, de fournir tous les chevaux et les gens qui leur seraient demandés. Le pays de Metz, Toul et Verdun avaient aussi leur part à fournir pour les subsistances de l'armée.

L'électeur palatin, voyant ses États exposés à de fortes contributions, envoya un de ses ministres, chargé de demander quelques ménagements. Dourlach et Bade s'engagèrent à fournir du blé; et le maréchal prit ses mesures pour en recevoir livraison.

L'armée du siége fut composée de soixante bataillons et cinquante escadrons, sous les ordres du maréchal de Besons. Il y avait dans la place environ douze mille hommes, commandés par le prince Alexandre de Virtemberg, lieutenant général de l'empereur. La tranchée fut ouverte la nuit du 24 au 25 de juin, et avancée jusqu'à demi-portée de fusil des premiers ouvrages des ennemis, avec tant de précautions et si peu de bruit, qu'ils ne s'en aperçurent pas. Après quelques succès, la nuit du 27 au 28, on acheva une batterie de six pièces de 24, pour battre le petit fort détaché qui était dans les dehors de la place.

Les ennemis firent, le 2 de juillet, une sortie assez considérable. Mais ils furent repoussés dans leur contrescarpe.

Ennuyé de la prolongation du siége, Villars s'en plaignit au maréchal de Besons, et donna ordre que, la nuit du 11 au 12, on attaquât tous les ouvrages extérieurs en-deçà du chemin couvert. Le principal ouvrage, défendu par trois cents hommes des ennemis, fut emporté par les grenadiers avec leur valeur ordinaire; et ces trois cents hommes firent même une médiocre résistance. Il était revêtu de front, et la gorge aussi, et il y avait jusqu'au premier chemin couvert une communication sous terre, par où les ennemis pouvaient le secourir; mais on ne leur en donna pas le temps.

De ce jour, Villars se fixa au siége, comme dans le centre et le but principal de ses opérations.

Du 12 de juillet au 4 d'août, on prit en détail plusieurs ouvrages qui couvraient le corps de la place. Après s'être emparés, la nuit du 15 au 16, d'un pâté défendu par la rivière de Queiche, qu'il fallut passer sur des ponts à chevalets, on emporta, le 18, les contre-gardes.

Le jour d'après, les ennemis mirent le drapeau blanc, et demandèrent à capituler. Il y eut suspension d'armes d'une heure. Villars dit aux officiers de la députation : « Vous serez prisonniers de » guerre : n'espérez pas d'autre traitement. » Ils ne voulurent point y consentir, et on recommença à tirer. Une demi-heure après, un colonel des ennemis vint apporter la capitulation. « Avant de lire » les articles, lui dit le maréchal, celui des prisonniers de guerre y est-il? » Il répondit que le prince de Virtemberg n'y consentirait jamais. « Reportez votre capitulation, répliqua Villars; bien » des compliments à M. le prince de Virtemberg; » vous lui direz que je considère trop son mérite

» pour ne pas priver quelque temps l'empereur de » ses services et de ceux des braves gens qui défen- » dent Laudau ; » et on recommença, pour la troisième fois, à tirer. Le lendemain, 20 août, le prince de Virtemberg se rendait prisonnier de guerre avec sa garnison, sans aucune restriction.

Avant la prise de Landau, les vues de Villars tournèrent sur Fribourg. Il semble que le prince Eugène le devina ; car il s'appliqua à fortifier puissamment les gorges et les montagnes derrière la ville. De son côté, Villars mit tout en œuvre, afin de donner le change à l'ennemi, et d'écarter toute idée qu'il dût attaquer Fribourg. Il eut grand soin surtout de faire réparer les fortifications de Landau, afin que si le prince Eugène s'y portait pendant le siége de Fribourg, il pût le laisser morfondre devant cette place, et pénétrer lui-même dans le cœur de l'empire, par Phillingen.

Après quelques retards et quelques difficultés pénibles à Villars, tout fut prêt, le 16, pour le siége. Le comte du Bourg marcha, avec quarante bataillons, droit sur Fribourg. Villars feignit de faire attaquer Phillingen, et alla le joindre à Roscoph, montagne qui couvrait Fribourg ; de son côté, le général Vaubonne avait employé le temps du siége de Landau à perfectionner les retranchements qui étaient sur la hauteur. Il occupait la crête avec dix-huit bataillons impériaux. Les redoutes étaient fraisées et palissadées, et la gauche de ce retranchement tenait au fort Saint-Pierre, qu'on peut dire imprenable par sa situation. Il était très-facile aux ennemis d'y envoyer beaucoup plus de troupes, quand ils reconnaîtraient qu'on en voulait à ce poste : c'est pourquoi Villars avait recommandé au comte du Bourg d'attaquer, à quelque moment qu'il arrivât.

Il voulait des pioches, des outils, des fascines, et plusieurs autres préparatifs. « Rien de tout cela, » répondit le maréchal, des hommes. » Et en même temps il fit marcher toutes les troupes. Ayant envoyé le chevalier d'Asfeldt attaquer une demi-lune sur la droite, et le comte d'Estrades faire une diversion sur la gauche de l'attaque du chevalier d'Asfeldt, il marcha lui-même à la tête de tout, avec cinq cents grenadiers devant lui. La montagne était si escarpée, et le rocher si roide, qu'il sentit son cheval, quoique très-fort, plier sous ses jambes, et prêt à le faire rouler dans le précipice. Se jetant brusquement à bas avec grand risque, puisque, depuis sa blessure, il lui fallait toujours deux hommes pour le mettre à cheval, il grimpa des pieds et des mains, aidé par des grenadiers, et accompagné de plusieurs jeunes gens de qualité vifs et ardents. Les ennemis ne purent résister à la violence de l'attaque; on en tua un grand nombre. Le reste de leur infanterie se jeta dans Fribourg, et leur cavalerie s'enfonça dans les gorges.

Villars la suivit, et aurait pénétré plus avant dans l'empire sans le manque de vivres.

Revenu devant Fribourg, il régla les quartiers et prit les postes qui pouvaient rendre le secours difficile, et même faire perdre l'envie de le tenter. Ce siége était une entreprise très-hardis, surtout à la fin de septembre. Trois forts qui occupaient les montagnes rendaient la ville comme inattaquable, et entre les trois, celui de Saint-Pierre passait pour imprenable. Mais l'espérance de Villars était fondée sur ce qui l'aurait peut-être fait perdre à d'autres. La ville renfermait une garnison de dix-neuf bataillons, sans compter les détachements et toute la noblesse du pays, qui s'y était réfugiée. Les officiers du corps de Vaubonne y avaient aussi leurs femmes et la meilleure partie de leurs équipages, qu'ils n'avaient pas eu le temps de mettre ailleurs. D'après cela, voici le raisonnement du maréchal : « Le siége » de la ville sera peut-être long; mais si elle n'est » pas secourue, on la prendra quinze jours plus tôt » que plus tard. Je ne donnerai aucune capitulation » à la garnison, et sa détresse me servira à prendre » les forts de Saint-Pierre et de l'Etoile, sans les » attaquer. » Il s'embarqua sur cette espérance.

La tranchée fut ouverte la nuit du dernier de septembre au premier d'octobre. On se servit d'un redan le long de la rivière, qui menait presque au pied du glacis de la porte Saint-Martin. Le travail fut poussé à deux cents toises de la palissade. On n'y fit pas grande perte; il y eut seulement entre les travailleurs une petite alarme, que Villars dissipa par sa présence.

Le soir du premier d'octobre, les ennemis firent une grosse sortie; mais les bataillons de la reine, qui étaient à la tête de la tranchée, les repoussèrent; la nuit du 4 au 5, on plaça vingt-quatre pièces en batterie contre la ville et le château. Le canon des Français commença à en imposer à celui des ennemis; néanmoins ils firent deux grandes sorties, dont l'issue leur fut désavantageuse.

Villars apprit alors que le prince Eugène était parti de son camp près d'Etlingen, pour s'approcher de lui. Comme le chef allemand pouvait marcher par-derrière les montagnes, ou par la plaine, il n'oublia rien pour empêcher qu'il ne l'obligeât à partager ses forces, en le menaçant de deux côtés. Il fortifiait si bien les montagnes, qu'il ne lui restait de pays accessible que par la plaine.

L'attaque du chemin couvert, et d'une lunette qui le défendait, ayant été résolue pour la nuit du 13 au 14, Villars commanda quarante compagnies de grenadiers, soutenues de plusieurs bataillons. Le hasard fit que les assiégés avaient résolu de leur côté une sortie de douze cents hommes, commandés par le général Vetveseim. Il se mettaient en bataille sur le glacis, lorsque les grenadiers français sortirent de la tranchée. C'étaient tous gens choisis : l'action fut chaude, et la mêlée meurtrière. Peu de ces douze cents hommes rentrèrent dans la place. Le général ennemi fut amené à Villars à la tête de l'attaque.

La lunette était gardée par deux cents hommes, qui se défendirent avec la plus grande fermeté. On envoya, pour soutenir les grenadirs, trente-quatre bataillons. Le combat dura deux heures avec un acharnement égal. Les grenadiers, qui d'abord étaient entrés dans la lunette, en furent chassés; mais on y pénétra de nouveau. Les deux cents hommes qui la défendaient ne voulurent point de quartier. Du côté des Français, presque tous les capitaines de grenadiers restèrent morts, tant dans la lunette que dans le chemin couvert. Le duc de Richelieu, qui faisait auprès de Villars les fonctions d'aide-de-champ, fut blessé à la tête, et lui-même il reçut, à la hanche, un coup de pierre si violent, que ses habits en furent percés. Les ennemis perdirent beaucoup à cette action; mais elle coûta aux Français mille hommes. La valeur du soldat y fut portée au plus haut point. Il y eut, le lendemain, suspension d'armes.

Cependant l'attaque du château n'avançait pas. Villars n'en avait jamais espéré un grand succès, ne comptant sur la prise du château que par celle de la ville. Les ennemis firent, le 16, un signal du fort de Saint-Pierre, et on eut lieu de croire que c'était pour avertir le prince Eugène qu'ils étaient pressés. Il était alors sur les hauteurs de Holgraphe. Il y demeura un jour, et se retira. Le maréchal établit, le 18, six batteries sur le chemin couvert. Les princes du sang même le prièrent alors de laisser sortir des dames de Fribourg : « Permettez, » leur répondit-il, que je ne diminue en rien l'in» quiétude des ennemis, surtout des plus galants » de leur généraux. » Il persista, malgré eux, dans une dûreté qui fut très-utile aux Français.

Les nouvelles batteries de l'armée commencèrent à tirer du 19 au 20, et l'on renversa la contrescarpe dans le fossé. On commença à le saigner et à y jeter des fascines et des sacs à terre; mais il restait aux ennemis deux batteries dans les flancs bas, couvertes par les oreillons des bastions. Elles rasaient le fossé, et étaient trop basses pour que le canon des assiégeants pût bien les voir. Malgré cela, les ponts furent achevés le 27, ou plutôt les fossés furent comblés, et on se trouva en état de monter à l'assaut le 30. Mais à huit heures du matin il parut un drapeau blanc sur la brèche, et le marquis de Villeroi amena deux magistrats, qui apprirent à Villars que le gouverneur les avait abandonnés, et s'était retiré dans les châteaux. Le maréchal courut à la brèche pour garantir la ville du pillage. Il était temps.

Moyennant un million que la ville donna, elle se racheta du pillage et de l'incendie, à condition cependant qu'on ne tirerait pas des forts du château où la garnison s'était retirée, et Villars fit dire au gouverneur que, s'il en partait un seul coup, il ferait tout passer au fil de l'épée. Une autre chose à laquelle il ne s'attendait pas, c'est que le maréchal ajouta que, comme il avait jugé à propos d'abandonner à sa discrétion plus de cinq mille hommes de sa garnison, blessés et autres, il ne tromperait pas sa confiance, et qu'il ne leur serait fait aucun mal; mais qu'ils n'auraient d'autre subsistance que celle qui leur serait envoyée du château. Sur cette déclaration, le gouverneur demanda permission d'envoyer des officiers au prince de Savoie, pour lui apprendre sa situation, et voir s'il voudrait changer quelque chose à l'ordre précis qu'il lui avait donné de se défendre jusqu'à la dernière extrémité, avec promesse de le secourir.

Pendant cette espèce d'armistice, Villars remit quelque ordre dans la ville, où régnait une horrible confusion. On trouva vingt-quatre pièces de canon en état de servir, qui, jointes à celles qu'il avait déjà, lui firent soixante pièces de 24 et quarante mortiers prêts à foudroyer le château, si la réponse qu'on attendait du prince Eugène n'était pas conforme à sa demande. Il les mit en batterie, sans essuyer un seul coup de fusil. Pour les vivres à fournir aux prisonniers, le gouverneur lui écrivit une lettre très-pathétique, dans laquelle il lui mandait que ni son honneur, ni celui de la garnison ne lui permettaient de se défaire des vivres, qui lui étaient nécessaires, pour suivre les ordres de son maître et de son général, et qu'il ne croyait pas que la religion de Villars lui permît de faire mourir de faim des chrétiens dont il était le maître.

« Mon honneur, répondit le maréchal, ma reli» gion, et ce que je dois à mon maître et aux Fran» çais, ne me permettent pas de laisser du pain à » un ennemi qui n'en veut que pour tuer les Fran» çais : ainsi vous enverrez du pain aux soldats que » vous avez abandonnés, ou vous répondrez à Dieu » de ceux qui périront à vos yeux; » et, pour rendre sa réponse plus efficace, deux jours après il fit porter aux barrières du château une vingtaine de soldats épuisés de faim. La garnison, voyant ses camarades prêts à périr, obligea le gouverneur de donner du pain et de la viande aux prisonniers, et retira dans le château ces vingt malheureux. Comme Villars savait que les troupes des forts n'avaient pas des vivres pour deux mois, et qu'elles étaient forcées de les partager avec plus de cinq mille hommes abandonnés dans la ville, il comptait qu'elles ne tiendraient pas trois semaines.

Villars alla loger dans la ville même pour être derrière les batteries qu'il destinait à foudroyer le château. Le gouverneur, impatient de voir tout préparer sous ses yeux pour la ruine, fit quelques difficultés de laisser faire les travailleurs français sans obstacles de sa part. On lui réitéra les premières menaces, et il laissa mettre tout en état de tirer le 12 novembre.

Le 10, le général Vactendonne vint dire à Villars, de la part du gouverneur, que la réponse du prince Eugène ne lui donnait pas une liberté entière, et il demandait la permission de retourner près de lui. « Je ne puis le faire, répondit le maréchal, qu'à » condition que le fort de Saint-Pierre me sera » remis sur-le-champ. » La proposition fut refusée. Cependant, comme il avait besoin de cinq ou six jours encore pour recevoir le supplément d'artillerie qu'il attendait, il permit enfin au général Vactendonne d'aller trouver le prince Eugène, à condition qu'il serait de retour le cinquième jour. En attendant, il fit les dispositions nécessaires pour attaquer Kirn et Trarbach, immédiatement après la prise de Fribourg.

Enfin, le 13 au soir, le gouverneur reçut, du prince Eugène, la permission de rendre les forts. On y trouva, dans les forts et châteaux, une quantité prodigieuse de munitions de guerre et d'artillerie.

Une affaire, pour le moins aussi importante, fixait l'attention de Villars : c'était la paix. Après quelques dispositions préliminaires, il eut, à Bastat, des conférences avec le prince Eugène; et l'année suivante le traité de paix fut signé à Bade.

Villars ensuite rentra à la cour, où il eut quelque sujet de mécontentement, la charge de chef du conseil des finances, qu'il ambitionnait, ayant été donné au maréchal de Villeroi.

Il s'en plaignit à madame de Maintenon, et ne s'en cacha pas au roi. Louis XIV lui donna audience deux jours après son arrivée, et lui tint les discours les plus flatteurs sur les grands services qu'il lui avait rendus, jusqu'à lui dire qu'il n'était pas en son pouvoir de les récompenser dignement.

Après quelques instants d'un entretien où le roi communiquait à Villars ses pensées intimes, le maréchal reprit en ces termes : « Avant mon départ » de Bade, j'ai supplié Votre Majesté de vouloir » bien se souvenir de moi, lorsque la charge de » chef du conseil des finances viendrait à vaquer.

» Vous en avez honoré M. le maréchal de Villeroi. » Je ne suis pas étonné, Sire, qu'une amitié de la » première jeunesse ait prévalu ; mais enfin, Sire, » après avoir été honoré des plus importantes mar- » ques de votre confiance, il ne me restera donc » plus que d'aller chercher une partie de piquet » chez Livry avec les autres fainéants de la cour, si » Votre Majesté ne daigne pas me donner entrée » dans ses conseils. » Le roi répondit que le duc du Maine, son fils, le maréchal d'Harcourt et quelques autres aspiraient à la même faveur, et qu'il demandait quelque temps pour s'arranger sur ce qu'il voulait faire pour lui. « Ah ! Sire, répartit Villars, si » une pareille conjecture ne détermine pas Votre » Majesté, puis-je jamais en espérer de plus favo- » rable ? » Le roi ne répondit à ses instances qu'en l'embrassant, et lui répéta qu'il ne lui demandait que quelque temps. Villars se retira avec un air assez triste. Il le suivit ; et, comme il était prêt à ouvrir la porte du cabinet, ce grand prince, qui était naturellement bon et sensible, lui dit : « M. le » maréchal, vous me paraissez peiné ? — Il est » vrai, Sire, que je le suis, répondit-il. — Et moi » aussi, répliqua le roi. — Il est bien aisé à Votre » Majesté, continua le maréchal, de faire cesser » ces petites peines. La mienne est véritablement » bien sensible. » Villars sortit après ces paroles, passa dans la chambre du lit, où il n'y avait jamais personne quand le roi travaillait dans son cabinet. Il le suivit encore : il était ébranlé. Villars fut près d'insister. Il l'embrassa une seconde fois. Un courtisan habile, qui sait qu'on réussit quelquefois en payant de hardiesse, n'aurait pas abandonné la partie. Mais comme Villars vit le roi fâché, son cœur se gonfla; il sentit que quelques larmes voulaient s'échapper, et s'enfuit. Les autres ministres avaient peut-être fait peur au roi de la franchise de Villars, et il craignit, en l'introduisant dans son conseil, d'y voir naître des altercations désagréables.

En toute occasion, le roi ne cessait de donner à Villars des marques de distinction. Il le vit rarement qu'il ne lui dît quelque chose de flatteur. A la chasse, un jour, contre sa coutume, il avait manqué plusieurs coups; mais, quand Villars fut arrivé, il en tira quatre tout de suite fort justes. Il lui dit alors, d'un air riant : « M. le maréchal, vous » m'avez porté bonheur; car, jusqu'à votre arrivée, » j'avais mal tiré. Vous êtes accoutumé à rendre » mes armes heureuses. »

Villars avait été admis, lors de la prise de Landau, dans l'ordre de la Toison-d'Or d'Espagne. Il fut alors reçu membre de l'Académie française.

Se trouvant délivré des affaires générales, Villars s'appliqua à celles de son gouvernement. Les finances de la ville de Marseille étaient dans un grand désordre; et la Provence entière étant aussi accablée de dettes, le roi avait été déterminé à former un tribunal d'attribution, composé de conseillers d'Etat, présidés par M. de Harlay, pour chercher du remède aux maux de la province. Le roi nomma Villars son commissaire à la direction de ces affaires.

Cependant, comme elles semblaient absorber Villars, il craignit que le maréchal ne songeât à se retirer de la cour. Villars, averti de la peine du roi, se rendit à ses vœux, et ne s'absenta plus guère de Versailles.

Peu de temps après, Villars partit pour Baréges, où il devait prendre des bains à cause de sa blessure. Il était en route lorsqu'il apprit que le roi était grièvement malade. Il revint sur-le-champ.

A son retour, le roi lui dit : « J'ai donné la charge » de président à mortier, ainsi que vous l'avez dé» siré.. » Puis il lui parla de sa maladie, qui était une douleur de jambe très-aiguë. Il avait la fièvre depuis plusieurs jours. Son médecin avait soutenu jusqu'à l'extrémité qu'il n'en avait pas : on le disait même encore; mais il ne dormait pas, et buvait vingt verres d'eau par nuit.

Après les premières paroles à Villars sur la charge conservée dans la famille de M. de Maisons, le roi ajouta en lui tendant les mains : « Vous me voyez » bien mal, M. le maréchal. — Il n'est pas éton» nant, répondit Villars, que Votre Majesté, ac» coutumée à beaucoup d'exercice, se croie mal » par une incommodité qui l'empêche d'en faire. » — Non, répliqua-t-il, je sens dans ma jambe de » très-grandes douleurs. » Il lui parla ensuite de diverses choses.

La maladie du roi empira très-rapidement, et le samedi au soir, 24 d'août, veille de saint Louis, on commença à désespérer. Après avoir entendu la messe le jour de sa fête, il ordonna aux médecins de lui parler nettement sur son état. Ils le firent, et commencèrent, pour ainsi dire, son agonie huit jours avant sa mort.

Deux jours avant sa mort, il fit appeler les premiers de sa cour avec le Dauphin, et les voyant tous assemblés, il leur dit avec ce ton de dignité et de bonté qui lui était naturel : « Je vous recom-» mande le jeune roi ; il n'a pas cinq ans. Quel » besoin n'aura-t-il pas de votre zèle et de votre » fidélité ? Je vous demande pour lui les mêmes » sentiments que vous m'avez montrés en tant » d'occasions. Je vous recommande d'éviter les » guerres ; j'en ai trop fait : elles m'ont forcé de » charger mon peuple, et j'en demande pardon à » Dieu. » En les congédiant après cette scène attendrissante, il retint les cardinaux de Rohan et de Bussy, et leur dit que c'était une véritable douleur pour lui de n'avoir pu terminer les affaires de la religion ; que si Dieu lui eût donné quelques jours de plus, il aurait espéré faire cesser les divisions. Le roi mourut le premier de septembre, après avoir marqué tous les jours de son agonie par quelques traits de bonté, de force, et surtout de piété.

LIVRE HUITIÈME.

Les intrigues furent vives dans les derniers temps du règne de Louis XIV. Le duc d'Orléans se défiait de la part que le roi lui donnait à la régence, et ménageait tout le monde. La lecture du testament fut faite par M. le Dreux, conseiller de grand'-chambre. Il parut dès le premier moment que le parlement était préparé à ne pas faire grand cas des dispositions du feu roi. Ce prince s'était appliqué à circonscrire l'autorité du duc d'Orléans, en établissant un conseil de régence sans régent; et le parlement créa un régent sans conseil de régence, puisqu'il laissa au duc d'Orléans la liberté de le composer comme il voudrait, d'en retrancher ceux qui étaient nommés dans le testament, d'y en mettre de nouveaux; en un mot, une autorité sans bornes. Le régent reconnut cette complaisance en rendant au parlement, comme il l'avait promis, le droit de faire des remontrances, droit qui charma tout ce corps, jeunes et vieux.

M. d'Aguesseau, procureur général, proposa, de la part du duc d'Orléans, la création de conseils chargés chacun de différentes parties de l'administration. Le régent voulait faire croire par ces établissements que son désir était d'appeler au gouvernement du royaume les principaux de l'Etat et du parlement; mais il n'avait réellement envie que de leur en donner l'espérance. Cependant tous y furent pris, et on applaudit avec enthousiasme à ce système de gouvernement. Il n'y eut que Villars qui en sentit l'inconvénient, et qui réclama auprès du procureur général. M. d'Aguesseau lui répondit que le prince était absolument déterminé à l'établissement de ces conseils, et qu'il croyait en cela ne suivre que les idées du dernier dauphin, dont on connaissait la prudence et les bonnes intentions. Ainsi l'établissement des conseils passa d'une voix unanime. Leur composition cependant ne fut fixée qu'un mois après, afin de contenir pendant cet intervalle tous les aspirants par la crainte et l'espérance.

A la tête était le conseil de régence, composé, comme il était porté par le testament, du régent, du duc de Bourbon, quand il aurait vingt-quatre ans, du duc du Maine, du comte de Toulouse, du chancelier de France, des maréchaux de Villeroi, d'Huxelles, d'Harcourt, du surintendant des finances et de Villars. Le régent y ajouta le maréchal de Besons, le duc de Saint-Simon et l'ancien évêque de Troyes; il en exclut le maréchal de Tallard et les quatre secrétaires d'Etat. Les autres conseils furent : un conseil de guerre, dont Villars fut nommé président; un conseil de finances, le duc de Noailles, président; un conseil des affaires étrangères, le maréchal d'Huxelles, président; un conseil de conscience, le cardinal de Noailles, président; un conseil de marine, le maréchal d'Estrées, président, et le comte de Toulouse à la tête, en qualité d'amiral; enfin un conseil de l'intérieur du royaume, le duc d'Antin, président.

Il en fut comme l'avait prévu Villars. Le régent voulut, les premiers jours, que l'on délibérât dans le conseil de régence, même sur les grâces; mais bientôt ce conseil n'en eut plus que l'apparence. Il n'y fut plus question que de quelques procès rapportés par des maîtres des requêtes. Le régent décidait tout sans en parler à personne.

Cette conduite donnait lieu à des jalousies, à des intrigues, à des cabales qui déterminèrent Villars à aller en Provence remplir les commissions que lui avait données Louis XIV, pour remédier aux désordres de la ville de Marseille et de toute la province. Il laissa donc ses fonctions de président de la guerre au duc de Guiche, vice-président, et partit dans le mois de mars.

Le régent ne tint pas pendant son absence la parole qu'il avait donnée aux ducs et pairs de les favoriser. Il les traita même assez durement en quelques circonstances, et il y a tout lieu de croire que la présence de Villars l'aurait un peu retenu; car dans un de ces soupers où il s'expliquait librement, parlant de ce qu'il venait de faire, il dit: « Qu'aurait dit le maréchal de Villars, s'il avait été » ici? Il aurait bien dit : Mes confrères, *sursùm* » *corda.* » C'est qu'il se souvenait que dans une assemblée de pairs, chez l'évêque de Laon, où il était question de marquer de la fermeté, Villars s'était servi de cette expression.

Il entra en Provence par Avignon, d'où il se rendit le lendemain à Lambesc, où se tint l'assemblée des commissaires chargés de régler les affaires. Il visita aussi, pour y rétablir l'ordre, les autres villes de son gouvernement, et fut reçu partout avec magnificence.

« Enfin, dit Villars, je retournai à Avignon, où » était le roi d'Angleterre, que le régent avait obligé à » sortir du royaume, suivant en cela des vues bien » différentes de celles du feu roi.

» Un bon courtisan, instruit des mauvaises dis- » positions du duc d'Orléans pour ce malheureux » prince, ne se serait pas détourné de sa route pour

» pour l'aller voir. Mais j'avais toujours été trop » éloigné de ces maximes, pour ne pas chercher » l'occasion de consoler un prince qui avait fait » plusieurs campagnes dans les armées que je com- » mandais, que le feu roi m'avait recommandé, et » qui m'avait toujours honoré de beaucoup d'amitié. » Ce prince m'attendait sur le port une heure avant » que j'y arrivasse, et me montra avec une vive » tendresse, une grande consolation de retrouver » un ami dans une conjoncture où ils étaient deve- » nus si rares pour lui. Le duc d'Ormont l'accom- » pagnait, de même que milord Marre, qui s'était » sauvé de l'Ecosse avec ce prince. L'intention du » feu roi avait été de lui donner les moyens de re- » monter sur le trône; c'était aussi le dessein de la » reine Anne sa sœur, et il y avait diverses mesures » déjà prises pour le rétablir dans ses Etats.

» Il m'apprit là-dessus bien des particularités » que j'ignorais, surtout par rapport au maréchal de » Berwick, duquel il ne balança pas à se plaindre ou- » vertement à moi. Il me dit donc qu'il l'avait trompé, » en lui faisant perdre un temps très-précieux pour » son passage en Angleterre; qu'ensuite il avait » refusé nettement de l'y accompagner, prenant » pour excuse, qu'étant maréchal de France, il ne » pouvait entrer dans une guerre sans l'ordre précis » du roi son maître. Le roi d'Angleterre ne put me » cacher le vif ressentiment qu'il avait de ce pro- » cédé; et la reine d'Angleterre sa mère s'en expliqua » de même après mon retour.

» Ce prince malheureux avait auprès de lui plu-
» sieurs de ces seigneurs d'Ecosse qui s'étaient sau-
» vés avec lui; et non-seulement les secours de
» France lui manquaient, mais les liaisons que le
» régent commençait à prendre avec le roi George
» lui rendaient la France aussi contraire qu'elle lui
» avait été favorable auparavant. Lorsqu'il voulut
» s'embarquer, il fut suivi par un traître, nommé
» Douglas. Sa tête était mise à prix en Angleterre,
» et toutes les apparences sont que ce misérable
» cherchait à mériter l'horrible récompense promise
» au parricide. Toujours est-il certain que cet hom-
» me fut arrêté à une poste près de Dreux en Nor-
» mandie, sur la route que tenait le roi d'Angle-
» terre, qu'il avait un mousqueton brisé dont il
» pouvait sortir huit ou dix balles en même temps;
» et que ce même homme fut relâché à la ré-
» quisition de milord Stair, ambassadeur d'An-
» gleterre.

» Le roi d'Angleterre, que désormais nous de-
» vons nommer le prétendant, par les nouvelles
» liaisons de la France avec ses ennemis, me conta
» les diverses perfidies qu'il avait essuyées. Ce qu'il
» y a de constant, c'est que ce prince, lorsqu'il était
» dans les armées de Flandre, recevait des lettres
» des principaux d'Angleterre, et que j'en ai eu plu-
» sieurs de milord Malboroug même.

» Le prétendant me demanda conseil sur son ma-
» riage, et je lui dis que rien n'était plus important
» que d'avoir des enfants, puisque ceux qui étaient

» attachés à ses intérêts, n'auraient pas, s'il restait » dans le célibat, la même confiance que s'ils lui » voyaient une postérité assurée; que d'ailleurs la sû» reté de sa propre vie le demandait, parce que ses » ennemis, ne voyant qu'une tête à faire tomber, se» raient plus entreprenants que lorsque cette tête sa» crée ferait craindre des vengeurs. Le prince n'avait » alors aucune vue d'alliance déterminée; mais il » parut trouver mon conseil solide. La reine d'An» gleterre pensait de même, et elle me le témoigna » lorsque je fus de retour.

» Cette princesse mourut quelque temps après, » et finit une vie malheureuse, dont les trente » dernières années avaient été très-amères. Sa » seule consolation était une véritable et sincère dé» votion.

» Arrivé à la cour vers la fin de juillet, on vou» lut me persuader que pendant mon absence il m'a» vait été rendu plusieurs mauvais offices auprès du » régent, et que le duc de Noailles avait travaillé à » me faire ôter la présidence de guerre, pour la » faire tomber au duc de Guiche son beau-frère: ils » s'excusèrent tous deux auprès de moi; je les crus » sur leur parole, plutôt que ceux qui cherchaient » à nous brouiller. Pendant que j'étais en Provence, » on avait fait une nouvelle réforme dans toutes les » troupes. Je l'avais empêchée dans le temps que les » premières propositions s'en étaient faites, travail» lant, autant qu'il m'était possible, à une extrême » économie pendant mon ministère, mais pensant

» aussi qu'il fallait demeurer assez armé, pour ne » pas recevoir la loi de ses voisins. »

On fit une réforme considérable dans les gardes du corps; elle tombait presque entière sur des cavaliers et maréchaux-des-logis, que l'on avait choisis par distinction dans la cavalerie et les dragons. Villars trouva cruel que trois cents hommes que l'on avait tirés des troupes pour être auprès de la personne du roi, et qu'il avait eu ordre d'examiner et de choisir lui-même, fussent les plus malheureux de tout ce qu'il y avait de gens de guerre; puisqu'il ne leur restait d'autre ressource que de sortir du royaume pour avoir de l'emploi, ne pouvant plus se remettre à labourer la terre, occupation que peut-être encore ils n'auraient pas trouvée. Il lui semblait bien plus raisonnable d'ôter un mauvais cavalier par compagnie, et de conserver des gens choisis, en leur donnant, outre les sept sous de la paie du cavalier, trois sous de plus. Il les fit rentrer dans la cavalerie et les dragons, les faisant premiers cavaliers avec une petite distinction dans leurs habits. Ainsi, pour trois sous de plus, qui pour le tout ne montaient qu'à quarante-cinq livres par jour, le roi conserva trois cents hommes qui méritaient assurément de n'être pas abandonnés.

Les vues du gouvernement avaient bien changé depuis le départ de Villars. L'abbé Dubois, uniquement occupé de plaire au régent, se mit en tête de renverser les principes que le feu roi avait établis, et qui étaient certainement les plus utiles pour la nation.

Ce prince voulait conserver entre la France et l'Espagne l'union si honorable à l'auguste maison de Bourbon ; et il se proposait d'appuyer les desseins du roi d'Angleterre, et de le faire remonter sur le trône. Le maréchal d'Huxelles, chef du conseil des affaires étrangères, le maréchal de Villeroi, le duc de Noailles, le chancelier et Villars pensaient uniformément sur la nécessité de suivre les vues du feu roi. Aussi ne fut-ce qu'un an après, qu'on vit éclater les mesures secrètes que l'abbé Dubois, fait conseiller d'Etat, avait persuadé à son maître de commencer à prendre avec l'Angleterre.

Le chancelier Voisin mourut subitement, et sa place fut donnée au procureur général d'Aguesseau homme de beaucoup d'esprit et de mérite, fort lié avec le duc de Noailles. Alors un homme s'introduisait fortement dans la confiance du régent, qui le connaissait déjà ; car, dès le temps du feu roi, il avait pris grande faveur dans son esprit. Le duc d'Orléans avait même obligé M. Desmarest à l'écouter sur divers projets pour l'administration des finances. M. Desmarest en parla à Villars et lui dit que cet homme avait de l'esprit, mais qu'il cachait certaines vues particulières, et que ses principes étaient totalement faux et même pernicieux.

C'était un Ecossais nommé Jean Law, fils d'un orfèvre d'Edimbourg, bien fait de sa personne, né avec de l'esprit, et plein de principes séduisants pour ceux qui croient voir plus clair que les autres dans les matières abstraites, et qui se confiant dans une certaine vivacité d'esprit, abandonnent souvent les règles solides du bon sens. Cet homme avait pris crédit auprès du duc de Noailles, sans que celui-ci s'aperçût qu'il en prenait encore davantage dans l'esprit du régent, personne ne pouvant imaginer qu'on eût rien à craindre d'un tel personnage.

« Il vint, dit Villars, me voir dans mon château » de Villars, n'oublia rien pour gagner ma confiance, » et me dit : — Il nous faut un homme comme vous. » — Je lui répondis que je n'entendais pas ce dis» cours-là ; que pour être assuré de moi, il ne fallait » qu'être utile à l'Etat; comme aussi qu'on pourrait » me regarder comme ennemi, dès qu'on propo» serait quelque chose de contraire à l'utilité du » royaume. »

Le duc de Noailles voulut alors faire de grands changements dans les finances. Il établit d'abord une chambre de justice, qui fit des taxes considérables et assez sagement ordonnées ; on en pouvait tirer une grande utilité ; mais les protections, les favoris, les favorites dissipèrent la plus grande partie des fonds.

Il proposa aussi de changer la forme des impositions, surtout celle des tailles ; et lut au conseil un mémoire très-beau et fort éloquent sur les établissements et les progrès de diverses impositions. Il conclut que l'on pourrait établir une taille personnelle. Plusieurs personnes, pour faire leur cour, s'offrirent à aller dans les provinces faire l'essai de ce nouveau dessein.

Le petit Renaud, homme qui s'était mêlé de divers métiers dans la marine et autres affaires, fut envoyé en Poitou. Il manda des merveilles de ses opérations, et fut près d'être assommé.

Le marquis de Silly, que Villars avait fait entrer dans le service, en ayant été ôté après la seconde bataille d'Hocstet, rechercha de ces commissions pour la province de Normandie, et on nomma des gens au-dessous de cet état, pour aller travailler dans diverses intendances. Le goût connu du régent pour toutes ces vues nouvelles porta les commissaires à donner des espérances qui ne furent pas suivies de succès. Elles perdirent toutes leur forces, quand le duc de Noailles, qui avait imaginé ces projets, fut ôté des finances, par le crédit que Law avait pris sur l'esprit du régent. Le chancelier, ami du duc, fut renvoyé à Fresnes, et on donna les sceaux à M. d'Argenson, conseiller d'État et lieutenant-général de police. Il avait montré beaucoup de capacité dans ce dernier emploi, qui lui procurait un grand accès auprès du régent, par la facilité qu'il lui donnait de satisfaire la curiosité du prince sur tout ce qui se passait dans Paris. M. d'Argenson était un homme d'un esprit juste, laborieux, actif, d'un grand détail, et fort désintéressé.

L'Europe était alors très-occupée du grand armement que faisait l'Espagne sous la direction du cardinal Albéroni, et dont on ignorait le but. Villars, très-persuadé qu'il ne pouvait regarder que les Etats que l'empereur possédait en Italie, et que l'Espagne revendiquait, expliqua ses idées à cet égard dans un mémoire qu'il lut au conseil. Il était ainsi conçu.

« Un aussi grand appareil de forces de mer et de » terre, le profond secret dans les préparatifs, et » l'assemblée de ces forces que l'on aurait eu peine à » se promettre de l'indolence et ignorance des Espa- » gnols; ce premier bonheur dans le ministère de » celui qui a dirigé l'entreprise, tout cela doit en » faire espérer un heureux succès. Elle ne peut re- » garder que le royaume de Naples, et n'a pu être » formée que sur des intelligences considérables, » dans ce royaume. Toutes les apparences veulent » que le duc de Savoie, roi de Sicile, soit d'intelli- » gence. La cour de Vienne a montré beaucoup de » mécontentement de ce prince, à cause de ses liai- » sons avec nous. Elle a chassé ses ministres, et » certainement il ne doit attendre de l'empereur » que la perte de sa nouvelle couronne, et ne peut » éviter de plus grands malheurs que par voir l'em- » pereur chassé de l'Italie, à moins qu'il ne se dé- » voue à tous ses desseins contre la France, en lui » cédant la Sicile, par la promesse du Dauphiné.

» Si le roi d'Espagne se rend maître du royaume » de Naples, et que le roi de Sicile soit ligué avec » lui, l'on ne doit pas croire impossible de fermer » l'entrée de l'Italie à l'empereur. On me dira : » Mais il tient Mantoue. Cette place très-considéra-

» ble quand on est descendu des Alpes, ne la couvre » pas. Ceux qui voudront en défendre les passages, » laisseront Mantoue et le Milanais derrière eux, et » marcheront sur les frontières du Trentin et du » Vicentin. Les ministres du Vicentin, gens très-ha- » biles, et qui étaient avec moi à Vienne, quand » le prince Eugène entra en Italie, m'assuraient pour » lors, ce que de plus grandes connaissances nous » ont confirmé depuis, que deux mille hommes, » derrière les défilés du Vicentin, pouvaient arrêter » toutes les forces de l'empereur. Ainsi, supposé que » le roi d'Espagne se rende maître de Naples, il n'a » qu'à joindre ses forces à celles du roi de Sicile, » bloquer très-facilement la garnison de Mantoue, » et prendre Prtchizitonte, très-mauvaise place à » l'extrémité de l'État de Milan du côté du Man- » touan, on ne peut douter qu'alors l'Italie entière » ne se ligue pour sa liberté.

» Le pape fait ce qu'il doit craindre d'un empe- » reur maître de l'Italie. Les impériaux n'ont rien » oublié pour lui inspirer de la terreur. L'entrée de » leurs cuirassiers, l'épée à la main, dans Rome, » Comachio tenu par leurs troupes, la hauteur des » ministres et généraux de l'empereur, tout doit » persuader le pape qu'il sera le premier esclave de » la puissance impériale. Les Génois et autres feu- » dataires qui ont ressenti plus d'une fois, par les » effets, la pesanteur des droits que l'empereur pré- » tend sur eux, doivent en craindre le rétablisse- » ment. L'Italie n'a que ce moment où l'empereur

» est occupé du siége de Belgrade, pour briser » ses fers : donc si l'entreprise du roi d'Espagne » réussit, il est hors de doute qu'elle concourra » unanimement à chasser les Allemands de son » sein. »

» Examinons maintenant ce qui convient à Votre » Altesse Royale, et voyons la conduite que nous » avons à tenir dans la suite. Pour cela, ne nous trom- » pons point sur les vues de l'empereur. Je crois que ce » prince ne veut aucune véritable et solide alliance » avec nous. Les premières ouvertures que le prince » Eugène de Savoie m'avait faites à Bade, du temps » du feu roi ; le peu qui en a été fait au comte de » Luc à Vienne ; les lettres que le prince Eugène » m'a écrites depuis ; l'assurance que je lui ai donnée » que Votre Altesse Royale prêterait volontiers l'o- » reille à des propositions ultérieures ; l'assurance » aussi que le maréchal d'Huxelles et moi, sous Vo- » tre Altesse Royale, en aurions seuls connaissance » et que le plus profond secret serait gardé, tout » cela n'a abouti qu'à des ouvertures indifférentes, » que le baron d'Honhendorf, qui paraissait confi- » dent du prince Eugène, a faites à Votre Altesse, » et qui n'ont eu aucune suite ; et comtez que Pen- » terrieder, ministre habile, n'a été envoyé en » France que pour en connaître l'état le plus par- » faitement qu'il serait possible. Les discours qu'il a » tenus à M. le maréchal d'Huxelles et à moi, n'ont » été que des propos vagues, dans lesquels il ne pa- » raissait aucune bonne intention de former une

» sincère union. Nous avons vu depuis l'inquiétude, » la douleur de la cour de Vienne, lorsqu'elle a su » notre bonne intelligence avec l'Angleterre et la » Hollande; et même Penterrieder, le plus habile » de tous les ministres que l'empereur emploie dans » les cours étrangères, n'a pas quitté le roi d'Angle- » terre, tant qu'il a été à Hanôvre. Qui sait même » les mesures secrètes qu'il peut avoir prises avec ce » prince ?

» Car enfin je crois les Hollandais solides dans les » derniers engagements qu'ils ont pris avec nous; » mais pour l'Angleterre, la nécessité présente de » nous empêcher de donner des secours au préten- » dant, l'oblige seule de se lier avec nous. Dans le » fond, le parti dominant, et même toute l'Angle- » terre, hait la France, et nous manquera à la pre- » mière occasion. Le roi George ayant d'ailleurs » grand intérêt d'engager des esprits aussi inquiets » que ses sujets dans des guerres étrangères, n'en » peut trouver de plus assortis au goût de la nation, » qu'une guerre contre la France. Il se rencontrera » parfaitement dans ce dessein avec l'empereur, qui » n'attend peut-être que la première occasion d'é- » clater. Je conclus donc que nous devons souhaiter » que le projet de l'Espagne, s'il regarde le royaume » de Naples, réussisse.

» Soit que le roi de Sicile en ait connaissance » présentement ou qu'il l'ignore, le moment d'après » l'événement il se déclarera, et ne peut demeurer » neutre dans une telle situation. Si, comme les

» apparences le veulent, il prend le parti de l'Espa-
» gne, ce ne peut être qu'aux conditions qu'on l'ai-
» dera à conquérir le Milanais, et qu'il cèdera la
» Sicile au roi d'Espagne. Toutes les puissances d'I-
» talie entreront publiquement ou secrètement dans
» cette entreprise, et on promettra le Mantouan
» aux Vénitiens pour les y engager. Alors, si l'Italie
» s'ébranle, je suis d'avis de nous unir avec elle,
» mais d'attendre les mouvements sans rien décla-
» rer, et faire dire cependant avec un profond secret
» au roi d'Espagne, qu'on lui souhaite un heureux
» succès.

» Les princes d'Italie séparés, timides et peu
» puissants, nous objecteront que l'empereur ren-
» trera en Italie avec cinquante mille hommes, et
» les écrasera. Il faut leur répondre qu'on peut en
» fermer les passages avec bien moindre nombre;
» mais qu'il n'y a pas de temps à perdre. Qu'avant
» que les Alpes soient fermées par les neiges, il faut
» que la ligue d'Italie soit conclue entre le pape, le
» roi d'Espagne, le roi de Sicile, Parme, Florence,
» Gênes, et tous les autres Etats qui pourront s'y
» joindre; que leurs forces réunies marchent vers
» les passages du Trentin et du Vicentin pour fer-
» mer l'Italie, sinon elle sera inondée d'Allemands
» et esclaves de l'empereur; il n'y a point de milieu
» pour eux, entre la liberté et l'esclavage.

» Quelques-uns prétendent que l'empereur re-
» noncera au siége de Belgrade, qu'il paraît avoir
» en vue, pour aller au secours de ses Etats d'Italie.

» Je dis que cela est impossible, surtout s'il est vrai, » comme on le débite, qu'il y ait une révolte en » Transilvanie. En abandonnant l'entreprise de » Belgrade pour sauver l'Italie, il pourrait bien » perdre la Transilvanie et la Hongrie. Je juge donc » qu'il fera le siége de Belgrade; mais ce siége là » peut finir dans la fin d'août; et Belgrade pris, le » trajet n'est pas bien long pour gagner le Frioul. » Ainsi, il faut que le roi d'Espagne soit maître de » Naples dans le mois d'Août, et que cette entreprise » ne lui coûte pas plus de temps qu'il n'en a fallu, » il y a quelques années, au cardinal de Grimany, » pour faire soulever tout le royaume en faveur de » l'empereur.

» Je répèterai donc, et c'est par où je conclus, » que si nous voyons une ligue de l'Italie, nous de- » vons non-seulement y entrer, mais la soutenir » fortement. Les partis de ménagements ne con- » viennent pas. L'empereur est notre ennemi secret : » ne le ménageons pas, dès que nous verrons une » puissante occasion de lui nuire. Une conduite » molle et douteuse ne nous garantira qu'autant » qu'il sera obligé d'attendre le moment favorable » pour nous attaquer; et bien que l'état présent du » royaume exige que l'on préfère la paix et la tran- » quillité à tout-autre vue, c'est l'assurer, cette » tranquillité, que d'entrer dans des guerres étran- » gères, et faire une puissante diversion contre no- » tre plus capital ennemi. »

A ce mémoire qui prouvait l'intérêt qu'avait le

royaume de ne pas contrarier l'entreprise de l'Espagne, Villars ajouta de vive voix des raisons pour prouver au régent que personnellement il n'en avait pas de moindres d'entrer dans les vues de Philippe V. « Nous sommes très-persuadés, lui » dit Villars, que vous désirez la vie du roi, comme » nous la désirons tous tant que nous sommes; mais il n'y a personne qui puisse s'étonner que » vous portiez vos vues plus loin. Comment les me- » sures, qu'il est libre à tout particulier de prendre » dans sa famille, pour ne pas laisser échapper une » succession qui le regarde, seraient-elles blâmées » dans un prince auquel la succession du royaume » de France peut légitimement tomber? Vous ne » ne pouvez y avoir de concurrent que le roi d'Es- » pagne, par la proximité du sang. Ce prince veut » s'agrandir en Italie; aidez-le. Plus vous contri- » buerez à son agrandissement, moins il sera tenté » de vous troubler dans vos prétentions à la couron- » ne; et s'il avait cette tentation, il verrait toute » l'Europe s'élever contre un prince que vous auriez » rendu trop formidable en étendant sa puissance. » Vous pourriez faire durer la guerre des Turcs; et » pendant ce temps, il serait aisé aux rois d'Espa- » gne et de Sicile réunis, de chasser l'empereur d'I- » talie, et de disposer les choses de manière qu'il » ne pût jamais y entrer. Vous avez des puissances » dans le Nord, toutes prêtes à vous seconder, la » Suède, le roi de Prusse, le czar même, qui va » arriver dans votre cour, paraît déterminé à faire

» la paix avec la Suède, et rechercher votre alliance. » L'Angleterre, au moins en partie, est disposée à » recevoir son roi légitime. Suivons ces vues, que » la gloire de la nation et la proximité du sang vous » inspirent, plutôt que celles qui, à la fin, vous » mèneront à faire la guerre au roi d'Espagne. » Le régent regarda fixement Villars, et lui dit: « Vous » allez au grand. —Mes premières vues, lui répon» dit-il, iront toujours au grand, et je ne reviens au » médiocre, que lorsque je suis convaincu que le » grand est impossible ou d'une exécution trop dif» ficile. »

Le penchant en faveur de l'Angleterre était trop fort pour permettre les liaisons que Villars proposait. Au lieu de ces alliances, regardées avant la mort du roi, et avec raison, comme les plus utiles à la gloire de la nation, à l'augmentation de la puissance de la France, et à celle de ses princes, on en prit qui allaient diviser le royaume, et que l'on devait prévoir capables de mener les rois de France à faire la guerre à leur propre sang. Pendant qu'on laissait parler les vrais Français dans le conseil, l'abbé Dubois faisait un traité qui garantissait à l'empereur quelques Etats d'Italie, ou l'Espagne prétendait. On le nomma le traité de quadruple alliance, parce qu'il était conclu entre la France, l'Angleterre, la Hollande et l'Espagne, qu'on comptait y faire accéder de gré ou de force.

Les ambassadeurs anglais, milords Stair et Stanhope, jouissaient pour lors, à la cour, de la plus grande distinction. Venant un jour au Palais-Royal, Villars trouva que le régent avait été enfermé trois heures avec eux. Quand ils sortirent de la longue audience qu'il leur avait donnée, il dit au prince : « Monseigneur, j'ai été employé en diverses cours, » et j'ai vu la conduite des souverains : je prendrai » la liberté de vous dire que vous êtes l'unique qui » veuille s'exposer à traiter seul avec deux ministres » du même maître. » Il lui répondit : « Ce sont » mes amis particuliers. — Ils sont encore, selon les » apparences, plus amis de leur maître, répliqua » Villars, et, en vérité, deux hommes bien préparés » à vous parler d'affaires peuvent vous mener plus » loin que vous ne voulez. » Dans le fond, cela eût été difficile, puisque le régent de lui-même allait au-devant de leurs désirs.

La plupart des membres du conseil consentirent au traité. Toutefois M. le duc du Maine s'opposa au traité. Le duc de Bourbon opina qu'il fallait prendre du temps ; mais la pluralité des voix fut entièrement pour le sentiment du régent. Ainsi le traité fut signé, et milord Stanhope, qui en avait poursuivi vivement la consommation, alla à Madrid, pour forcer le roi d'Espagne d'y accéder.

Pour consoler Villars de l'opposition qu'il avait subie au conseil de la guerre, le régent lui accorda un régiment de cavalerie au marquis de Villars, son fils.

Mais les contradictions qu'il avait éprouvées dans ce conseil lui firent croire que sa présence n'y était pas agréable au régent, et il lui offrit de se retirer; mais celui-ci ne voulut pas y consentir, et lui donna, au contraire, entrée dans tous les conseils de régence.

Néanmoins, peu de temps après, le duc d'Orléans, qui voulait changer, dans la forme du gouvernement, tout ce qui ne rendait pas son autorité assez despotique, supprima tous les conseils, à la réserve de celui des finances et de celui de marine. Ainsi Villars se trouva remercié avec plusieurs autres. Les affaires étrangères furent données à l'abbé Dubois.

LIVRE NEUVIÈME.

Villars n'ayant plus le ministère de la guerre, allait aux conseils de régence, qui, de trois fois par semaine, furent réduits à deux, et ensuite à un seul, qu'on ne tenait encore que pour la forme, parce qu'il faut, pendant une minorité, qu'il y ait un conseil de régence, et que ceux qui le composent soient nommés dans les édits et déclarations : car, pour les arrêts, il ne fut plus question d'y nommer le maréchal de Villeroi, chef du conseil des finances, ni même souvent le garde des sceaux.

Law était le maître absolu des finances. La compagnie, nommée d'abord du Mississipi, ensuite d'Occident, et finalement des Indes, fut chargée de tous les revenus du roi. On fit des actions, que l'on achetait en billets de l'Etat. On établit une banque royale au lieu de la première; elle fut autorisée de l'auguste nom du roi, et le public, par la crainte des pertes que l'on faisait journellement sur les espèces, y porta, pour en retirer du papier, une grande partie de l'argent qu'il avait. Il faut, après tout, convenir que cet établissement, s'il eût été conservé avec l'ordre et l'équité indispensablement nécessaires, pouvait être d'une grande utilité au roi.

Trouvant un jour Law chez la duchesse d'Étrées, douairière, Villars lui dit : « Monsieur, vous êtes » venu me voir à Villars, vous y avez passé plusieurs jours, vous êtes venu souvent manger chez » moi à Paris; je n'ai jamais mis le pied chez vous, » parce qu'on a toujours voulu dire que ce que vous » proposiez était contraire au bien de l'Etat. Il y a » présentement deux grandes opérations qui roulent » sur vous; l'une, que l'on appelle le Mississipi; » l'on y fait, dit-on, des fortunes surprenantes; il » est bien difficile que certaines gens gagnent si » prodigieusement, sans que d'autres perdent : » j'avoue que je n'y comprends rien, et je ne sais pas, » d'ailleurs, admirer ce qui est au-dessus de mes » connaissances; mais enfin, sur cette opération, » de laquelle je ne veux tirer aucune fortune, je » consens à m'en taire. L'autre est la banque

» royale. Elle peut être d'un grand avantage pour » le roi, parce que ce moyen lui donne tout l'argent » de ses sujets sans en payer le moindre intérèt. » De leur côté, les sujets peuvent y trouver aussi » quelque utilité, puisque le roi, ayant toujours » des fonds prêts, sera obligé à moins d'impositions. » Mais, comme cet avantage roule uniquement sur » la confiance, il faut que l'ordre soit si régulière- » ment observé, que celui qui vous donne son » argent sans intérêt puisse le retrouver toutes les » fois qu'il le demande. Enfin, Monsieur, je vous » dirai que, pour tout ce que je trouve de bon pour » le roi et pour l'Etat dans l'établissement de la » banque, je suis plus solidement dans vos intérêts » que ceux à qui vous avez fait gagner tant de mil- » lions, dont je ne veux point du tout. »

Law fit à Villars de grands remercîments, et lui dit qu'il trouvait dans sa conduite une sincérité rare et respectable. Enfin il le pria de vouloir bien lui faire l'honneur qu'il lui avait fait espérer depuis long-temps, qui était de pouvoir lui donner à dîner, et de vouloir bien y amener sa compagnie. Le maréchal y mena MM. Contades, d'Angervilliers, de Fontenelle, avec plusieurs autres, et dès ce moment il se lia avec lui. Mais cela ne dura que trois semaines, pendant lesquelles on commença à voir paraître quelques arrêts si extraordinaires et si contraires au bien public, que Villars se refroidit bien vite avec celui qui en était l'auteur.

Law ne se contenta pas de faire venir à la banque

royale tout l'or et tout l'argent que les Français y portèrent de bonne foi. La violence fut employé, et, l'on défendit de garder chez soi plus de cinq cents livres en espèces, le surplus exposant ceux chez qui on le trouverait, non-seulement à le perdre, mais encore tout ce qu'il y avait de meubles dans leurs maisons. On alla même jusqu'à promettre les plus grandes récompenses aux délateurs. Le papier n'était pas rare en France. Law en fit pour près de trois milliards, et l'on remboursa, par ce moyen, non-seulement toutes les rentes sur la ville, mais aussi toutes les rentes dues par les pays d'Etat et par le clergé. Ce fut par la ruine de tous les rentiers que commença l'exécution de cet énorme dessein, et ce nombre prodigieux de remboursements, qui étaient forcés, firent prendre des actions sur la compagnie des Indes. Dix mille écus rendaient un million en papier, en sorte que, par des filles et petites-filles et souscriptions, les espérances folles des dividendes et de tout ce que l'on put inventer de plus monstrueux pour ruiner le public, on causa des fortunes plus inconcevables encore que la misère de tant de familles.

Les liaisons de Villars avec Law furent très-courtes, et dès ce moment, non-seulement il cessa de le voir, mais laissons le parler lui-même de ce qui se passa depuis au sujet du système désastreux auquel fut livré la France :

« Je parlai fortement au régent, dit-il, sur tous » les divers malheurs de l'Etat. Je lui représentai,

» plus d'une fois, combien il était impossible de se » flatter qu'il pût jamais résulter un bien de la ruine » de tant de gens qui ne l'avaient pas mérité, et » sans qu'il revînt rien au roi de tout le bien qu'on » leur faisait perdre; je lui mis sous les yeux la » fortune prodigieuse et contre toute croyance hu- » maine, d'une foule de banqueroutiers, et d'autres » également indignes de ces immenses faveurs; l'or » et l'argent proscrits dans le royaume, la cherté » affreuses des vivres, la diminution des revenus » du roi, tout crédit perdu, le dérangement du » change avec l'étranger; que tous ces malheurs » avaient plus de filles et de petites-filles que les » actions; qu'ils avaient multiplié les vols, les as- » sassinats, et fait monter le luxe à un tel point, » que tandis qu'on voyait la misère au plus haut » degré, et la France ruinée, il y avait des gens » qui faisaient abattre, comme insuffisants, des » palais où le plus magnifique des rois s'était trouvé » parfaitement bien logé avec toute sa cour, pour » en faire de plus beaux.

» Le régent écoutait toutes mes représentations » avec bonté; elle lui était naturelle, et l'on pou- » vait croire qu'il était séduit par les apparences » d'une utilité prochaine qui l'empêchait de bien » connaître l'excès des malheurs présents.

» Je n'entrerai pas ici dans le détail de tous les » divers arrêts dont souvent l'un détruisait l'autre. » Toute l'année 1719 se passa en inventions tou- » jours surprenantes, mais violentes pour ruiner

» le royaume, et faire des fortunes ridicules par » leur énormité à plusieurs particuliers, où le plus » ruiné, le plus insensé, le plus fripon gagnait » cinquante, soixante millions et plus encore. On » ajoute, et plus encore, puisqu'on vit des procès de » quatre-vingt-quatre millions entre Fargès, entre- » preneur des vivres, qui avait assez bien servi » dans cet emploi, et la veuve Chaumont, mar- » chande à Liége.

» Cependant les projets de Law menaçaient le » royaume d'une ruine prochaine : les rentiers » étaient perdus; l'argent était sorti de France, où » il ne restait que du papier, et on comptait qu'en » billets de banque ou en actions, il y en avait pour » près de huit milliards.

» Law crut remédier à ce désordre par un arrêt » du 21 mai, qui faisait tout d'un coup perdre la » moitié aux billets de banque. Le parlement s'as- » sembla, et résolut d'aller en corps, à pieds, de- » demander justice au roi. Il envoya une députation » au régent; et plusieurs affidés de ce prince, aussi » bien que diverses lettres anonymes, lui firent » connaître qu'on ne pouvait soutenir ce terrible » arrêt, qui effectivement fut révoqué.

» Le duc de Bouillon revint de Chantilly, et se » fit honneur de ce changement, qui était l'ouvrage » de l'abbé Dubois. J'étais dans mon château lors- » que le premier président me rendit compte, par » une lettre très-honnête, de toute la conduite du » parlement, et de la sienne en particulier. L'abbé

» Dubois ayant déterminé le régent à faire arrêter » Law, cela fut exécuté, c'est-à-dire, qu'on lui » donna un major des gardes-suisses avec un déta- » chement dans sa maison. Le garde des sceaux » d'Argenson, qui le haïssait, le crut perdu, et a » prétendu qu'il l'était en effet, si l'on eût profité » des premiers moments de l'étonnement du régent : » mais beaucoup d'argent, répandu à propos, sauva » Law, qui se démit seulement de la charge de » contrôleur-général. M. d'Argenson fut chargé, » comme il l'avait été précédemment, de l'adminis- » tration des Finances : il en distribua les détails à » MM. Desfort de la Houssaye, Fagon et d'Ormes- » son. Cette régie ne fut pas longue, et le régent » prit la résolution de rappeler le chancelier » d'Aguesseau. On crut que Law, regardant le garde » des sceaux comme son ennemi, contribua à faire » rappeler le chancelier, qu'on avait fait ôter de » place en même temps que le duc de Noailles.

» Le régent envoya dire, par l'abbé Dubois, au » garde des sceaux, qu'il rappelait le chancelier, » mais qu'il voulait absolument qu'il gardât les » sceaux. D'Argenson, malgré cette instance, les » rapporta le jour même, et ne put jamais être » ébranlé de la ferme résolution qu'il avait prise de » se retirer.

» Law alla à Fresne avec une lettre du régent » pour le chancelier. Les amis de celui-ci ont tou- » jours cru qu'il ne prit dans ce voyage aucune » liaison avec Law. La suite même l'a fait voir, et

« l'on doit cette justice à un homme qui a bonne » réputation, de ne pas soupçonner légèrement. Il » répondit à la première lettre, et attendit un se- » cond ordre, après lequel il se rendit auprès du » régent, qui lui remit les scaux que d'Argenson » lui avait rapportés.

» Le public impatient voulait qu'à son arrivée il » fît éloigner Law; mais je l'excusai sur cette len- » teur apparente, et disant qu'on devait laisser au » chancelier le temps de connaître par lui-même la » ruine affreuse où cet homme avait plongé le » royaume. On voulait encore que, dans ces pre- » miers moments, il chassât ce camp d'agioteurs » établi dans la place Vendôme et assemblé sous ses » fenêtres; je l'excusai encore sur cela, persuadé » qu'un ministre qui revient en grâce doit commen- » cer par examiner la mesure de crédit qu'il pourra » avoir, et l'utilité qu'il peut procurer; qu'il doit » être attentif à ne montrer aucune chaleur, et » qu'ainsi le chancelier n'avait rien à faire qu'à » temporiser et attendre le moment de faire sentir » au régent combien il importait de retirer sa con- » fiance de cet homme, qui en était indigne, et » cependant qui paraissait l'avoir entière. Malgré » ces raisons, le public se déchaîna contre le chan- » celier, sur ce qu'il n'agissait pas vivement contre » Law; et le Français abattu se consolait par des » pasquinades et des chansons.

» On envoyait au parlement divers édits, qu'il » refusait toujours d'enregistrer avec une fermeté

» respectable. On s'était contenté, depuis deux ans, » de l'édit qui déclarait registré tout ce qui serait » envoyé au parlement huit jours après l'avoir remis » aux gens du roi. Mais cela ne suffisait pas à Law, » ni à sa cabale : elle voulait la perte du parlement; » et, le 21 juillet, après avoir envoyé, dès cinq » heures du matin, des lettres de cachet à tous les » membres du parlement qui le transféraient à » Pontoise, le régent en fit lire la déclaration au » conseil de régence. On prit quelques précautions » contre les mouvements que pouvait exciter une » telle résolution ; comme de doubler les gardes du » corps, de faire prendre les armes au régiment des » gardes, et de faire assembler toutes les compa- » gnies dans le logis de leur capitaine, prêtes à mar- » cher où l'on jugerait à propos. La déclaration fut » lue après l'ordre exécuté, et après toutes les let- » tres de cachet portées par les mousquetaires du roi, » auxquels on donnait par là d'assez honteuses » commissions.

» Comme il n'était pas question de délibérer sur » une résolution prise et exécutée, le chancelier » parut fort abattu, et refusa de sceller la déclara- » tion. Il rapporta les sceaux au régent, qui la fit » sceller devant lui : mais, parce qu'il reprit les » sceaux l'instant d'après, le public commença à » rabattre de son estime pour lui.

» Sans avoir de liaison particulière avec lui, je » le soutenais cependant, parce que je pensais qu'un » homme vertueux doit demeurer en place tant

» qu'il peut espérer d'empêcher une partie du mal, » et de procurer quelque bien. Cependant le parle- » ment ne voulut savoir aucun gré au chancelier » de ces sceaux rapportés et repris; et il appelait » ouvertement cette conduite une comédie : mais » la suite fit voir le contraire.

» Law était fort attaqué : cependant son parti, à » la tête duquel se montraient M. le duc, madame » la duchesse et de puissants Mississipiens, était » soutenu avec ardeur, et le régent se laissait en- » traîner à leur vivacité. M. le chancelier, M. Des- » forts, qui avait l'emploi de premier commissaire » des finances (car l'on changeait souvent et l'ad- » ministration des finances et le nom des emplois), » le chancelier, dis-je, Desforts et le Blanc, s'uni- » rent contre Law : leurs efforts furent vains, et » peu s'en fallut qu'ils ne perdissent eux-mêmes » leurs places.

» Tous les jours on voyait paraître des arrêts qui » se contredisaient : on défendit les pierreries; et » Law, étant au conseil, dit tout haut qu'en moins » de trois mois il ferait rentrer par cette défense » plus de soixante millions dans le royaume. Je » pris la parole, et, m'adressant au régent, je lui » dis : Sur la fin du dernier règne, dans des temps » où l'on craignait des diminutions de monnaies, » quantité de gens ont acheté des pierreries; c'est » aussi la même crainte de la destinée du papier, » qui oblige tous les nouveaux riches à réaliser. » Par exemple, un nommé Saint-Germain, mau-

» vais peintre d'Aix, qui a gagné près de quarante » millions, a fait voir, hier, dix-neuf diamants de » plus de cent mille francs chacun à des présidents » du parlement d'Aix qui ont mangé chez moi, et » qui ont rapporté ce fait. Croyez-vous, dis-je, en » m'adressant à Law, que Saint-Germain vous » rende ses pierreries ? En effet, trois mois après en » avoir défendu l'usage, il fut permis d'en porter » comme auparavant.

» L'embarras pour Law était le paiement des » troupes, dont on pouvait craindre les murmures » et quelque chose de plus. Il s'engagea donc à » fournir dix millions par mois, et peu de jours » après on lui donna toute liberté d'augmenter les » monnaies, ce qui lui fit promettre cinq millions » de plus pour les quatre premiers mois.

» Il n'y avait alors sorte d'exactions que ne fis- » sent les usuriers, et le discrédit du papier était » tel, que les billets de cent francs n'en valaient » que quinze en espèces, lesquelles même étaient » de deux tiers au-dessus de leur valeur intrinsèque, » en sorte que le billet de cent francs n'en valait » que cinq de bonne monnaie. On peut juger par là » des profits immenses que faisaient la compagnie » des Indes et les commis, tous agioteurs. On crut » satisfaire le public en défendant les boutiques de » l'hôtel de Soissons, où le papier se négociait, et » l'on nomma soixante agents de change. Mais ce » commerce infâme et pernicieux n'en continua pas » moins. Les cabales pour soutenir Law étaient

» vives. Ceux dont il avait procuré les fortunes im-
» menses, n'espérant les soutenir que par lui, met-
» taient tout en usage pour le conserver en place;
» et comme les fripons sont autant actifs et insolents
» que les gens de bien sont modestes, ils avaient
» toujours le dessus.

» Les finances, depuis la mort du roi, étaient
» au sixième administrateur. M. Desmarets fut ôté
» dans le commencement de la régence, et l'on
» perdit en lui la meilleure tête et la plus capable
» de les gouverner. Elles furent données ensuite au
» duc de Noailles; après lui, M. d'Argenson en fut
» chargé sans titre. Law eut celui de contrôleur
» général, après avoir été à Melun faire abjuration
» de l'apparence d'une religion qu'il ne professait
» guère; mais on savait seulement qu'il n'était pas
» catholique. Après l'arrêt du 21 mai, qui pensa
» causer une révolte dans Paris, on lui ôta cette
» charge; M. d'Argenson en reprit les fonctions
» sans titre, comme la première fois, et Law con-
» serva toujours la première confiance dans l'es-
» prit du régent. Les finances furent données à
» M. Desforts, prenant le titre de premier commis-
» saire, et à deux autres commissaires qui lui furent
» joints, savoir, MM. d'Ormesson et de Gaumont,
» tous deux maîtres des requêtes.

» Les quatre frères Paris avaient été éloignés.
» C'étaient des gens très-versés dans l'administra-
» tion des finances; chargés de la régie des recettes
» générales et des fermes, ils avaient offert de

» donner quinze millions par mois : quelle ressource et quelle puissance dans ce royaume, que l'on disait épuisé! Après la mort du feu roi, il était assurément très-facile d'y établir l'ordre et l'abondance, si l'on avait bien voulu ne pas suivre l'abominable administration de Law, qui, abusant de la bonté du régent pour le tromper, trouva le pernicieux moyen de ruiner tout à la fois le roi et l'Etat.

» Cependant la misère augmentait, et le paiement des troupes devenait incertain. Le Blanc, secrétaire d'Etat de la guerre, le chancelier et Desforts, s'unirent pour faire connaître au régent la ruine infaillible de l'Etat. On crut qu'à ce coup Law serait perdu; mais M. le duc et madame la duchesse le soutinrent. Il assura, comme nous l'avons dit, qu'il donnerait dix millions par mois, et peu de jours après il en promit cinq d'augmentation durant les quatre premiers mois. On lui laissa tous les profits des monnaies, et ces profits étaient immenses par les refontes continuelles, et par le prix excessif auquel on fit monter les espèces. Les louis d'or furent mis à cinquante-quatre livres, et devaient être réduits à trente-six livres le premier de l'année 1721, les diminutions étant toujours annoncées, pour ôter aux particuliers l'envie de conserver l'argent. Mais toutes les friponneries précédentes avaient épuisé la confiance, et réveillé l'attention de chacun sur ses véritables intérêts. Ceux qui avaient réalisé leurs billets en

» or, le cachaient ou l'envoyaient dans les pays » étrangers, et l'espèce devenait tous les jours plus » rare.

» Cependant l'affaire de la constitution occupait » le régent, pressé surtout par les vives sollicitations » de l'abbé Dubois, fait archevêque de Cambrai.

» Il fut alors question de faire arrêter Law, » que soutenaient avec la plus grande vivacité le » duc de Bourbon, madame la duchesse, et tous » ceux dont il avait causé les fortunes également » immenses et honteuses par leurs excès. Le régent » voyait que tout allait se perdre, et promettait » tous les jours d'ôter Law de place; il s'en était » expliqué au maréchal de Villeroi, au chancelier, » à moi et à plusieurs autres, portés par l'amour » du bien public à ne rien oublier pour déplacer un » homme qui avait détruit le royaume.

» A peine se fut-il expliqué ainsi, que, dans les » examens qui se firent de toutes les caisses, il se » trouva qu'on avait trompé le régent en tout, et » avec la dernière impudence. Law lui avait tou- » jours dit que sa grande peine était la perte consi- » dérable que le roi ferait par la diminution des » espèces indiquées au 1er janvier 1821; le roi » ayant, disait-il, plus de trente millions en espèces » dans les caisses de la banque : cependant il ne s'y » trouva pas un écu. Sur cela, M. de la Houssaye » alla trouver M. le duc, pour l'informer des crimes » de Law. « Je vois bien, lui répondit ce prince, » qu'on voudrait le mettre à la Bastille. M. le duc

» d'Orléans m'a donné parole qu'il ne serait point » arrêté; voulez-vous conseiller à M. le régent de » me manquer de parole? — Non, lui répondit le » contrôleur général; mais je prendrai la liberté de » vous conseiller de remettre cette parole. La jus- » tice veut qu'on fasse renfermer un homme qui a » commis des crimes connus, et suivant les appa- » rences, qu'on ne connaît pas encore, et que vous » ignoriez sans doute lorsque vous lui avez promis » votre protection. »

» Le régent consentit que Law sortît du royaume. » Cette permission fit murmurer tous les gens de » bien.

» Bientôt après on apprit que Law était arrivé à » Bruxelles avec deux chaises de poste aux armes » de M. le duc d'Orléans et de M. le duc, et qu'il » avait été fort bien reçu par le marquis de Priez, » administrateur général des Pays-Bas.

» Milord Londondery partit de Londres sur les » bruits de la disgrâce de Law, et vint se présenter » au régent pour une dette de quatre millions six cent » mille livres monnaie de France. Il lui fut répondu » que la voie de la justice était ouverte. Sur cette » réponse, le milord envoya des courriers pour » tâcher de faire arrêter Law en quelque endroit » qu'il pût être.

» L'envoyé de l'empereur, le nonce Macey et » l'abbé Marelly, qui allait internonce à Bruxelles, » dirent, en dînant chez moi, qu'on leur mandait

» de Bruxelles que Law avait dit publiquement » qu'il avait laissé cent cinquante millions à Paris, » et qu'il en avait encore autant dans les banques » étrangères. Sur ces divers bruits, on trouvait » qu'on avait fait une faute capitale en ne le faisant » pas arrêter.

» On tint, le 29 décembre, une assemblée géné- » rale de la compagnie des Indes, où le régent, » M. le duc et tous les seigneurs qui étaient de cette » compagnie assistèrent. Il y fut résolu que les re- » cettes générales, les monnaies et tous les autres » revenus du roi seraient désunis de la compagnie » des Indes, à laquelle on laissa seulement la ferme » du tabac. Cette compagnie nomma huit directeurs » généraux. Outre ces huit principaux directeurs, » on en nomma d'autres d'un ordre fort inférieur, » sur quoi il s'éleva une voix qui dit : « Songeons » seulement à prendre des gens de bien. » Cette » décision faite, le régent sortit; et comme l'union » des revenus publics à la compagnie avait fait du » trouble dans l'Etat, ainsi que je l'avais soutenu » hautement dans le conseil de régence, la sépara- » tion de ces mêmes revenus remit quelque calme » dans les esprits.

» Effectivement, lorsque l'administration de tous » les revenus de l'Etat fut donnée à la compagnie, » ceux du conseil de régence qui avaient intérêt aux » actions remercièrent le régent, et lui dirent que » cette résolution tranquilliserait le public. J'avais » pris la parole, et dit au contraire : « Il y a un

» autre public plus nombreux, et, sans comparai-
» son, beaucoup plus considérable de tout manière,
» qui demeure dans une cruelle agitation, il ne faut
» pas souffrir que les actionnaires se comptent
» pour le public. »

» Le marquis de Canillac répliqua que de ces
» premiers, qui sont le vrai public, il y en avait
» dix contre un : « Dites vingt contre un, » ajouta
» un autre; sur quoi, adressant la parole au régent,
» je lui dis : « Vous voyez, Monseigneur, que ces
» messieurs, qui veulent être le public, ne peuvent
» s'en flatter, qu'aveuglés qu'ils sont par leurs inté-
» rêts; » mais la question était déjà décidée dans
» l'esprit du régent. La cabale des actionnaires,
» soutenue fortement par le duc de Bourbon, était
» puissante, et l'union avait été conclue.

« Quand la désunion de la compagnie des Indes
» d'avec les revenus du roi eut été prononcée au
» conseil, les directeurs s'assemblèrent plusieurs
» fois chez le prince de Condé, et n'oublièrent rien
» pour en tirer tous les avantages possibles. L'arrêt
» de désunion parut le 8 janvier 1721, et dès lors
» les Paris et Bernard travaillèrent à faire des fonds
» pour le paiement des troupes et des rentes de
» la ville.

» Les directeurs de la compagnie et les action-
» naires employèrent tout de leur côté pour soutenir
» leurs fortunes immenses, au hasard d'achever
» l'entière destruction de l'Etat, pendant que ceux

» qui voulaient l'empêcher étaient bien éloignés de » montrer la fermeté nécessaire pour cela. On voyait, » au contraire et avec douleur, que l'avarice et le » vice unissent bien plus étroitement les fripons » entre eux que la vertu n'unit les gens de » bien ; ceux-ci se reposant presque toujours » sur leurs bonnes intentions, et les autres n'ou- » bliant rien pour faire réussir leurs pernicieux » desseins.

» Cependant M. de la Houssaye travaillait à » établir quelque ordre dans les finances. Il était » bien aise de s'appuyer sur mes avis, non pour la » direction elle-même, que je déclarai ne pas en- » tendre, mais pour bien se conduire dans une » situation où la fermeté principalement était né- » cessaire, car la compagnie des Indes prétendait » prouver que le roi lui était redevable de plus de » neuf cents millions. Il est vrai qu'on assurait, au » contraire, qu'elle en redevait plus de douze cents. » Une si énorme différence dans les affaires du roi, » pouvait ou les ruiner entièrement, ou donner » quelque espérance de les relever.

» On tint un conseil de régence où tous les se- » crétaires d'Etat furent appelés. Je fus averti de la » matière qui devait y être traitée. A peine eut-on » pris place, que M. le duc de Bourbon se leva, et, » adressant la parole au roi, dit : » Sire, on va » traiter une matière dans laquelle j'ai intérêt, » puisqu'elle regarde la compagnie des Indes. Mais, » afin d'être plus libre à parler pour cette compa-

» gnie, je vais en séparer mes intérêts; et pour » cela je déclare que je remets à Votre Majesté » quinze cents actions que je désire être brûlées. » » M. le comte de Toulouse dit: « J'en ai quatre cents » qui viennent de mes rentes sur la ville, et je » veux bien les remettre aussi. — Celles qui vien» nent de votre bien, lui répondit le duc d'Orléans, » vous devez les garder. » M. le duc d'Antin dit » qu'il en avait deux cent soixante-deux qui venaient » de Dieu grâce, et qu'il les remettait.

» Le contrôleur général lut alors un mémoire sur » la question de savoir si la banque et la compagnie » des Indes étaient unies; qui si elles l'étaient, la » compagnie ne devait point de compte en particu» lier de son administration. Pour décider cela, on » lut les articles qui établissaient l'union. On alla » ensuite aux opinions. M. le Blanc parla le pre» mier, et on vit qu'il voulait favoriser la compa» gnie; mais on le releva, et il conclut par dire » qu'elle était tenue de rendre compte. M. d'Arme» nonville, garde des sceaux, gagné, à ce qu'on » disait, par la compagnie, dit qu'on ne pouvait la » condamner sans l'entendre, et qu'il fallait lui » donner du temps pour expliquer ses raisons. Ce» pendant, par les Mémoires qu'elle avait déjà » présentés, et par une seconde lecture que l'on fit » des raisons qu'elle avait alléguées pour se défen» dre de l'union, il fut forcé de convenir qu'elle » était constante. « Je suis d'autant plus surpris » qu'elle est constante, dis-je en me levant, que

» j'ai voulu dans le temps m'y opposer, et que
» j'ai soutenu fortement devant le conseil qu'elle
» était contraire au bien public. Au reste, ajoutai-
» je, il serait surprenant que cette compagnie n'eût
» voulu l'union que pour charger le roi des dettes
» immenses, folles et exorbitantes qu'elle a faites,
» et qu'ensuite elle désirât la désunion pour mettre
» les dettes sur le compte du roi. » Tout le reste
» du conseil fut d'avis que l'union était certaine, et
» par conséquent la compagnie fut déclarée comp-
» table au roi.

» L'arrêt en fut expédié malgré de fortes opposi-
» tions de principaux actionnaires qui étaient en
» grand crédit. On en expédia un aussi pour liqui-
» der les dettes, et pour tâcher de démêler ceux des
» actionnaires qui avaient été obligés de mettre en
» actions le fonds de leurs biens, d'avec ceux qui de
» rien avaient fait des fortunes immenses aux dé-
» pens des biens légitimes des Français et de tous
» les rentiers du royaume.

» Le jour d'après, les actionnaires furent assem-
» blés chez M. le duc, où ils prirent la résolution
» de demander que M. d'Armenoville, sur lequel
» ils comptaient, fut chargé de présenter leur re-
» quête, et de rapporter au conseil tout ce qui
» regardait leurs intérêts. Il se répandit un bruit
» que le régent l'avait accordé, et que M. de la
» Houssaye serait ôté de place. Les Paris furent
» menacés, et on n'oublia rien pour les intimider.
» Cette incertitude dans les affaires, mais surtout

» dans celles des finances, dérangea toutes les
» opérations.

» J'étais fort inquiet des traverses qui ébranlaient
» le contrôleur général; et comme il était fort à
» craindre que si on l'ôtait de sa place elle ne fût
» donnée à quelque malhonnête homme, je n'ou-
» bliai rien pour l'encourager à la fermeté nécessaire
» en pareille conjoncture. Je comptais donc que le
» contrôleur général serait ferme; mais je doutais
» du garde des sceaux. Les actionnaires répandaient
» qu'il leur était favorable. Cependant il était d'une
» nécessité indispensable que ces deux hommes
» pensassent et agissent de concert. On passa trois
» semaines dans ces agitations, et l'on résolut en-
» core un troisième arrêt pour confirmer les deux
» premier. »

Tel était l'état dans lequel le funeste système de Law avait jeté la France : ce n'était que désordre et division. La plupart des Français envoyaient leurs malédictions à l'Ecossais, cause de leurs malheurs.

Nous n'entrerons point en de nouveaux détails sur les mesures qui furent prises pour rétablir les finances. Nous nous écarterions trop de notre sujet. Revenons à Villars.

Sous un gouvernement aux vues étroites et mesquines, sous une administration d'intrigues et de bassesses, les idées grandes et généreuses du maréchal ne furent pas toujurs goûtées. Néanmoins il avait l'estime de tout le monde, et, en mainte occasion, il reçut du jeune roi des marques d'une sincère considération. Au sacre de Louis XV, c'est Villars qui représenta le connétable; et il eut la satisfaction d'apprendre qu'une grande partie de la cour, toutes les troupes et le peuple lui souhaitaient la réalité de la place qu'il remplissait ce jour-là.

Ce même jour, comme il était question, à son petit coucher, des cérémonies de la journée, il lui dit, en peu de paroles, ce qu'il avait fait connaître au feu roi sur les justes raisons qu'il avait eues de prétendre à l'épée de connétable. Louis l'écouta avec beaucoup d'attention; et quand il fut dans son lit, il lui dit : Bonsoir, M. le connétable. Le cardinal Dubois, premier ministre, l'invita deux fois à manger chez lui, et lui raconta qu'il avait dit au roi que l'épée de connétable ne pouvait être en de meilleures mains que les siennes. Villars le remercia de sa politesse, ne se flattant pas qu'elle pût, dans le moment présent, avoir d'autres suites.

En qualité de doyen du tribunal des maréchaux de France, Villars employa la plus grande sévérité à punir les querelles. Il fit condamner à quinze ans de prison un gentilhomme de Montreuil qui avait donné des coups de bâton à un autre, et parce que les jeux de Paris donnaient occasion à une infinité de querelles, il demanda et obtint du régent qu'ils seraient défendus même dans les maisons royales à Paris, où il y en avait trois qui rendaient plus de cinquante mille écus par an. Un pareil règlement lui attira l'indignation de ceux qui avaient ces jeux; mais le bien public était avant tout dans son cœur. Les défenses furent faites le 30 décembre 1722.

Le roi enfin fut déclaré majeur le 22 février 1723, et l'on donna une forme au gouvernement. Le conseil d'Etat fut établi sous le roi, composé de MM. le duc d'Orléans, le duc de Chartres, le cardinal Dubois, premier ministre, de l'évêque de Fréjus, précepteur du roi. Les conseils de finances furent réglés, et le sieur Desforts eut une place de conseiller au conseil royal, pareille à celle de M. Fagon. Les conseils des dépêches furent composés de secrétaires d'Etat; le prince de Conti fut admis à ce conseil et à celui des finances. Il fut établi que le roi signerait toutes les ordonnances de finance; mais M. le duc d'Orléans portait ces ordonnances à signer, lorsqu'il était seul avec Sa Majesté; et à certaines heures, le duc d'Orléans et le cardinal, premier ministre, rendaient compte au roi seul, de ce qu'ils voulaient, en sorte qu'ils demeuraient seuls les maîtres des plus essentielles décisions.

Villars alors fut mis à la tête d'une commission chargée de l'examen des finances de la guerre, dans lesquels on avait découvert un grand désordre. Des trésoriers généraux étaient inculpés. Il s'acquitta de sa mission avec son impartialité ordinaire.

L'année suivante, il était fait grand d'Espagne de première classe.

Quelque temps après, le roi l'introduisit au conseil d'Etat. Mais dans les derniers jours de l'année, Sa Majesté lui ordonna d'entrer dans tous les conseils. Il prit séance au conseil des finances et à celui des dépêches. Toutefois il supplia le roi de le dispenser d'assister à celui de conscience, parce qu'il ne se croyait pas assez versé dans les matières qu'on y traitait, surtout dans celle qui était le plus souvent agitée et qui regardait la constitution *Unigenitus*, qui frappait les erreurs du jansénisme.

Le feu roi, dont les intentions étaient entièrement conformes à ce qu'exige la religion, sans abandonner ce qu'il appelait les libertés de l'Eglise gallicane, voulait que l'on fût soumis au pape. Après sa mort, le duc d'Orléans releva le parti janséniste, presque abattu, en mettant le cardinal de Noailles à la tête du conseil de conscience.

Qu'il me soit permis de dire en passant, que c'est de cette époque, que date les préventions mal fondées, répandues dans le monde contre la société de Jésus. Amis de la foi catholique et toujours prêts à la défendre, les membres les plus distingués de cet ordre poursuivirent vivement l'hérésie de Jansénius. Or le parti janséniste était nombreux et puissant. Les parlements eux-mêmes étaient imbus de sa fausse doctrine. Les jésuites furent dès lors l'objet d'une haine implacable de la part de ceux qu'ils avaient combattus. Ceux-ci s'en vengèrent par les plus noires calomnies. Des livres furent écrits contre les fidèles champions de la foi, par des hommes d'ailleurs recommandables; et la haine des plus hauts rangs de la société descendit dans les classes inférieures, surtout depuis que la philosophie voltairienne eut jeté son funeste venin. Toutefois cette haine peu raisonnable n'est nullement raisonnée : Demandez aux gens qui crient contre les jésuites ce qu'ils ont à leur reprocher. Ils vous répondent par des accusations banales, qu'ils ont entendu répéter par les ennemis de la religion, s'en rapportant pour la calomnie à un bruit vulgaire, alors qu'ils ferment les yeux à l'éclatante lumière de la religion. Du reste, qu'on ne se laisse pas tromper aux paroles de ces hommes, qui tout en poursuivant de leurs traits un ordre religieux recommandable, protestent de leur attachement pour la foi catholique. L'expérience nous a démontré que ces protestations ne sont qu'un jeu qui cache leur aversion pour le catholicisme. N'osant frapper la religion, ils s'en prennent à un ordre qu'ils reconnaissent comme un de ses flambeaux, comme une de ses colonnes. Les derniers événements prouvent la justesse de nos appréciations. On a vu des hommes hostiles jusqu'alors à la compagnie de Jésus, excités par la crainte des dangers de la société de Jésus à défendre la religion, qui est son boulevard, protéger contre la fureur révolutionnaire ceux à qui ils avaient fait une guerre acharnée, mais dont ils ne séparaient plus la cause du catholicisme.

Après cette digression, revenons à Villars. Entré dans tous les conseils du roi, il écrivit un journal qui donne jour par jour tous les faits intéressant la France qui occupèrent l'Europe. Il n'est point dans notre plan de publier ce livre; qu'il nous suffise de dire ici que ce grand homme fut dans les conseils ce qu'il avait toujours été, sincère, droit, fidèle, désintéressé, magnanime, et qu'il ne respira jamais que pour la gloire et le bonheur de son pays.

Il avait quatre-vingt-trois ans, lorsque le cardinal ministre lui parla du désir qu'avait le roi qu'il voulût bien se charger du commandement de l'armée d'Italie. Il ajouta que ce ne serait cependant qu'avec peine qu'il verrait sa santé exposée à une guerre d'hiver. « Lorsqu'on voudra, répondit Villars, me » confier des affaires importantes, je compterai » toujours ma vie pour peu, et je ne craindrai ni les » incommodités pour ma santé, ni les périls de la » guerre. J'attendrai donc avec soumission ce que » le roi me fera l'honneur de dire. »

Peu après le roi lui-même lui fit part de ses vues sur lui; et bientôt on le pressa de se mettre en marche.

Alors il donna au garde des sceaux un mémoire, par lequel il demandait, avant de partir, des grâces distinguées, qu'il est aisé de deviner; et le 19 d'octobre 1733, M. d'Angervilliers, ministre de la guerre, lui fut envoyé par le roi, pour lui dire que ne pouvant faire de connétable, il lui donnait la charge de maréchal-général de France, dignité qui l'élevait au-dessus de tous les maréchaux de France, quand il y en avait eu de plus anciens que lui, et qui lui conférait plusieurs autres prérogatives, et dix mille écus d'appointements.

Le maréchal de Villars était alors sur son déclin; mais ce déclin était celui d'un grand homme : c'est pourquoi le peu qui nous reste à dire de lui pourra encore intéresser. Il quitta Fontainebleau le 25 d'octobre. Le cardinal ministre et toute la cour, présents à son départ, s'empressèrent de lui donner des espérances, dont il accepta avec confiance l'heureux augure. Les acclamations des peuples l'accompagnèrent dans toutes les villes par lesquelles il passa pour aller en Italie; et les trois reines qu'il allait servir firent, comme de concert, à ce vieux guerrier un présent qui lui rappelait les beaux jours de sa jeunesse.

Arrivé à Turin, le 6 novembre, il ne s'y arrêta que pour saluer la reine, et joignit, le 11, le roi de Sardaigne, qui avait déjà commencé la campagne avantageusement. Les troupes françaises et sardes firent des conquêtes rapides sous leurs deux chefs. Le Milanais, le Lodesan, et une partie du Mantouan furent soumis avant la fin de l'année, avec la plus grande facilité, comme l'avait promis le maréchal dans le conseil du 7 de juin, dont nous avons parlé. Il ne s'agissait plus que de remplir la seconde partie de son projet, qui était de « marcher avec diligence » au pied des Alpes, et d'empêcher l'entrée des trou- » pes de l'empereur en Italie ; » mais le roi de Sar- » daigne, satisfait de la conquête du Milanais, dont on lui avait promis la jouissance, crut qu'il suffisait de s'y fortifier pour s'en assurer la possession. Il distribua les troupes françaises et les siennes dans les villes et les différents postes, le long des rivières, du côté où se rassemblaient les troupes impériales.

Le projet du maréchal était d'avancer toujours au-delà de ce qu'on voulait conserver, persuadé qu'il n'y a pas de meilleure manière de couvrir un pays conquis que de conquérir encore plus loin. Il alla à Turin remontrer au roi combien l'inaction où on restait devenait dangereuse. En effet, les ennemis, n'étant pas molestés, se fortifièrent à leur aise derrière les places qu'on leur avait laissées, et se présentèrent au nombre de quarante mille hommes, vers la fin d'avril, sur les frontières du Milanais; et, malgré les soins et la vigilance du maréchal, à qui l'âge ne permettait pas une surveillance personnelle, ils dérobèrent, le 2 de mai, un passage sur le Pô. Cette surprise occasiona une escarmouche, dans laquelle le maréchal fit, pour ainsi dire, ses dernières armes.

Dans le dessein d'examiner de près si on ne pourrait pas profiter d'un mouvement des ennemis pour les attaquer, il s'était avancé hors de la vue de l'armée avec le roi de Sardaigne, escorté seulement de quatre-vingts grenadiers et de ses gardes. Tout-à-coup ils se trouvèrent en tête quatre cents hommes qui firent feu sur eux. Le roi craignit d'abord que ce ne fût une embuscade, et parlait sans doute de se retirer, puisque le maréchal lui dit : « Il ne faut songer » qu'à sortir de ce pas. La vraie valeur ne trouve

» rien d'impossible. Il faut, par notre exemple, » donner du courage à ceux qui en pourraient man- » quer. » Aussitôt il charge avec tant d'ardeur, qu'il ébranle les ennemis. Se voyant si vivement attaqués, ils fuient, et laissent sur le champ de bataille cinquante morts et trente prisonniers. « M. le maréchal, » lui dit le roi après l'action, je n'ai pas été surpris » de votre valeur, mais de votre vigueur et de votre » activité. — Sire, répondit-il, ce sont les dernières » étincelles de ma vie; car je crois que c'est ici » la dernière opération de guerre où je me trou- » verai; et

» C'est ainsi qu'en partant je lui fais mes adieux. »

En effet, soit besoin de repos, soit chagrin de voir mener les affaires autrement qu'on en était convenu, soit l'un et l'autre, il avait demandé permission de retourner en France, et l'avait obtenu. Sans doute le roi de Sardaigne ne fut pas fâché d'être débarrassé de ses remontrances; et il le lui fit trop sentir, car, lorsque le maréchal, en prenant congé, lui marqua son regret de n'avoir pas conservé ses bonnes grâces, au lieu de répondre quelques mots obligeants au compliment d'un vieillard si digne d'égards, le roi se contenta de lui dire : « M. le maréchal, je vous » souhaite un bon voyage. »

Il partit du camp de Bozolo, le 27 de mai, le cœur blessé et déjà frappé de la maladie qui l'arrêta à Turin. Ce fut le terme de ses courses et de ses travaux. Son mal, qui était une défaillance générale, empira, et ne laissa bientôt plus d'espérance. Il fut des premiers à s'apercevoir de son état, et dès lors toutes ses pensées se tournèrent vers la mort. Villars, qui l'avait bravée si souvent dans les combats, la vit approcher à pas lents sans s'effrayer. Cependant, s'il en avait eu le choix, vraisemblablement il lui aurait désiré une marche plus prompte. On peut le conjecturer par l'exclamation si connue qui lui échappa, lorsqu'on lui apprit que le maréchal de Berwick venait d'être tué devant le fort de Kelh, d'un boulet de canon : « Cet homme, s'écria-t-il, a toujours été » heureux. » Il avait montré cette manière de penser quelques mois auparavant au siége de Pisighitone. Un officier lui représentait qu'il s'exposait trop. » Vous auriez raison, lui répondit-il, si j'étais à votre âge; mais à l'âge où je suis, j'ai si peu de jours » à vivre, que je ne dois pas les ménager, ni négliger les occasions qui pourraient me procurer une » mort glorieuse, que doit ambitionner un vieux » général d'armée. » Si la sienne ne fut pas glorieuse dans son opinion, elle fut du moins tranquille et chrétienne. Il mourut le 17 de juin à Turin, dans la même chambre, dit-on, où il était né quatre-vingt-quatre ans auparavant, lorsque son père y était ambassadeur.

Le maréchal de Villars était homme de grand sens,

droit et vrai, excellent citoyen, sujet fidèle, général aussi vaillant qu'habile. Ces qualités principales, et les autres qui constituent l'homme digne de l'estime de la postérité, se remarquent dans tout le cours de sa vie.

FIN.

LIMOGES. — IMPRIMERIE DE BARBOU FRÈRES.

www.ingramcontent.com/pod-product-compliance
Ingram Content Group UK Ltd.
Pitfield, Milton Keynes, MK11 3LW, UK
UKHW021925210726
13857UKWH00008B/402